Geoffrey Hodson
Die Engel und die Entwicklung des Lebens

GEOFFREY HODSON

DIE ENGEL
UND DIE ENTWICKLUNG DES LEBENS

Aus dem Englischen von Astrid Ogbeiwi
Illustriert von Ethelwynne M. Quail

Aquamarin Verlag

Deutsche Erstausgabe
© 2004 Aquamarin Verlag
Voglherd 1   D-85567 Grafing

© der indischen Originalausgabe
The Theosophical Publishing House Adyar 1952

Titelbild: IVOI • Bad Kreuznach

ISBN 3-89427-268-6
Druck: Bercker • Kevelaer

INHALT

Vorwort 13
Einführung 21

Teil I • Grundlagen 25
1. Definition der Begriffe 27
2. Alte und neue Wissenschaft 38
3. Schöpfungsprozesse 47
4. Der Mensch als Mikrokosmos 63

Teil 2 • Beschreibungen
1. Die Höheren Devas 75
2. Die Engel-hierarchien der Erde 87
3. Die Farbensprache der Engel[64] 108
4. Die niederen Devas 118

Teil 3 • Die Sepiroth
1. Die Engel des Willens, der Weisheit und der Intelligenz 153
2. Die Engel der Schönheit, des Verstandes und des Feuers 158
3. Leben und Form 164
4. Der Baum der Sephiroth 172
5. Die umgekehrten Sephiras und das Problem des Bösen 188

Teil 4 • Zusammenarbeit
1. Zeremonien als Mittel der Zusammenarbeit zwischen
   Engeln und Menschen 201
2. Die Mitwirkung der Engel in den Religionen der Mayas,
   der Hindus und der Juden 206

3. Das Aussenden der Kraft 214
4. Ein Besuch beim Borobudur (1971) 221

Teil V • llustrationen
Einführung 227

WIDMUNG

Dieses Buch widme ich in Dankbarkeit Ethelwynne M. Quail, welche die Illustrationen zu meinen Forschungen schuf. Ihre Illustrationen wurden zwar überall in der Welt als Dias gezeigt, in gedruckter Form aber erst mit dem Erscheinen der Erstauflage dieses Buches veröffentlicht.

Geoffrey Hodson

ZUM GELEIT

„Die Devas warten auf die bewusste Wiedervereinigung des Geistes des Menschen mit dem Universellen Geist. Die Menschheit erwacht langsam. Über Jahrhunderte von der Materie geblendet, erkennen bisher nur wenige Menschen den Geist in der Substanz, das Leben in der Form.

Auf der Suche nach Macht und Reichtum haben die Menschen die gesamte Erde bereist, sind in die Wildnis vorgedrungen, haben die Gipfel erklommen und die polaren Eiswüsten erobert. Mögen sie nun in die Form blicken, die Höhen ihres eigenen Bewusstseins erklimmen und in seine Tiefen vordringen auf der Suche nach jener inneren Kraft und jenem inneren Leben, durch das allein sie stark im Willen und reich im Geist werden.

Wer sein Leben und seinen Geist in dieser Weise dem Universellen Leben und dem Universellen Geist öffnet, die allen Dingen innewohnen, begibt sich in die Einheit mit ihnen und wird die Devas schauen."

Ein Berg-Deva

DANKSAGUNG

Dank für finanzielle Unterstützung geht an Theosophen in Java, Neuseeland und Amerika, an die *Jungen Theosophen* der Blavatsky-Loge der Theosophischen Gesellschaft Sydney (Australien) sowie an Dr. W. M. Davidson und seine Kollegen aus Chicago für ihre großzügige Beteiligung an den Publikationskosten der englischen Ausgabe dieses Buches.

Besonders dankbar bin ich meinen Freunden Roma und Brian Dunningham für ihre über viele Jahre erwiesene Großzügigkeit sowie dafür, dass sie mir die so dringend benötigten Stenographinnen zur Verfügung stellten.

„Der Philosoph sollte bereit sein, jeden Vorschlag anzuhören, aber entschlossen, sich sein Urteil selbst zu bilden. Er sollte sich nicht von der äußeren Erscheinung beeindrucken lassen, keine Hypothese favorisieren, keiner Schule angehören und in der Lehre keinen Meister haben. Die Wahrheit sei sein oberstes Ziel. Fügt er diesen Tugenden Fleiß hinzu, so darf er hoffen, hinter den Schleier des Tempels der Natur zu treten."

FARADAY

VORWORT

Eine eingehende Beschäftigung mit dem Thema *Die Heerscharen der Engel* führt jede auch noch so polytheistisch erscheinende Religion auf ihren monotheistischen Kern zurück. Im Kern aller großen Glaubenssysteme der Welt steht die Idee von einer Absoluten, Unendlichen und Unveränderlichen Quelle, einer Ersten Ursache, die wir nicht erkennen können. Aus dieser gehen in regelmäßigen Abständen Möglichkeiten einer Gottesvorstellung als mentale Abstraktionen hervor. Dahinter steht jedoch, in welcher Form auch immer dargestellt, der Eine Gott aller Religionen, besonders aber der esoterischen Tradition der antiken Mysterien. In diesem Stadium der Emanation aus dem Absoluten existiert nur All-Einheit. Keine späteren Veränderungen, keine Folgen weiterer Emanationen aus diesem ALL-EINEN ändern etwas an der Tatsache, dass die manifeste Quelle eine Monade[1] ist.

Durch Reflexion Seiner Selbst im ewigen, präkosmischen, unberührten Raum erschafft das EINE, so heißt es, eine Dyade[2], die positiv-negativ, männlich-weiblich, potenziell Vater-Mutter in einer Existenzform ist. Hier muss darauf hingewiesen werden, dass damit nicht eine tatsächliche, sondern eine „reflektierte Zweite Person" entstanden oder vielmehr vorzustellen ist, worauf das numerische Gesetz die Oberherrschaft über den Prozess des Hervorgangs oder der Emanation und das objektive Erscheinen einer Vielzahl schöpferischer Devas übernimmt.

Der positive und der negative Aspekt des EINEN interagieren in sich, sind also androgyn, und bringen dabei ein objektives Drittes hervor. Dieses Dritte gilt nicht als gesonderte Einheit, als eigenständige Exis-

---

[1] *Monade*, aus dem Griechischen: Das eine sichtbare Selbst – die Einheit; der ewige, unsterbliche und unzerstörbare menschliche Geist.
[2] Zuweilen fälschlich Duade geschrieben.

tenz. Monade, Dyade und Triade verbleiben als trifunktionale Einheit, als Drei-Einigkeit hinter und zugleich innerhalb des Schleiers präkosmischer Substanz.

Damit ist ein unaufhaltbarer Prozess in Gang gesetzt. Eine Allmächtige Kraft hat mit ihrer Emanation aus der Absoluten Existenz begonnen. Die Drei-Einigkeit wird zu Gegenständlichkeit und Endlichkeit getrieben. Der Dreifaltige Gott erwacht und öffnet sein einziges Auge. Das Dreieck des Lichtes sendet Strahlen aus. Es sind gesetzmäßig sieben an der Zahl. Aus ihnen gehen Unterstrahlen hervor, jeder eine intelligente Kraft, ein schöpferischer Logos[3], ein Erzengel aus geistigem Licht.

Aus der universellen göttlichen Vorstellung wird der zielgerichtete schöpferische Gedanke. Die einzige, allumfassende Idee durchläuft die Phasen der Dualität, Triplizität und des siebenfachen Ausdrucks bis zur fast unendlichen Mannigfaltigkeit, die im Ur-Gedanken als Potenzial angelegt ist. Das rein Geistige wurde mithin manifest als das rein Mentale, das gestaltet und unaufhörlich als treibende Kraft seine Ideenschöpfungen projiziert. Dies sind die Archetypen des Universums, der Sonnensysteme und all dessen, was diese Ideen jemals hervorbringen.

Das numerische Gesetz, die ablaufende Zeit, involutionäre und evolutionäre Prozesse treten nun an die Stelle raumloser Ewigkeit. Der göttliche Gedanke erstellt Raum-Zeit-Bedingungen und bringt darin materielle Formen hervor, die bis zu einer bestimmten Grenze an Dichte zunehmen. Danach kehrt sich dieser Prozess um, bis die begrenzte Zeit und der begrenzte Raum wieder in die Ewigkeit entschwinden und so den großen Zyklus abschließen.

Die Heerscharen der Engel kann man nun als die aktiven, schöpferischen Intelligenzen und die Gestaltgeber aller gegenständlichen Schöpfung verstehen. Sie sind Manifestationen des Einen, der Drei, der Sieben und all dessen, was sie hervorbringen. Vom Morgen bis zum Abend des Schöpfungstages sind sie unaufhörlich tätig als Leiter, Hüter, Konstrukteure, Künstler, Hersteller und Baumeister. Doch stets sind

---

[3] *Logos*, griechisch: Die manifeste Gottheit, die das schöpferische Wort spricht, wodurch Universen zu Sein und Leben kommen; der äußere Ausdruck der Ursache ohne Ursache, die immer verborgen bleibt; entnommen aus *Die Geheimlehre* und dem *Theosophischen Wörterbuch* von H.P. Blavatsky.

sie die Diener und der Ausdruck des Einen Willens, der Einen Substanz, des Einen Gedankens.

In den exoterischen Teilen der alten Glaubenssysteme werden diese Wesen sowie die ihnen zugrunde liegenden Prinzipien, Gesetze, Prozesse und Manifestationsweisen der schöpferischen Kraft personifiziert, benannt und mit einer klassischen Gestalt versehen. Esoterisch hingegen werden diese Personifikationen keineswegs als real betrachtet, sondern als Gedankenformen und Symbole großer schöpferischer Kräfte und Wesen. Zum Teil wurden diese Symbole von den Eingeweihten alter Kulturen als Hilfen für die Massen erfunden, für die Abstraktionen keinerlei Realität besaßen. Verehrung über Generationen hinweg verlieh diesen Symbolen in der Mentalwelt eine dauerhafte konkrete Gestalt, die dann als Bindeglied zwischen dem menschlichen Verstand und jener Wirklichkeit diente, deren Repräsentanten diese Symbole waren. Diese symbolischen Gestalten dienten auch als Kanal, über die man die eigentlichen Intelligenzen anrufen konnte. Diese wiederum vermochten so ihren segensreichen Einfluss, ihre erleuchtende Wahrheit und ihre geistigen Kräfte auszugießen, um der Menschheit zu helfen.

Sie sind die exoterischen Devas aller Religionen, allerdings nicht zu verwechseln mit den Heerscharen des Logos, den Erzengeln, den Sephiroth, den Engeln, den Mächtigen Geistern vor dem Thron Gottes, den physisch unsichtbaren doch allgegenwärtigen Gestaltgebern und Konstrukteuren der einen treibenden Kraft, durch die allein alles geschaffen wird und ohne die nichts Geschaffenes hätte geschaffen werden können. Vom Naturgeist bis zum Cherubim manifestieren diese Intelligenzen – ohne jegliche individuelle Einflussnahme – den Einen Göttlichen Gedanken.

Auf diesem Fundament baut dieses Buch auf. Diese Idee liegt seinem gesamten Inhalt zugrunde. Dies ist, so bin ich überzeugt, der Schlüssel zu einem Thema, das so umfassend und so wichtig ist, dass es dem begrenzten menschlichen Verstand unmöglich ist, es vollständig zu erfassen und darzustellen. Die fortgesetzte Missachtung dieser Geheimlehre durch eine Menschheit, die von der Wissenschaft zu Kenntnis und Anwendung der Schöpfungskraft – der kosmischen, solaren und planetarischen Elektrizität – geführt wird, deren wahrhaft leitende und ausführende Ingenieure die Heerscharen der Engel sind, kann zu solchen katastrophalen Folgen führen, als deren Vorboten man etwa den Atombombenabwurf auf Hiroshima und Nagasaki betrachten muss.

Die englische Ausgabe dieses Buches erscheint zu einer Zeit, in der der Mensch lernt, die Atomenergie kontrolliert freizusetzen. Trotz der großen Begrenztheit meines Wissens und meiner geringen Fähigkeiten der Darstellung ist es doch meine Hoffnung, dass dieses Buch, zusammen mit anderen, verdienstvolleren zum selben Thema, zur Erforschung, Entdeckung und Anerkennung des Wesens hinter den Phänomenen und jener Einen Präsenz und Einen Kraft beiträgt, in der alles lebt und sich bewegt und sein Sein hat.

Einzig tiefe Achtung, Aufrichtigkeit und Moral können den Menschen vor der Selbstzerstörung durch die Kräfte, die er nun zu nutzen lernt, bewahren. Dieser Eigenschaften bedarf der moderne Mensch mit am meisten, der Vertrauen und Sicherheit in der Welt sucht und frei werden will von Angst, weil er nur so in jenes Zeitalter großer menschlicher Errungenschaften auf materiellem, kulturellem, intellektuellem und spirituellem Gebiet vordringen kann.

Wenn darüber hinaus aus der Beschäftigung mit den Devas auch nur eine einzige Idee entsteht und versucht wird, das Ergebnis dieser Beschäftigung der Öffentlichkeit zu präsentieren, dann scheint mir diese Idee zu bedeuten: „Der Mensch kann die Tatsachen erkennen. Glaube muss nicht blind sein." Dem Menschen sind alle Fähigkeiten mitgegeben, die er benötigt, um sowohl sich selbst als auch das sichtbare und das unsichtbare Universum erkennen zu können. Der erweiterte Blick ist eine dieser Fähigkeiten. Wird er entwickelt und angewandt, können die Grenzen menschlicher Erkenntnis immer weiter vorgeschoben werden, bis Wesen und Phänomen völlig erforscht und schließlich als eines erkannt sind.

Dies ist von Bedeutung; denn in seinem Innersten ist der Mensch Sucher, Forscher und Entdecker. Das menschliche Leben ist eine Suche, zunächst nach den Wägbarkeiten, um sie in Besitz zu nehmen, sich daran zu erfreuen und die Sicherheit zu genießen, die sie geben, danach um sie mit anderen zu teilen. Erschüttert und enttäuscht von der Vergänglichkeit des Berührbaren und Sichtbaren, wendet sich der

Mensch schließlich dem Unwägbaren zu. Insbesondere sucht er dabei eine Überzeugung, die auf einer unerschütterlichen Realität basiert.

Angeleitet von Methoden und Erkenntnissen erfolgreicher Entdecker, habe auch ich meine Suche begonnen. Zwar glaube ich, mittlerweile herausgefunden zu haben, welches die höchste und letzte Entdeckung ist, doch die Möglichkeit, sie zu erringen, liegt für mich offensichtlich noch in weiter Ferne. Auf meinem Weg dorthin habe ich bestimmte Erfahrungen und etliche kleinere Entdeckungen gemacht. Da sie auch für sich genommen interessant und nützlich erscheinen und unmittelbar zur Suche nach der höchsten Wahrheit gehören, gebe ich sie weiter, in der Hoffnung, dass sie anderen Suchern Anhaltspunkt und Hilfe sein können.

Gesichertes Wissen ist an sich schon wertvoll. Dient es darüber hinaus dem Wohl des Menschen, so ist es umso wertvoller. Der heutige Umgang der Wissenschaft mit der Vorstellung, das Universum könnte das Produkt kreativen Denkens und schöpferischer Absicht sein, liefert uns wertvolle Erkenntnisse über das Reich des universellen Geistes, in dem – esoterischen Beobachtungen zufolge – kreative Intelligenzen am Werk sind.

Die moderne Medizin verankert viele Ursachen menschlicher Krankheiten im Geist und versucht, sie durch die Behebung geistiger Störungen zu heilen. Deshalb kann das Wissen über die Bewohner der Geistesebene, über jene Wesen, die schöpferische und helfende Gedankenströme aussenden, für die Heilung der Kranken sehr hilfreich sein.

Informationen zu diesem Thema bietet das vorliegende Buch. Was also ist die höchste Entdeckung, der Gipfel der Erkenntnis? Im Innersten des Kosmos ist das EINE. Dieses EINE hat sein Allerheiligstes, seinen Schrein im Innersten jedes Menschen. Die erste große Entdeckung ist jene von dieser Präsenz im Inneren, „der Unsterbliche Innere Lenker im Herzen aller Wesen" (Bhagavad Gita). Schließlich wird das Einswerden mit dem ALL-EINEN, das vollkommen bewusste Aufgehen für immer im ewigen, aus sich selbst heraus existierenden GANZEN erreicht. *Dies ist das Ziel.*

Wie zu einer Expedition im Gebirge Geologen gehören und Botaniker, Landvermesser und Photographen, die zum Nutzen anderer das Land beobachten, die Vorberge und die Hänge, die zum Gipfel führen, so sollte auch der Bergsteiger im „Gebirge der Wahrheit" die Erscheinungen der verschiedenen Ebenen, die er durchsteigt, beschreiben. Dieses Buch ist die Aufzeichnung solcher Beobachtungen.

Das Wissen um die Niederen und Höheren Devas ist zugegebenermaßen nicht unbedingt erforderlich für die Wiederentdeckung der untrennbaren Einheit und das Einswerden des Menschengeistes mit dem Gottesgeist, was ja das Ziel ist. Zugegeben ist auch, dass unangemessenes Interesse an äußeren Erscheinungen, gleich ob physischen oder feinstofflichen, wenn es nicht als Schrittstein vom Unrealen zum Realen benutzt wird, für bestimmte Temperamente eher einen Irrweg darstellen kann.

Der beherrschte Verstand jedoch kann seine Aufmerksamkeit lenken, wohin er will; und ein beherrschter Verstand ist eine Grundvoraussetzung für den Erfolg bei der Großen Suche. Nur wenige große Errungenschaften stehen für sich. Fast alle gehen auf frühere Entdeckungen und Erfolge zurück, die zu ihrer Zeit nicht unbedingt als Beitrag zur Suche nach der höheren Wahrheit galten. Solange man also das höchste Ziel im Auge behält, kann die Beschäftigung mit den Ergebnissen von Übergangsstufen zur Erleuchtung nur hilfreich, ermutigend, inspirierend und lehrreich sein.

Den reinen Mystiker, der aufgeht in der Kontemplation des Ewigen und in der Ekstase des Einswerdens, interessiert Äußeres nicht mehr. Ist die Fähigkeit zur Kontemplation einmal erreicht, braucht man nichts anderes mehr. Zielstrebig und ohne fehl zu gehen, schreitet der erhabene Verehrende auf seinem Weg zu den „Lotosfüßen des Unsterblichen" voran.

Aber nicht alle Menschen sind Mystiker, wenngleich alle eines Tages die mystische Vereinigung erreichen müssen und jeder seinem eigenen Weg zur Verzückung folgt, wobei es sieben verschiedene Pfade geben soll. Insbesondere auf einem dieser Wege, wahrscheinlich aber auch auf anderen, ist direktes Wissen von den Kräften und Intelligenzen der Natur und der Erwerb der Fähigkeit, mit ihnen im Rahmen des gemeinhin „Großes Werk" genannten Schaffens zusammen zu arbeiten, höchst wertvoll. Wenn der Inhalt eines Werkes wie dieses einigen als für den wahren Sinn des menschlichen Lebens und den wahren Gehalt menschlichen

Suchens irrelevant erscheint, möchte ich ihre Aufmerksamkeit auf die Worte eines Großen lenken: „Wie der Mensch mich auch sucht, so heiße ich ihn willkommen; denn die Wege, die die Menschen von allen Seiten einschlagen, sind Meine." (Bhagavad Gita, IV, 11)

EINFÜHRUNG

Als ich mich eines Tages[4] an einem Hügel am Rande eines Birkenwäldchens in einem abgelegenen Tal im Westen Englands von ganzem Herzen darum bemühte, in das Allerheiligste des verborgenen Lebens der Natur eingelassen zu werden, füllten sich die Himmel auf einmal mit Licht. Mein Bewusstsein wurde in eine Welt gehoben, die von diesem Licht erstrahlte, das es weder auf dem Land noch auf dem Meer geben konnte. Allmählich nahm ich die Gegenwart eines großen Engelwesens wahr, das zweifellos die Ursache meines erhabenen Zustands war. Von seinem[5] Geist zu meinem ergoss sich ein Strom an Vorstellungen über das Leben, die Kraft und das Bewusstsein des Universums und deren Selbstausdruck als Engel und Menschen. Diese Beschreibung trifft es jedoch nicht ganz; denn während dieser Kommunikation war das Gefühl der Dualität auf ein Minimum geschwunden. Eher schon traten die beiden Bewusstseinszentren, das des Engels und meines, in eine Art Koexistenz, in der sie vorübergehend ein einziges Wesen bildeten, innerhalb dessen dieser Ideenstrom entstand. Dies gilt meiner Meinung nach für jeglichen Austausch, der sich oberhalb der Ebene des formalen Verstandes, insbesondere in der Sphäre geistiger Weisheit und geistigen Willens abspielt. Auf dieser Ebene verschwindet die Dualität buchstäblich, und es bleibt allein die Einheit, tiefstes, innerstes Einssein.

Bei meinen täglichen Besuchen im Reich des Lichtes entdeckte ich, dass der große Ozean des Lebens, die Kraft und die Seele des Universums, Myriaden von Bewohnern zählte. Dies sind die geistigen Hüllen

---

[4] Im Jahr 1926

[5] Die sächliche oder maskuline Form wird an dieser und allen folgenden Stellen lediglich der leichteren Lesbarkeit halber benutzt; denn solche Intelligenzen sind geschlechtslos, wenngleich von dualer Polarität, wobei in den verschiedenen Ordnungen jeweils das eine oder andere „Geschlecht" zu überwiegen scheint.

der Menschen und der Adepten und die Heerscharen der Engel, zu denen auch das Wesen gehörte, das mich „angesprochen" hatte. Es war über alle Maßen schön, majestätisch, göttlich und im höchsten Grad begierdelos und unpersönlich. Wie ein Lehrer zu seinem Schüler sprach es zu mir von den Heerscharen der Engel, ihren Ordnungen und Rängen – und ermöglichte mir mit zunehmender Klarheit, sie auch zu sehen. Es erzählte mir von ihrer Kommunikation mit den Menschen, etwa im antiken Griechenland, Ägypten und den Ländern des Ostens, von ihrem Platz in der Natur als Diener des Allerhöchsten und von jenem großen Schöpfungsmorgen als sie – metaphorisch gesprochen – wie Morgensterne miteinander sangen und als Söhne Gottes ihre Freude hinausriefen. Es sprach vom Vorgang der Schöpfung als Komposition und Aufführung einer himmlischen Symphonie, vom Logos als dem Göttlichen Musiker und von Seinem Universum als Manifestation der himmlischen Harmonie. Es erzählte mir von den großen Devas, welche die mächtigen schöpferischen Saiten in ihrer Urkraft aufnahmen und sie durch alle ihre Ränge, von den höchsten spirituellen Welten bis ins Reich der immerwährenden Archetypen, spannten, jene großen Klanggebilde, aus denen und durch die das physische Universum geformt wird. Von dort, so sagte er, dringt die Musik des „Schöpfungswortes" bis in die niederen Welten, wo die niederen Heerscharen es gestaltend Mal um Mal wiedergeben und damit sämtliche Lebensformen der Natur erschaffen. Da der Große Künstler des Universums unaufhörlich schafft, wird die Schöpfungssymphonie unablässig komponiert und gespielt. Engel und Menschen leben inmitten himmlischer Harmonien, in immerwährender Sphärenmusik.

Dies ist ein Teil der Vision, die mir damals zuteil wurde und die immer noch in mir lebendig ist. Mit ihr geht die Erkenntnis einher, dass die Devas, die dem Menschen einst so nahe waren, niemand anderer sind als die Heerscharen der Engel, dass sie auch in der großen Dunkelheit der Geschichte immer bei uns waren, wenngleich unmerklich und unerkannt. Doch jetzt naht die Zeit, in der die großen schöpferischen Kräfte und Wesen, nach deren Gesetzen der Kosmos aus dem Chaos hervorgeht und die den Platz der Menschheit im großen Prozess der göttlichen Manifestation festlegen, den Menschen wieder erkennbar werden. Auf diesen Tag, so wurde mir anvertraut, sollte sich der Mensch gut vorbereiten. Der Hass muss überwunden und der Krieg geächtet werden. Brüderlichkeit muss herrschen sowie Schönheit im Herzen der Menschen wohnen und sich in ihrem Leben ausdrücken. Einer in Brüderlichkeit vereinten Menschheit werden die Göttlichen Wesen ihre unsterbliche Herrlichkeit enthüllen und ihre Hilfe anbieten beim Bau einer neuen Welt, in der alle Menschen das Höchste als Schönheit und Wahrheit erkennen und ihm dienen werden.

Geoffrey Hodson
Epsom, Auckland, Neuseeland

TEIL I
GRUNDLAGEN

Kapitel 1

DEFINITION DER BEGRIFFE

Da dieses Buch bestimmte geläufige Begriffe in einem besonderen Sinn verwendet und mit bestimmten Vorstellungen arbeitet, die westlichen Leserinnen und Lesern vielleicht weniger vertraut sind, beinhaltet dieses erste Kapitel eine Definition der Begriffe und einen kurzen Abriss der Philosophie, auf die dieses Buch sich stützt.

Die Gottheit

Die esoterische Philosophie betrachtet die Göttliche Kraft des Universums nicht als persönlichen Gott. Mit Intelligenz begabt, ist sie dennoch kein Intellekt. Sie nutzt das Eine Leben als Träger, ist aber dennoch selbst kein Leben. Die Gottheit ist ein der Natur inhärentes Prinzip, dessen Ausdehnung auch über das Reich der zartesten manifesten Formen noch hinaus reicht.

Weder die Immanenz noch die Transzendenz Gottes sind eine persönliche. Beide sind Ausdruck eines unpersönlichen Prinzips in Zeit, Raum und Bewegung, das an sich ewig, allgegenwärtig und in Ruhe ist.

Endlichkeit ist der Manifestation des Unendlichen wesenhaft. Vorstellungen, Rhythmen und Formen sind wesentliche Voraussetzung für den Ausdruck des Absoluten. Gott lässt sich somit am ehesten noch als Unendlichkeit und Absolutheit definieren, die in endlichen Formen manifest wird. Eine solche Manifestation kann nie singulär, nicht einmal lediglich dual sein; sie muss zunächst dreifach und danach siebenfach erfolgen. Punkt, Umfang und Radius, Kraft, Empfänger und Verstärker, Wissender, Gewusstes und Wissen; all dies muss stets die essenzielle Dreiheit bilden, ohne die Absolutheit niemals Endlichkeit hervorbringen kann, so vergeistigt die entsprechende Ebene auch sein mag.

Die Schöpfung erfordert deshalb den Wandel von der Einheit zur Dreiheit. Um Viele werden zu können, muss das Eine zunächst Drei werden. Drei ergeben sieben Möglichkeiten der Kombination. Das kontinuierliche Fortschreiten von der Einheit zur Vielheit erfordert also unausweichlich das Durchschreiten von sieben Arten der Manifestation und des Ausdrucks dessen, was im Grunde eins ist. Deshalb entstehen die Teilungen im All-Einen. Deshalb entstehen Wesen im Einen Leben und Intelligenzen im Einen Geist, die dem Ganzen inhärent sind.

Von der Dreiheit ist der Punkt das Höchste; denn er ist die Quelle. Von der Siebenheit ist die Dreiheit das Höchste; denn sie ist ihr Mutter und Vater. Wo Manifestation geschieht, existiert daher Hierarchie. Eltern-Hierarchien gebären Nachkommen in absteigender Folge der Nähe zur ursprünglichen Quelle. Kommt also Bewegung in das Eine, das an sich in Ruhe ist, so gehen aus ihm gesetzmäßig Wesen in hierarchischer Ordnung hervor.

Absolute Ruhe enthält absolute Bewegung, weil beide Begriffe Synonyme sind. Deshalb kann das Absolute sowohl in Ruhe als auch in Bewegung sein und dabei seine Absolutheit bewahren. Das Endliche ist daher im Absoluten enthalten, das wiederum das Endliche entwickelt und durchdringt. Deshalb betrachteten endliche Wesen das Absolute als göttlich und nannten es Gott.

Die Verehrung der alles entwickelnden, alles durchdringenden Quelle von allem Seienden ist wahre Religion. Die allgegenwärtige Quelle zu verehren und sich an die Gesetze ihrer Manifestation zu halten, ist wahre religiöse Praxis. Die Quelle von allem als Person zu verstehen, und sei sie noch so erhaben, und ihr menschliche Züge zuzuschreiben, ist nicht wahre Religion. Diese falsche Vorstellung zu verehren und in der Furcht vor ihrer Rache zu leben, ist nicht wahre religiöse Praxis.

Die absolute Existenz und das absolute Gesetz – das sind die höchsten Existenzen und deshalb der Betrachtung und Verehrung durch den Menschen wert. Endliche Existenz und endliche Gesetze sind nicht die höchsten Existenzen und deshalb der Bezeichnung „Gott" unwürdig. Sie sind Nachkommen und nicht Eltern, sekundär und nicht primär, und ihre Erhebung in einen primären Rang kann nur zu Verwirrung und Bestürzung führen.

Der moderne Mensch muss sich von der Täuschung und der Anbetung eines persönlichen und deshalb endlichen Gottes befreien und ihn durch eine unpersönliche und unendliche Göttliche Kraft und ein ebensolches Gesetz mit dem Göttlichen Leben als dem essenziellen Dritten ersetzen.

Das Göttliche Leben ist Träger der Göttlichen Kraft, und das Göttliche Gesetz regiert ihren gemeinsamen Ausdruck. In Wahrheit wurde deshalb alles durch die Indienstnahme des Lebens geschaffen. Das Leben ist Schöpfer, Bewahrer und Verwandler des Kosmos. Das Leben sollte in all seinen Manifestationen verehrt werden, und eine solche Verehrung des allgegenwärtigen, immer tätigen Lebens ist wahre Religion.

Was also bedeutet das Leben für den menschlichen Verstand? Wie soll man sich das Göttliche Leben vorstellen, wie es wahrnehmen und verehren? Dies ist die wichtigste und höchste Frage. Das Leben kann man als die Seele der Form verstehen, und seine Beziehung zu ihr derjenigen der Sonne zum Sonnensystem vergleichen. Der Unterschied in den beiden Beziehungen liegt darin, dass das Leben allgegenwärtig, die Sonne jedoch an einen festen Ort gebunden ist, auch wenn ihre Strahlen das Universum durchdringen. Das Leben sendet keine Strahlen aus; denn als die innerste Quelle der Existenz durchdringt und umgibt das Leben alles.

Das Leben ist wohltuend in dem Sinne, dass es alles erhält. Ohne es könnte nichts existieren, was existiert. Es ist die Gedanken-Seele, die Geist-Intelligenz der gesamten Schöpfung. Als Träger der Kraft begabt mit vorstellungsfähigem Denken, ist das Leben die Grundvoraussetzung der Existenz, der Evolution und der Verwandlung. Das Leben also ist Gott, und Gott ist das Leben.

Der Begriff „Gott" umfasst mithin die ganze Natur, die physische wie die superphysische jenseits des Materiellen, den Entwicklungsimpuls, der ihr eingegeben ist und die unwiderstehliche Schöpfungskraft, die das Attribut der Selbst-Reproduktion und die Fähigkeit zu unbegrenztem Ausdruck verleiht. Diese Vorstellung von der Gottheit schließt die schöpferischen Intelligenzen – die Elohim – mit ein, welche die Manifestationen und das Wirken der einen schöpferischen Kraft sind, des göttlichen Gedankens oder der Ideen des ganzen Kosmos. Sie lenken von Anfang bis Ende den „Klang" der Schöpferischen „Stimme", durch welchen diese Ideen der Materie des Kosmos aufgeprägt werden. All dies sowie alle Samen und alle Wesen, Kräfte und Gesetze, einschließlich des einen Ur-Gesetzes der Harmonie, ergeben die Gesamtheit des SEINS, der in diesem Werk die Bezeichnung „Gott" zugeschrieben wird. Wenn eine solch umfassende Synthese als Wesen bezeichnet werden soll, dann ist dieses Wesen so komplex, so all-umfassend, dass es das Fassungsvermögen des menschlichen Verstandes übersteigt und sich nicht mehr in eine Form fügen lässt; denn die Gottesvorstellung schließt das Immerwährende Gesetz, den Immerwährenden Willen, das Immerwährende Leben und den Immerwährenden Geist mit ein.

In der Manifestation ist „Gott" objektiv tätig. In der Nicht-Manifestation ist „Gott" in Ruhe. Hinter beidem, Tätigkeit wie Ruhe, steht das Ewige, Unveränderliche, das Absolute, das aus sich selbst heraus existierende Selbst. Der Geist, dem die Schöpfungsgeschichten der Welt ganz unterschiedliche Namen zuweisen, ist der aktive Ausdruck jenes ewigen All-Einen, das nicht verstanden werden kann.

Die Begriffe „Gott" und „Logos" werden in diesem Buch also zur Bezeichnung eines Göttlichen Wesens gebraucht, das als die Universelle Belebende Kraft, das Innewohnende Leben und die Lenkende Intelligenz in aller Substanz, allen Wesen und allen Dingen allgegenwärtig und von keinem getrennt ist. Dieses Wesen ist im ganzen Sonnensystem manifest als das Göttliche Gesetz, Kraft, Weisheit, Liebe und Wahrheit, als Schönheit, Gerechtigkeit und Ordnung.

Der Solare Logos gilt Seinem[6] System, dessen dreifaltiger Schöpfer, Bewahrer und Erneuerer aller Welten und Spiritueller Vater und Mutter aller Wesen Er ist, als immanent und zugleich über es hinaus transzendent.

Ob nun als Prinzip oder als Wesen, Gott wurde immer unter vielen Aspekten und in vielen Rollen verstanden. Sowohl die alte ägyptische als auch die hellenistische, die hebräische, die hinduistische und die christliche Kosmogonie stellen Ihn so dar, dass er Seine Welten

---

[6] Auch hier wird die maskuline Form nur aus Gründen der Eingängigkeit benutzt. Das Göttliche Prinzip ist keinesfalls eine Person und gilt als gleichermaßen männlich, weiblich und androgyn, Vater, Mutter und Sohn in einer Höchsten Kraft.

durch die schöpferische Kraft des Klangs zur Existenz brachte. Im Christentum heißt es: „Am Anfang war das Wort, und das Wort war bei Gott, und das Wort war Gott."[7] Dann sprach Gott, und in sechs Schöpfungsepochen oder „-Tagen", auf die jeweils eine Zeit der Ruhe oder die „Nacht" folgte, entstanden alle Welten, alle Reiche der Natur und alle Wesen. Infolge dieses Ausströmens schöpferischer Energie als Klang erschienen die Formen, die der göttlichen schöpferischen Absicht Ausdruck verliehen, Verkörperungen des göttlichen Lebens und Träger göttlicher Intelligenz. Deshalb kann man Gott als den Himmlischen Komponisten, den Göttlichen Musiker verstehen, der Seine Schöpfungssymphonie mit ihrem zentralen Thema und zahllosen Variationen fortwährend komponiert und aufführt. Diese Vorstellung von der Schöpfung durch die Stimme, die so genannte Logos-Lehre, die so wichtig ist bei der Beschäftigung mit dem Thema „Göttliche Wesen", wird in späteren Kapiteln dieses Buches näher erläutert.

In Poesie und Mystik wurde Gott auch als der Göttliche Tänzer beschrieben. Die Natur – mit all ihren verschiedenen rhythmischen Bewegungen, darunter der zyklische Umlauf der Planeten um die Sonne, die Veränderungen auf der Erde, das Fließen von Bach, Wasserfall und Strom, die unaufhörliche Bewegung der Meereswellen, das Wiegen der Bäume und Blumen, die sich immerzu verändernden Formen von Feuer und Flamme, das Kreisen der Elektronen um ihren Kern – wird besonders im Hinduismus als Teil des großen Tanzes des Höchsten verstanden, durch den alles erschaffen und erhalten wird.

Verschiedentlich wird Gott auch als Dramatiker dargestellt, dessen Bühne für das Schauspiel des Lebens das Sonnensystem ist; oder als der Weber, der Seinen vielfarbigen Teppich – die Natur und alle ihre Kinder – auf dem Webstuhl von Zeit und Raum webt; als der Gärtner, dessen Gehilfen die Heerscharen der Engel und dessen Garten das Universum ist, in das Er jede nur denkbare Art von Samen sät, die Er selbst geschaffen hat und die jeder ein charakteristisches Abbild Seiner Selbst hervorbringen soll. Weiter gilt Er als der Architekt und Ingenieur, Geometriker und Wissenschaftler, Magier und Zeremonienmeister und das

[7] Johannes I,1

Universum als Sein Tempel mit vielen Schreinen, in denen beständig schöpferische Rituale ausgeführt werden. Eine noch höhere Vorstellung zeichnet Ihn als den Spirituellen König, als den Göttlichen Herrscher, der sein Sonnenreich durch Seine Hierarchie dienender Minister regiert. Alle Wesen sind Seine Untertanen, über die Er mit allumfassendem Wissen und allumschließender Weisheit herrscht. Er ist all das und zweifellos noch weit mehr – Schöpfer, Bewahrer, Verwandler des Universums und Geistiger Vater und Mutter aller seiner Bewohner.

„Die Vorstellung des Menschen von Gott ist jenes Abbild blendenden Lichtes, das er im konkaven Spiegel seiner Seele sieht, und doch ist dies in Wahrheit nicht Gott, sondern nur Seine Reflexion. Sein Glanz ist da, aber was der Mensch sieht, ist das Licht seines eigenen Geistes; mehr anzuschauen erträgt er nicht. Je klarer der Spiegel, desto heller wird das göttliche Abbild erstrahlen. Aber die äußere Welt kann nicht zugleich darin betrachtet werden. Im ekstatischen Yogi, im erleuchteten Seher, erstrahlt der Geist wie die Mittagssonne; im erniedrigten Opfer irdischer Anziehungskraft ist aller Glanz verschwunden; denn der Spiegel ist durch die Verschmutzungen der Materie getrübt."[8]

Der Evolutionsplan

Aus dieser Vorstellung von der Gottheit ergibt sich gesetzmäßig die Idee einer göttlichen Absicht, eines großen Planes. Dieses Buch geht davon aus, dass dieser Plan die Evolution ist, allerdings nicht allein die der Form. Mit dem Wort „Evolution" wird hier ein Vorgang bezeichnet, der von dualer Wirkung ist, nämlich sowohl geistig als auch materiell. Auch wird von einer gelenkten statt von einer rein natürlichen oder „blinden" Evolution ausgegangen.

Dieser Vorgang besteht unserem Verständnis nach aus einer kontinuierlichen Entwicklung der Form, die einhergeht mit einer entsprechenden, parallel verlaufenden Entfaltung des Bewusstseins in der Form.

Zwar kann der Mensch den Evolutionsplan nicht vollständig erkennen, von seinen geistigen Führern, Weisen und spirituellen Lehrern erfährt er im

---

[8] Siehe Helena Blavatsky, *Isis Entschleiert*, S. XVIII (amerikanische Ausgabe)

Laufe der Jahrhunderte aber doch, dass es darum geht, das Latente, Samengleiche, Keimende zu erwecken und zur Vollendung zu führen. Göttlicher Wille, göttliche Weisheit, göttlicher Intellekt und göttliche Schönheit sind in allen Samen, den makrokosmischen wie den mikrokosmischen, latent angelegt. Der Grund, warum das Universum überhaupt entsteht, liegt offensichtlich darin, Möglichkeiten in wirklich existierende Kräfte zu verwandeln.

So gibt es zum Beispiel auf Erden für jedes Naturreich einen Standard oder ein Ideal, das ebenso dual ist wie der Prozess der Evolution. Im Mineralreich ist das Ideal für das Bewusstsein physisches Gewahrwerden, das für die Form Härte und Schönheit. Das Ideal für das Bewusstsein der Pflanzen ist Empfindsamkeit, also die Fähigkeit, etwas zu spüren, das für die Form Schönheit. Das Ideal für das Bewusstsein der Tiere ist das Gewahrwerden der eigenen Empfindungen und Gedanken, für ihre Gestalt Schönheit. Für den Menschen heißt das Ziel seiner Evolution vollkommene Entfaltung und vollständiger Ausdruck seiner ihm innewohnenden göttlichen Kräfte – Wille soll zu Allmacht, Weisheit zu Allgegenwart und Verstand zu Allwissenheit werden. Im „verwirklichten" Menschen oder Adepten wirken diese Kräfte in bewusster Einheit und vollkommener Harmonie mit dem Schöpfer all dessen, was ist, um so zur Erfüllung seines Plans beizutragen.

Ist die *menschliche* Vollkommenheit erreicht, eröffnen sich die übermenschlichen Wege. Wir Menschen können das Wesen dieser Pfade nur mit Hilfe von Analogien und des Wenigen verstehen, das die Meister uns in der heutigen Zeit wissen ließen. Wir können diese neuen Ziele verstehen als ein Mitgestalten im vollkommenen Einklang mit Gott, um die große Symphonie der Schöpfung zu komponieren und zu spielen; mit Ihm das Schauspiel des Lebens zu inszenieren und darzustellen; mit und für Ihn zu bauen und dabei bewusst zur Vollkommenheit Seines wunderbaren Gebäude beizutragen; Seinen Garten mit Ihm zu bestellen und Seine Pflanzen zur Fülle ihrer Blüte zu bringen; eine leitende Aufgabe in Seinem Sonnensystem zu übernehmen; mit Ihm in Seinem Universum zu wirken und als Mitwirkender in den solaren und planetarischen Regierungen zu dienen, durch die Er, der Solare Herrscher, seine weiten Reiche unter dem Sternenzelt regiert. Dies, so dürfen wir annehmen, ist ein Teil von Gottes Plan mit den Meistern und mit allen Menschen; denn Meisterschaft zu erringen, ist die Bestimmung aller:

„Das eine, weit entfernte göttliche Geschehen,
auf das sich die gesamte Schöpfung zubewegt."

Schöpfung

Das Erscheinen und die nachfolgende Entwicklung eines Universums und dessen, was in ihm enthalten ist, gilt in der esoterischen Wissenschaft weniger als die Folge eines Schöpfungsaktes mit einer anschließenden natürlichen Evolution, sondern vielmehr als Emanationsprozess unter der Leitung intelligenter Kräfte nach einem unveränderlichen Gesetz. Die Schöpfung oder das Erscheinen von Universen aus dem Nichts ist eine inakzeptable Vorstellung, da alles als Emanation einer alles beinhaltenden Quellenlosen Quelle gilt. Diese Quelle wird als drei-einig verstanden, bestehend aus präkosmischem Geist, präkosmischer Materie und ewiger Bewegung. Diese Theorie wird in Teil II dieses Buches noch eingehender erläutert.

Hellsehen

Als Teil der Entfaltung des menschlichen Intellekts hin zur Allwissenheit entwickelt sich in einem bestimmten Stadium der menschlichen Evolution die Fähigkeit zum bewussten, aktiven Hellsehen. Dies bedeutet eine Erweiterung der normalen visuellen Reaktionsfähigkeit sowohl auf physische Strahlen jenseits des Violett als auch darüber hinaus auf das Licht der feinstofflichen Welten. Hellsichtigkeit kann durch Übung erlangt werden.

Die Vorgänge des übersinnlichen Sehens und sein Entwicklungsprozess werden in der Beschreibung zu Abbildung 28 näher erläutert. Wichtig ist die Unterscheidung zwischen der passiven Übersinnlichkeit eines Mediums, der so genannten außersinnlichen Wahrnehmung (ASW) der Parapsychologie[9] und der aktiven Hellsichtigkeit eines Schülers der esoterischen Lehre. Ausschließlich vom eigenen Willen gelenkt und bei vollem Bewusstsein angewandt, ist letztere das Instrument der Forschung, durch das ich während der letzten dreißig Jahre das „Reich der Devas" betreten und erkundet habe.

Die Devas

Mit diesem Begriff werden im ganzen Buch nicht jene symbolischen Bilder bezeichnet, denen von antiken Völkern der Titel *Gott* zugesprochen wurde, sondern hierarchische Ordnungen von Intelligenzen, die sich vom Menschen in diesem Sonnensystem deutlich unterscheiden, dennoch aber entweder einmal Menschen waren oder sein werden. Angaben über deren unendlich vielfältige Gestalt und Funktion sind Thema des dritten Kapitels von Teil I und weiterer Kapitel in diesem Buch. Teil V besteht aus Illustrationen und Beschreibungen verschiedener Arten von Devas, die mir bei meinen Beobachtungsversuchen mittels des erweiterten Sehens erschienen sind.

Östliche Völker sowie viele Angehörige keltischer und anderer von Natur aus übersinnlich begabter Kulturkreise kennen Vorstellungen von der Existenz von Göttern. Im Osten nennt man sie *Devas*, nach einem Begriff aus dem Sanskrit für „die Strahlenden" wegen ihrer selbstleuchtenden Erscheinung. Sie gelten als allgegenwärtige, feinstoffliche Vollstrecker des Schöpfungswillens, als Lenker aller natürlichen Kräfte, Gesetze und Vorgänge, der solaren, der interplanetarischen wie der planetarischen.

Für diese Wesen wird in diesem Buch hauptsächlich der Begriff „Devas" verwendet. Der kabbalistische Begriff „Sephira" taucht in Teil III auf. Das Adjektiv „devisch" tritt nur hier und da in Erscheinung und bezieht sich dann gleichermaßen auf Erzengel, Engel und Naturgeister. Bestimmte Deva-Arten, die eher mit dem Menschen als mit der Natur verbunden werden, bezeichne ich als „Engel", wobei diese vier Begriffe allerdings synonym verwendet werden. Die drei wichtigsten Stadien der devischen Entwicklung werden jede mit einem eigenen Begriff bezeichnet. Naturgeister werden, wie Tiere und Vögel, von einem Grup-

[9] Hingewiesen sei hier auf die Schriften von J. B. Rhine.

penbewusstsein gesteuert, das sie mit anderen derselben Gattung teilen. Sephiras, Devas und Engel haben sich, wie der Mensch, aus dem Gruppenbewusstsein zu einzelnen Individualitäten entwickelt. Insbesondere Erzengel haben die Begrenzungen der Individualität überwunden und sind zu universellem oder kosmischem Bewusstsein gelangt, wie der Meister oder der Adept.

* * *

Bevor ich mich nun an die nähere Beschreibung von Wesen, Funktion und Tätigkeit der Devas begebe, möchte ich denen antworten, die vollkommen verständlicherweise fragen: „Wo ist der Beweis für ihre Existenz?" Einen konkreten, überprüfbaren Beweis kann es für mystische Erfahrungen nicht geben. Indizien für mystische Bewusstseinszustände, in denen übersinnliche Fähigkeiten wirken sowie für die Existenz feinstofflicher Welten und ihrer Bewohner, gibt es hingegen in Fülle. Die universellsten und beständigsten dieser Indizien finden sich in den Mythen und Märchen der Völker. Zahllose Überlieferungen der Geschichte bezeugen die Erlebnisse von Menschen, die Kräfte, Erscheinungen und Wesen wahrgenommen haben, die normalerweise nicht sichtbar sind. Trotz großer zeitlicher und räumlicher Abstände existiert eine bemerkenswerte Ähnlichkeit zwischen den Mythen, den Legenden und Märchen der verschiedenen Völker auf der Erde. Diese über die Jahrhunderte gleich bleibende Universalität, Ähnlichkeit und Beständigkeit des Glaubens an die Devas und ihr Reich ist ein starkes Indiz, so behaupte ich, für die Existenz eines Körnchens Wahrheit in diesem Glauben, einer Tatsachengrundlage, auf der Märchen und Mythen aufbauen.

Dem füge ich die Aussagen jener hinzu, die aus der Selbst-Erleuchtung eine Wissenschaft und Kunst zugleich gemacht haben, die man im Osten „Yoga" nennt. Die Anhänger dieser ältesten und größten Wissenschaft, der Wissenschaft von der Seele, bestätigen nachdrücklich, dass die Erweiterung der visuellen und auditiven Fähigkeiten und die Beherrschung der Kräfte, zunächst der eigenen Natur und dann der Natur als Ganzer, absichtlich und bewusst erreicht werden können. Jeder, so sagen sie, der die nötigen Voraussetzungen erfüllt und den Gesetzen gehorcht, die so sicher funktionieren wie die, denen der Chemiker in seinem Labor folgt, kann den Schleier der Materie durchdringen, der die ewige, geistige Wirklichkeit dem Blick normalerweise verhüllt, so wie der Schleier des Tages die immerzu strahlenden Sterne verbirgt.

Nur im persönlichen Experiment und in der persönlichen Forschung lassen sich Beweise finden. Ist die Demonstration auch zugegebenermaßen unmöglich, so ist dies die Überprüfung durch eigene Forschung nicht. Diesen Test versuchte ich anzuwenden, und dieses Buch ist die teilweise Niederschrift meiner Entdeckungen. Steht jedem das Recht zu fragen zu, so haben doch nur die, so behaupte ich, die in ähnlicher Weise experimentiert und geforscht haben, das Recht, meine Erkenntnisse zu bestreiten.

Kapitel 2
ALTE UND NEUE WISSENSCHAFT

Das Atom der Wissenschaft

Die Erklärungen etlicher moderner Wissenschaftler zu Art und Konstruktion des materiellen Universums stimmen recht genau mit den jahrhundertealten Lehren der esoterischen Philosophie überein. Die Suche nach der Wahrheit, in unserer Zeit von den exakten Naturwissenschaften dominiert, führt von der materialistischen Sichtweise weg zu einer transzendenten. Das mechanische Verständnis wissenschaftlicher Phänomene wird verworfen, und die Methode, diese Phänomene anhand von Modellen zu erklären, wird inzwischen zunehmend eher als Hindernis denn als Hilfe zum Verständnis betrachtet. In nur einer Generation haben sich die exakten Naturwissenschaften von der mechanischen Sicht und ihren Modellen abgewandt. Sir James Jeans sagt:

„Eine kritische Betrachtung der modernen Physik zeigt, dass alle Versuche, zu mechanischen Modellen oder Bildern zu gelangen, fehl geschlagen sind, ja, fehlschlagen müssen. Denn ein mechanisches Modell oder Bild muss die Dinge so darstellen, dass sie in Raum und Zeit geschehen, wohingegen sich jüngst zeigte, dass die letzten Vorgänge in der Natur weder in Raum und Zeit verlaufen noch sich darstellen lassen."[10]

Noch in unserer Zeit behaupteten die führenden Wissenschaftler, dass in der Materie das Versprechen des Lebens zu finden sei. Diese Aussage wurde seither revidiert. Das Atom als materielles Teilchen kann selbst wieder geteilt werden, so fand man heraus. Jetzt heißt es, alle Substanz bestehe aus kleinsten Einheiten von Elektrizität unterschied-

---

[10] *Physics and Philosophy*, S. 175 (Dt.: *Physik und Philosophie*, Rascher, Zürich, 1944 und 1951, d. Ü.)

licher Polarität. Der Aufbau aller Atome gilt heute als ähnlich. Man darf behaupten, sie seien von kugelförmiger Gestalt, wobei die Masse sich im Zentrum konzentriert. Dieser Kern besteht aus Neutronen und Protonen, ersteres ein neutrales oder ungeladenes Teilchen, letzteres mit positiver Elektrizität geladen; er ist umgeben von einem elektrischen Feld aus einem Planetensystem negativ geladener Teilchen, die ihn auf runden oder elliptischen Bahnen umkreisen und als Elektronen bezeichnet werden.

Diese relativ einfache Vorstellung vom Atom, wonach sich alle Protonen und Neutronen im Kern, alle Elektronen hingegen außerhalb des Kerns befinden, ist keineswegs endgültig. Bereits jetzt gibt es Indizien für die Existenz weiterer Elementarteilchen[11]. Gilt das ganze Universum als aus Atomen bestehend und bestand jedes bis heute bekannte Atom aus Kombinationen der oben erwähnten Teilchen, so wurden doch bereits weitere Teilchenarten entdeckt. Dazu gehört das Positron, ein positives Elektron mit der Masse eines Elektrons. Das Neutron besteht vermutlich aus einem Protonen-Elektronen-Paar, einer engen Verbindung aus Protonen und Elektronen. In kosmischen Strahlen wurde das Meson entdeckt, von dem man annimmt, dass es in allen Substanzen für den Zusammenhalt sorgt.

Diese Entdeckung von Protonen und Elektronen im Atomkern führen in direkter Linie zur Ansicht der esoterischen Wissenschaft, wonach nämlich alle Materie eine hoch konzentrierte, sozusagen „kristallisierte" oder „gefrorene" Form von Energie ist. Die Einstein'sche Gleichung, deren Richtigkeit ein weiteres Mal die Atombombe erwies, lautet $E=MC^2$, wobei E die Energie in Erg, M die Masse in Gramm und C die Lichtgeschwindigkeit in Zentimetern pro Sekunde ist. In *Physik und Philosophie* schreibt Sir James Jeans:

„Für die Materialisten war der Weltraum voller realer Teilchen, die aufeinander verschiedene Kräfte ausübten, elektrische, magnetische oder Anziehungskräfte; sie leiten die Bewegungen der Teilchen und sind deshalb ursächlich für die gesamte Aktivität der Welt. Diese Kräfte freilich waren so real wie die Teilchen, die sie in Bewegung versetzten.

[11] Geschrieben Mitte des 20. Jahrhunderts (Anm. d. Vlg.)

Die physikalische Relativitätstheorie zeigt nunmehr aber, dass elektrische und magnetische Kräfte keineswegs real sind; es sind von uns geschaffene geistige Konstrukte, die aus unseren eher irrigen Bemühungen resultieren, die Teilchenbewegungen zu verstehen. Dasselbe gilt für die Newton'sche Gravitationskraft, für die Energie, den Antrieb und andere Konzepte, die eingeführt wurden, damit wir die Aktivitäten der Welt besser verstehen können."

Die Vorstellung von der Struktur der Materie wird also zusehends abstrakter. So gilt das Elektron als solches zum Beispiel nicht mehr nur als winziger, kugelförmiger Körper, der sich auf geometrischen Bahnen bewegt. Man kann sich Teilchen ebenso als Wellen vorstellen, die entsprechend oder im Umfeld der oben erwähnten Bahnen an Dichte zunehmen. Die Vorstellung – auch wenn sie dem Laienverstand seltsam erscheint – „ist eher analog einem Geräusch, das sich über eine bestimmte Region verteilt ... eine Art Störung im Äther, die an einer Stelle am intensivsten ist und sich mit zunehmender Entfernung rasch verliert". (Bertrand Russell, *The ABC of Atoms*)

Die esoterische Wissenschaft fügt dem die Existenz „einer einzigen unteilbaren und absoluten Allwissenheit und Intelligenz im Universum" hinzu, „die durch jedes Atom und bis in den unendlichsten Punkt des ganzen Kosmos wirkt. ... Noch im Verhalten der scheinbar blindesten Kräfte liegt Gestaltung." (H. P. Blavatsky, *Die Geheimlehre*, Adyar Edition, Band I). „Jedes Teilchen – ob man es nun organisch oder anorganisch nennen will – ist Leben" (a.a.O.). „Der *Atem des Himmels* oder besser der Lebenshauch ... ist in jedem Tier, in jedem belebten Teilchen und in jedem Atom eines Minerals" (a.a.O.). Dieser Lebenshauch wird definiert als Kosmische Elektrizität, die Kraft, die das Universum formte, das Noumenon von „Manifestationen wie Licht, Hitze, Klang, Adhäsion, und als der *Geist* der Elektrizität, das Leben des Universums" (a.a.O.). Für den Esoteriker ist das Eine Leben objektive Realität: „Wir sprechen von einer siebenfachen Skala der Manifestation, die auf der obersten Stufe mit dem Einen Unerkennbaren Ursprung beginnt und als Allgegenwärtiger Verstand und Leben endet, das jedem einzelnen Atom der Materie immanent ist" (a.a.O.).

Der Universelle Verstand

Die esoterische Lehre von der Existenz einer Universellen Leitenden Intelligenz erfährt Unterstützung von bestimmten, wenn nicht von allen Wissenschaftlern. In *Der Weltenraum und seine Rätsel* schreibt Sir James Jeans:

„Wir entdecken, dass das Universum Indizien einer gestaltenden oder lenkenden Kraft zeigt, die etwas mit unserem individuellen Verstand gemein hat. ...

Am besten stellt man sich das Universum als reines Denken vor, als das Denken – in Ermangelung eines umfassenderen Begriffs – eines mathematischen Geistes. ...

Ein Gedanke oder eine Idee kann nicht existieren ohne einen Geist, in dem sie existieren kann. Man kann sagen, dass ein Objekt in unserem Geist existiert, während wir uns dieses Objekts bewusst sind, aber das erklärt nicht seine Existenz in der Zeit, in der wir uns seiner nicht bewusst sind. So existierte der Planet Pluto zum Beispiel lange bevor auch nur ein einziger menschlicher Geist das vermutete und schrieb seine Existenz auf photographische Platten, lange bevor ein menschliches Auge ihn sah. Derlei Überlegungen ließen Berkeley ein Ewiges Wesen postulieren, in dessen Geist alle Objekte existierten. ... Die moderne Wissenschaft scheint mir auf ganz anderen Wegen zu einem nicht gänzlich unähnlichen Schluss zu kommen."

Sir Arthur Eddington sagt:

„Etwas Unbekanntes tut etwas, das wir nicht wissen – darauf läuft unsere Theorie hinaus. ... Die moderne Physik hat die Auffassung von der Substanz eliminiert. ... Der Geist ist unserer Erfahrung nach das erste und direkteste. ... Ich betrachte das Bewusstsein als fundamental. Ich betrachte die Materie als ein Derivat des Bewusstseins. ... Der alte Atheismus ist vorbei. ... Religion gehört ins Reich des Geistes und ist unumstößlich."

In der Juli-Ausgabe 1936 von *The Modern Review* (von Kalkutta) zitiert J. T. Sutherland Folgendes[12]

Einstein: „Ich glaube an Gott ... der sich in der geordneten Harmonie des Universums offenbart. Ich glaube, dass Intelligenz in der gesamten Natur manifest ist. Die

---

[12] Zitiert aus *The Essential Unity of all Religions* (S. 22, 23 & 24) von Bhagavan Das, M.A., D. Litt., Benares and Allahabad Universities.

Grundlage wissenschaftlichen Arbeitens ist die Überzeugung, dass die Welt ein geordnetes und verstehbares Wesen ist und nicht ein Produkt des Zufalls."

J. B. S. Haldane: „Die materielle Welt, die bisher als eine Welt des blinden Mechanismus verstanden wurde, ist in Wirklichkeit eine Geistige Welt, die wir nur teilweise und sehr unvollkommen sehen. Die *einzig reale* Welt ist die Geistige Welt. ... Die Wahrheit ist, dass nicht Materie, nicht Kraft, noch etwas anderes Physikalisches, sondern der Geist, Persönlichkeit das zentrale Faktum des Universums sind."

Kirtley F. Mather, Geologe in Harvard: „Die nächste Annäherung, die wir bisher bei unserer Analyse von Materie und Energie an das Höchste unternommen haben, zeigt, dass die Universelle Realität Geist ist."

Ähnlich betrachtet auch die Psychologie das Gehirn nicht mehr als ein zufriedenstellendes Modell des Geistes, als einen Mechanismus konkreter Teilchen, die die gesamte Maschinerie des Denkens ausmachen. Vielmehr sehen viele das Gehirn heute als Instrument und das Denken als eine eigene Energie, die es benutzt.

Dr. Kennedys A. Walter Suiter-Vortrag, am 29. April 1941 in Buffalo gehalten, veröffentlicht am 15. Oktober 1941 im *New York State Journal of Medicine,* enthielt Folgendes (lt. dem Nachdruck in *Main Currents in Modern Thought*[13]; November 1941):

„Die Auffassung vom *leeren* oder *ätherischen* Weltraum wurde inzwischen aufgegeben, und die Natur wird heute als Energie betrachtet, die zu Welten geformt und in diesen in jedem Stecken, Stein oder jeder winzigsten Lebensform unterschiedlich gestaltet wurde. So wird der Mensch eins mit seiner Umwelt, die ihn völlig durchdringt und in die hinein er sich weit ausdehnt. Seiner Art entsprechend geboren, erhält er seine einzigartige Gestalt als eine vorübergehende Gelegenheit zu Erfahrungen; ein Strom kreativer Kontinuität auf ein Ziel zu.

Wo immer Vitalität existiert, lässt sich ein Ziel finden. Ein primitives Bewusstsein existiert als *Zweck* in jeder lebenden Zelle und organisiert sich als Struktur. Dieser primitive Geist spezialisiert sich Schicht um Schicht, Segment um Segment zu komplexen Reflexen, später zu noch komplexeren Instinkten und wiederum später zu noch komplexeren Stimmungen und Gefühlen, die über Thalamus und Hypothalamus integriert und zu ihrem Ausdruck kanalisiert werden. Zuletzt entsteht das Neopallium, das neue Gehirn, das zusehends feiner integriert wird – eine Verkettung von solch geordneter

---

[13] Hrsg. von Fritz Kunz

Darstellung und wirksamer Funktion, dass durch sie primitive Kraft am Ende sogar als die Gabe der kritischen Unterscheidung zu Tage treten kann. Ganz langsam wird diese primitive Zellkraft zu einem Sinn für räumliche und zeitliche Bezüge ausgebaut. Bis zum heutigen Zeitpunkt der Evolution ist das höchste Produkt dieser eingefangenen, spezialisierten, konzentrierten Energie kosmischen Ursprungs unser Selbstbewusstsein, unsere Selbstbestimmung, unsere Fähigkeit, Vermutungen anzustellen, unsere spekulative Phantasie, die fast das Universum selbst als Grenze ablehnt – dies alles durchstrahlt, erfüllt und zuweilen auch gestört von Emotion.

Sinn wird durch Protoplasma vermittelt. Unser Bewusstsein ist eine enorme Erweiterung einer frühen Sinnerfahrung, die so primitiv war wie etwa Tropismus[14], und ist zu seiner höchsten Form erhoben und zu größtem Nutzen gebracht in der Erfindung der Symbolik und der bildlichen Darstellung sowie der Einführung der Sprache als Instrument. Dieses Destillat des Bewusstseins wird somit zur Selbsterkenntnis konzentriert. Solche Errungenschaften sind nichts anderes als die Blüte des Ziels, der Dynamik und der Konzentration, die jeder einzelnen Zelle innewohnt und ihr untrennbarer Bestandteil ist."

Wiederum in J. T. Sutherlands Artikel finden sich folgende Zitate:

Robert A. Milliken, Physiker am Institute of Technology, Pasadena: „Gott ist das *Einende Prinzip* des Universums. Dem Geist des Menschen wurde noch keine erhabenere Vorstellung präsentiert als jene von der Evolution als Repräsentation der Offenbarung Seiner Selbst im Laufe zahlloser Zeitalter im Jahrhunderte währenden Einhauchen von Leben in die sich bildende Materie, kulminierend im Menschen mit seinem geistigen Wesen und seinen gottgleichen Kräften."

Sir Arthur James Thomson (*The Great Design*): „In der ganzen Tierwelt drückt sich etwas aus, was dem Verstand in uns ähnelt. Von der Amöbe an aufwärts fließt ein Strom inneren, subjektiven Lebens; manchmal ist es nur ein schmales Rinnsal, ein anderes Mal aber ein reißender Fluss. Es umfasst Fühlen, Vorstellungskraft, Absicht und zuweilen sogar Denken. Es umfasst das Unbewusste."

Über Art und Ursprung dieser Kräfte sagt die Wissenschaft bisher

---

[14] Tropismus ist das Phänomen, das man bei lebenden Organismen beobachtet, wobei sie sich entweder auf eine Licht- oder Wärmequelle oder einen anderen Reiz zu oder davon weg bewegen.

nur wenig, aber das wissenschaftliche Denken bewegt sich weg vom Konkreten hin zum Abstrakten. Dies verläuft parallel zur Entwicklung der menschlichen Intelligenz, die sich vom Analytischen und Konkreten hin zu Synthese und abstraktem Denken bewegt. Wie zur Untermalung dessen zeichnet sich allmählich die Vorstellung ab, dass auch die Zeit ein typisches Material ist, aus der die physische Welt besteht. Indem sie also externe Phänomene bis in tiefste Tiefen ausloten, kommen Naturwissenschaftler und Mathematiker auf Symbole und Gleichungen zurück, weil sie nur durch diese ihre Entdeckungen ausdrücken können. Feste Substanz ist dahingeschmolzen zu einem bloßen Schatten. Was bleibt, sind lediglich mathematische Gleichungen und fließende Kräfte.

Was wird wohl der nächste Schritt sein? Wie aus den oben erwähnten Zitaten ersichtlich, zeigen die jüngsten Erklärungen, dass etliche Wissenschaftler – zugegebenermaßen nicht alle – den Geist als höchste Realität postulieren. In seinem Buch *Das Universum und seine Rätsel* sagt Sir James Jeans außerdem (alle Kursivierungen vom Verfasser):

„Meinem Verständnis nach lassen die Gesetze, denen die Natur gehorcht, weniger an jene denken, denen eine Maschine bei ihrer Bewegung folgt, sondern vielmehr an jene, denen ein Musiker sich fügt, wenn er eine Fuge oder ein Dichter, wenn er ein Sonett schreibt. Die Bewegungen von Elektronen und Atomen ähneln weniger denen der Teile einer Lokomotive, sondern eher denen der Tänzer bei einem Cotillion (sehr variantenreicher Reigentanz, d.Ü.). Wenn auch die 'wahre Essenz aller Substanz' für immer unbekannt bleiben muss, so ist doch gleich, ob der Cotillion bei einem Ball im realen Leben getanzt wird oder im Film oder in einer Erzählung von Boccaccio. Wenn dem so ist, dann *kann man sich das Universum am besten*, wenn auch noch sehr unvollkommen und unangemessen, vorstellen *als aus reinem Denken bestehend, aus dem Denken – in Ermangelung eines umfassenderen Begriffs – eines mathematischen Geistes.* (S. 123, 124) ...

... in der gesetzten und klangvollen Sprache eines vergangenen Zeitalters, fasst er (Berkeley) seine Philosophie mit den Worten zusammen:

‚Alle Chöre des Himmels und das Mobiliar der Erde, mit einem Wort all jene Körper, die den mächtigen Rahmen der Welt bilden, haben keinerlei Bestand ohne den Geist ... So lange sie nicht von mir wahrgenommen werden oder in meinem Geiste oder in dem eines anderen geschaffenen Wesen existieren, müssen sie notwendigerweise entweder überhaupt keine Substanz haben oder aber im Denken eines Ewigen Geistes bestehen.'"

„Heute herrscht weitgehend Übereinstimmung, auf Seiten der exakten Naturwissenschaften sogar nahezu Einigkeit darüber, dass sich der Strom der Erkenntnis auf eine nicht-mechanische Realität zubewegt; *das Universum sieht allmählich eher wie ein großer Gedanke aus statt wie eine große Maschine.* Der Geist erscheint nun nicht mehr als zufälliger Eindringling in das Reich der Materie; vielmehr gelangen wir allmählich zu der Vermutung, dass wir ihn eher als den großen Schöpfer und Beherrscher des Reichs der Materie preisen sollten – natürlich nicht unseren individuellen Geist, sondern den Geist, in dem die Atome, aus denen unser individueller Geist hervorgegangen ist, als Gedanken existieren. ...

Wir entdecken, dass das Universum Indizien einer gestaltenden oder lenkenden Kraft zeigt, die etwas mit unserem individuellen Geist gemeinsam hat – soweit wir herausgefunden haben, ist das nicht Emotion, Moral oder ästhetische Wahrnehmung, sondern die Tendenz, auf eine Art und Weise zu denken, die wir in Ermangelung eines besseren Wortes als mathematisch bezeichnen. Wenn vieles darin auch den materiellen Anhängseln des Lebens unzuträglich sein mag und zugleich der fundamentalen Aktivität des Lebens gleicht, so sind wir doch nicht in dem Umfang Fremde oder Eindringlinge im Universum, wie wir zunächst dachten. Jene trägen Atome im Urschleim, die zuerst Eigenschaften des Lebens ahnen ließen, versetzten sich in größere, nicht geringere Übereinstimmung mit dem fundamentalen Wesen des Universums." (S. 137, 138)

Fügt man dem die Vorstellung von individueller Intelligenz, erzengel- und engelhaften Verkörperungen des „großen Gedankens" hinzu, so könnte dies sehr wohl von einem Vertreter der esoterischen Philosophie geschrieben worden sein. Es gilt jedoch – nur um Sir James Jeans vollständig zu zitieren – „dass alles, was gesagt und jede Schlussfolgerung, die versuchsweise gezogen wurde, völlig spekulativ und ungewiss ist." (S. 138)

Die Quelle der Erkenntnis
Die Position des Esoterikers ist allerdings ein wenig anders. Die uralten Lehren der esoterischen Wissenschaft gründen nicht auf Spekulatio-

nen, sondern auf der ständig wiederholten, unmittelbaren Beobachtung fundiert ausgebildeter esoterischer Forscher. Da ihr inneres Auge voll funktionstüchtig ist und sie die Technik seines Gebrauchs im Zuge der Ausbildung durch die ihnen in der Entwicklung vorangegangenen Adepten vollständig entwickelt haben, nehmen diese Seher die Phänomene der Natur auf allen Ebenen der Existenz unmittelbar wahr und bestätigen die Erkenntnisse der Seher vor ihnen. Deshalb sind „den Esoterikern, die an die Erkenntnisse zahlloser Seher und Eingeweihter glauben, die Angaben in den geheimen Büchern vollauf genug".[15]

Die Behauptungen der esoterischen Wissenschaft „fußen auf dem versammelten Zeugnis endlos vieler Seher, die diese Tatsache bekräftigt haben. Ihre geistigen Visionen, ihre Erkundungen mit Hilfe des übersinnlichen, geistigen Sinns, der nicht vom blinden Fleisch eingeengt wird, wurden systematisch geprüft und miteinander verglichen, ihre Beschaffenheit genau unter die Lupe genommen. Alles, was nicht durch übereinstimmende, kollektive Erfahrungen bestätigt werden konnte, wurde verworfen und nur das als feststehende Wahrheit aufgenommen, was sich zu verschiedenen Zeiten in unterschiedlichen Gefilden und durch eine ungenannte Zahl ständiger Beobachtungen als übereinstimmend erwies und stets weitere Bestätigung erfuhr.

Die Methoden unserer Gelehrten und Schüler der übersinnlich-geistigen Wissenschaften unterscheiden sich nicht von denen der Schüler der exakten Naturwissenschaften. Lediglich unsere Forschungsgebiete liegen auf zwei verschiedenen Ebenen, und unsere (die theosophischen) Instrumente sind nicht von Menschenhand geschaffen, weshalb sie möglicherweise die zuverlässigeren sind."[16]

Dennoch werden die Lehren der esoterischen Wissenschaft der allgemeinen Öffentlichkeit ausnahmslos als Ideen zur Erörterung vorgelegt und niemals als Dogmen, die eine endgültige Wahrheit darstellen sollen. Vor allem anderen bestehen alle, die die Methoden der esoterischen Wissenschaft anwenden und lehren, auf der Freiheit der Forschung.

---

[15] *Die Geheimlehre*, H. P. Blavatsky, Adyar Edition Bd. IV
[16] *Der Schlüssel zur Theosophie*, H. P. Blavatsky

Kapitel 3

SCHÖPFUNGSPROZESSE

Das Mineralreich

Auf welche Art die mineralischen Substanzen, und zwar sowohl die kristallinen und zur Kristallisation fähigen als auch die amorphen (kolloidalen), ursprünglich geschaffen wurden oder sich bildeten, ist der Wissenschaft bis heute unbekannt. Wenn ich nun die Ergebnisse meiner Versuche einer Beobachtung dieser Vorgänge vorlege, so will ich auch nicht einen Augenblick lang behaupten, dieses Problem gelöst zu haben. Wenn das Folgende einen Wert hat, dann vielleicht als Beobachtungen eines einzelnen Betrachters, die sich vielleicht später einmal als nicht ganz unzutreffend herausstellen mögen.

Die Existenz physikalischer Einwirkungen ist eine teilweise, aber noch keine ausreichende Erklärung für das Auftauchen der Mineralien. Man weiß, dass sie eine Funktion von Hitze und Druck in einer bestimmten Relation sowie Wasserdampf sind, warum aber eine Substanz kristallisiert, und zwar im Allgemeinen in eine typische geometrische Form oder molekulare Anordnung, ist bis heute unbekannt. Regelmäßige Kristalle entstehen immer dann, wenn man die Lösung einer Substanz verdampfen lässt, wobei dieselbe Substanz gewöhnlich dieselbe Kristallform bildet, Salz z.B. Würfel, Alaun Oktaeder, Salpeter Prismen. Auch bei Mineralien spricht man von *Wachstum*, versteht es aber nicht als das Ergebnis des Hinzukommens neu gebildeter Substanz, sondern als das Ergebnis äußerer Einwirkung, die den Inhalt verändert. Die Mehrzahl der kristallinen Mineralien existierte bereits und lagerte sich durch Sickerwasser oder aus dem geschmolzenen Zustand allmählich im Gestein ab, als die Erde abkühlte.

Die Logos-Lehre

Ein Teil der Erklärung, die die Theosophie zu bieten hat, besteht aus einem Aspekt der so genannten Logos-Lehre. In gewissem Sinne und insoweit ich sie verstehen kann, bedeutet dies die Aussendung einer formierenden oder Gestalt gebenden elektrisch-geistigen Energie – des Noumenons der physikalischen Elektrizität – in der Art oder Eigenschaft von Klang, eine klanghafte Schöpferkraft oder das Wort, eine schöpferische Saite. Durch ihre Oszillationsfrequenz verleihen die Töne dieser Saite den Ideen Ausdruck, die einen Archetyp ausmachen, den wiederum der Schöpferische Geist während des *Manvantara*[17] entwickelt und bewahrt hat. Diese archetypische Idee dient in den feinstofflichen Welten als dynamisches Modell für die Formung ätherischer und physischer Materie nach dem vorgesehenen Muster. Dies ist der Ursprung des Impulses, der anorganische und organische Substanzen dazu bringt, geometrisch geregelte Formen anzunehmen sowie der sich organisierenden, Muster bildenden Eigenschaft des Protoplasmas.

Die Erbauer

Aus meinen eigenen Beobachtungen lässt sich schließen, dass die Form gebenden Vorgänge durch das Eingreifen von den Hierarchien schöpferischer Intelligenzen – den Erzengeln und ihren Heerscharen – unterstützt werden, die als Verkörperung der Universellen Intelligenz das Muster oder die Archetypen kennen und die, indem sie sich mit der Wort-Kraft verbünden, deren Form gebende Fähigkeiten verbessern oder erweitern. Diese Wesen leben in den feinstofflichen Welten und arbeiten daran, dass das Wort Form annimmt. Wir sollten uns darüber klar sein, dass die Begriffe *geistig* und *feinstofflich* nicht eine räumliche Trennung vom physischen Universum bedeuten. Im selben Raum existiert Materie jeden Dichtegrades, wobei die feinere die dichtere durchdringt. Das Laboratorium der Natur und seine „Ingenieure", „Künstler" und „Chemiker" befinden sich *innerhalb* der physischen Substanz, etwa

---

[17] siehe Fußnote 19

wie Hertz'sche Wellen durch die Luft, elektrischer Strom hingegen in einem Draht geleitet wird. Sowohl Protyle[18] als auch Protoplasma werden durch eine ihnen innewohnende, immanente, von Gedanken gesteuerte, schöpferische, Form gebende Lebenskraft von innen „geladen".

Auf der ätherisch-physischen Ebene werden die Hierarchien der schöpferischen Intelligenzen durch die niederen Erbauer der Form, die Naturgeister, die Sephiroth in Miniaturausgabe, vertreten, die instinktiv handeln, weitgehend indem sie mit den Kraftlinien spielen, die auf sie anregend wirken und die von der ausgesandten schwingenden GEDANKEN-WORT-KRAFT im alles durchdringenden Äther errichtet wurden.

Das „Wort"

In Kapitel I wurde das Konzept vom Logos als Musiker und dem kontinuierlichen Schöpfungsvorgang als dem Aufführen einer großen Symphonie vorgestellt. Dieses „Große Werk" entwarf und entwickelte Er in vorangegangenen „Schöpfungstagen"[19] und vervollkommnete es vielleicht in der Stille und Dunkelheit der dazwischen liegenden „Schöpfungsnacht". Sobald es wieder Licht werden soll, „spricht" Er und bringt durch die Kraft Seines „Wortes" alles zum Leben. Diesen ersten Ausdruck des „Motivs" des neuen Universums „hört" die unberührte Materie und reagiert darauf, und es entstehen nach und nach die verschiedenen Ebenen der Natur mit ihren Formen und Bewohnern. In sie ergießt der Logos unaufhörlich Sein Leben, damit sie lebendig sind. Dies ist sein beständiges Opfer, Seine immerwährende Hingabe.

Der Logos oder das *Verbum* ist nicht eigentlich ein Wort oder die Stimme eines Wesens. Es ist der reine Wille, Ausdruck des Vorhabens oder der Absicht der göttlichen Vater-Mutter, das Universum hervorzu-

---

[18] Ursubstanz
[19] Nach der esoterischen Philosophie folgen Sonnensysteme einem universellen zyklischen Gesetz, wonach sie permanent entstehen, sich in Dunkelheit hüllen und wieder neu entstehen. Jede neue „Schöpfung" setzt den Evolutionsprozess in dem Stadium fort, den das System am Ende der vorangegangenen Ära erreicht hatte. Diese Perioden des Verdunkelns und Manifestierens nennt man „Weltennächte" und „Weltentage", auf Sanskrit *Pralayas* und *Manvantaras*.

bringen. Es ist der unwiderstehliche, alles durchdringende, immanente Impuls zum Selbstausdruck, zur Expansion (daher der Name *Brahma*, vom Sanskrit-Wort *brih*, sich ausdehnen, wachsen) und zur Erfüllung im Inneren aller Natur und aller Schöpfung, vom Höchsten bis zum Niedersten. Dieser Wille zur Erfüllung „erschallt" in dem Kosmischen Augenblick, in dem die göttliche Vorstellung als Wille-Licht aus dem Absoluten hervorgeht.

Während aller darauffolgenden Kosmischen Tage und Jahre ruft dieses Wille-Licht in Erfüllung des Gesetzes Sonnen, Planeten und Wesen ins Leben. Ebene um Ebene und Schicht um Schicht von zunehmender Dichte beginnen zu existieren und verkörpern und zeigen nach und nach das Wille-Licht. Monaden senden ihre Strahlen aus. Wesen gehen daraus hervor und bevölkern die Ebenen. Immer tiefer dringt das Kosmische Wille-Gedanke-Wort, erweckt die schlafende Substanz, zwingt ihre Atome, auf das Kosmische Wort zu antworten, es zu verkörpern und widerhallen zu lassen. Das Licht erstrahlt aus dem Zentrum, erhellt die Dunkelheit und lässt die bislang unsichtbaren Gewänder, in die sich die All-Mutter hüllt, sichtbar werden.

Im Laufe der Äonen wird der Wille stärker. Der Klang des Wortes wird lauter und das Licht wird heller. Die Monaden werden strahlender und die Monadischen Strahlen, die sie aussenden, breiter und heller. Die dichteren Regionen nehmen die vorgesehenen Formen an. Die äußere Dunkelheit weicht dem Licht, und wo einst Chaos war, herrscht nun göttliche Ordnung.

In jedem einzelnen Wesen, das solchermaßen als Bewohner und Kämpfer in den geschaffenen Welten ins Leben gerufen wird, werden die Kosmischen Prozesse in paralleler Weise mikrokosmisch nachvollzogen und erfüllt. Wie das Ganze reagiert, so reagiert auch jeder Teil. Im Menschen, als einem dieser Bewohner und Kämpfer in den Welten, weichen die der Materie inhärente Trägheit und Stille der rhythmischen Bewegung sowie der Schöpferstimme, die der Mensch „hört" und der er „antwortet". Wie im Universum, wird auch im Menschen die Dunkelheit vom Licht vertrieben.

Einmal ausgesprochen, manifestiert sich das universelle Wort als Myriaden von Saiten, jede ein kohärenter, selbstständig existierender

Klang mit einer eigenen Manifestation von Kraft und Licht. Jede Saite erscheint in den höheren Welten jedes einzelnen Planeten als relativ unveränderliche, abstrakte Form, als Archetyp oder göttliche Idee. Diese Archetypen wiederum lassen ihr „Wort" erklingen und „übertragen" so die Ur-Wort-Kraft in die niederen Welten. Dort entstehen magnetische Felder; Materie wird in sie hineingezogen und mit Hilfe der Devas zu sich entwickelnden Formen gestaltet. Belebt vom göttlichen Leben, werden diese Formen in der mineralischen, pflanzlichen, tierischen, menschlichen und geistigen Entwicklungsphase zur Wohnstatt der Intelligenzen (der Monaden). Als Folge ihrer Erfahrungen in diesen Formen entfalten diese Intelligenzen mit Hilfe der Devas nach und nach ihre ihnen innewohnenden Fähigkeiten und Kräfte, bis der für sie wie für ihre Form erforderliche Entwicklungsstand erreicht ist. Die Devas sind daher sowohl Erbauer der Form als auch Unterstützende bei der Entwicklung des Bewusstseins.

Wenn alle Wesen diesen Standard erreicht haben und dem Gesetz der Zyklen folgend die Zeit der objektiven Manifestation abgelaufen ist, wird das gesamte Sonnensystem in den subjektiven Zustand zurückgezogen. In diesem Zustand verbleibt es, bis es nach demselben Zyklengesetz wiedererscheint und den Prozess der Entwicklung oder des Aufstiegs an dem Punkt fortsetzt, den es am Ende der vorangegangenen Periode der objektiven Manifestation erreicht hat. In der esoterischen Philosophie versteht man dies als einen sich kontinuierlich fortsetzenden Prozess, weil es keinerlei Begrenzung der Entwicklungsmöglichkeiten gibt. Dieses geordnete Fortschreiten hat keinen erkennbaren Beginn und kein vorstellbares Ende.

Schöpferische Hierarchien

Die schöpferischen Energien, deren Produkt alle Formen sind und die zuerst als Klang durch das Aussprechen des „Wortes" ausgesandt werden, kann man sich als aus einer zentralen geistigen Quelle kommend vorstellen, deren physische Repräsentation die Sonne ist. An ihrer Quelle haben diese Energien ungeheure Kraft. Die gesamte Schar der Devas, von den Solaren Erzengeln bis zu den Planetenengeln, dienen in gewisser Weise als elektrische Transformatoren. Sie empfangen die Ur-Schöpfungskraft und reduzieren deren „Spannung", so als leisteten sie ihrem Fließen Widerstand. Von den Sonnen-Devas ausgehend, durchströmt sie deren niedere Brüder, Rang um Rang, bis sie die physischen Welten erreicht. Dort presst sie mit Hilfe der Naturgeister die Materie in Formen, die der schöpferische Geist entwickelt hat.

Die Fähigkeit des Klangs, Formen hervorzubringen, lässt sich vielleicht durch Klangfiguren untermauern, wie eine Substanz sie formt, die einen musikalischen Ton abgibt. So bildet etwa Sand auf einer Glasplatte geometrische Formen, wenn man mit dem Bogen einer Violine über deren Rand streicht. Der Deutsche Physiker Ernst Florens Friedrich Chladni (1756-1827) ließ geometrische akustische Figuren entstehen, die von den Knotenlinien einer schwingenden Platte gebildet und durch Aufstreuen von Sand, der sich entlang der Linien des geringsten Widerstandes sammelt, sichtbar gemacht wurden. Der französische Physiker Jules A. Lissajous (1822-1880) ließ aufgrund der Kombination zweier einfacher harmonischer Bewegungen Figuren mit geschwungenen Linien entstehen. Für gewöhnlich formen sie sich durch wiederholte Reflexionen eines Lichtstrahls an den Zinken zweier Stimmgabeln, durch mechanisches Nachzeichnen der Bewegung zweier Pendel wie bei einem Harmonographen oder durch den Einsatz Wheatstone'scher Stäbe. Lissajous ließ solche Figuren auch mit Hilfe einer horizontalen und einer vertikalen Stimmgabel entstehen, die gleichzeitig zum Schwingen gebracht wurden. Die Figuren sehen anders aus, wenn die Stimmgabeln im Gleichklang miteinander schwingen, als wenn sie in verschiedenen Frequenzen oder Tönen vibrieren. Wenn die Fähigkeit des physischen Tones, Formen hervorzubringen, auch der klanglichen Schöpfungsenergie oder der Wort-Kraft zugeschrieben werden kann, dann bedeutet dies in gewisser Hinsicht eine wissenschaftliche Untermauerung der Logos-Lehre.

Die Ordnung der Devas, die dem Logos in dieser Weise bei der Schaffung sich entwickelnder Formen durch das Aussprechen des „Wortes" zur Seite stehen, sind die so genannten *Erbauer*. Die Angehörigen der höheren Ränge dieser Ordnung, die man im Hinduismus die *Gandharvas* oder die Devas der Musik[20] nennt, sind sich der schöpferischen

---
[20] Siehe Abbildung 20 und die dazugehörige Beschreibung.

Absicht bewusst; sie kennen und verstehen die Archetypen oder göttlichen Ideen. Durch die Vereinigung mit der absteigenden Wort-Kraft, insbesondere mit solchen Strömungen, die in den Frequenzen ihrer eigenen Art schwingen, verstärken sie diese und erhöhen demzufolge ihre Fähigkeit zur Formbildung. Innerhalb der Ordnung der Erbauer gibt es Hierarchien, die Manifestationen jener Saiten des schöpferischen „Wortes" sind, die in den Archetypen und Formen zum Ausdruck kommen. Diese Affinität der Schwingung zieht die entsprechende Hierarchie an ihr Arbeitsgebiet als Erbauer in den vier Reichen der Natur.

Gold zum Beispiel kann als das physische Produkt der Schöpfungsenergie verstanden werden, die in jener Frequenz vibriert, bei der Gold als Kraft manifest wird. Gold ist, wie alle anderen Substanzen auch, im schöpferischen „Wort" als eine Saite vorhanden, die wiederum der klangliche Ausdruck der göttlichen Idee vom Gold ist. Die Wort-Kraft geht von der geistigen Quelle aus, trifft auf unberührte Materie und bewirkt dort auf die eben beschriebene Weise, dass diese sich physisch in die typische molekulare Anordnung und die kristalline Form des Goldes fügt.

Die Devas des Goldes

Dieser Vorgang läuft nicht automatisch ab. Es gibt eine Götter-Hierarchie, deren Wesenssaite mit der des Goldes identisch ist. Man kann sie sich als die göttliche Idee vom Gold vorstellen, die in einer Ordnung von Lebewesen manifest wird. Angehörige dieser Hierarchie werden durch Schwingungsaffinität in die Strömungen der Gold-Kaft gezogen, die beständig von der schöpferischen Quelle aus in die physische Welt absteigen. Ihre Gegenwart und Unterstützung verstärken die Frequenzen der Komponenten und mehren dadurch die Form gebende Macht der Wort-Kraft. Deshalb gehört es zur Funktion der „Devas des Goldes", wie der aller Devas in der „Ordnung der Erbauer", beim Vorgang der Herstellung physischer Substanzen und Formen behilflich zu sein.[21]

An der Oberfläche eines goldhaltigen Erzgangs, wie etwa des Witwatersrand in Südafrika, habe ich zahlreiche Devas und Naturgeister gesehen, die mit der Schöpfungskraft, dem beseelenden Leben und dem

[21] siehe Tafel 18

Bewusstsein des Goldes verbunden waren. Räumlich wie evolutionär über ihnen standen Gruppen höherer Devas, jenseits dieser noch konnte ich ganz schwach die eine planetarische Intelligenz des Goldes ausmachen. Dieses großartige Wesen schien als Koordinator, Lenker und Erwecker mit der Kraft, dem Leben und dem Bewusstsein des Goldes verschmolzen.

Auf den Ebenen des Gefühls und des konkreten Denkens existiert auf dem Witwatersrand ein Gruppenbewusstsein des Goldes. Von anderen Mineralgruppen ist es durch eine es umhüllende Membran, durch den Unterschied in der Schwingung der Gold-Schöpferkraft und durch den höheren Entwicklungsstand des das Gold beseelenden Lebens getrennt. Eher als Diagramm denn seiner tatsächlichen Erscheinungsform nach, mithin eher aus drei- denn aus vierdimensionaler Sicht beschrieben, ähnelt die absteigende Kraft in etwa einem leuchtenden, konischen Sonnenstrahl, der vom Apex, also der planetarischen Schöpfungsquelle aus, auf die Erde herabstrahlt. Das Leben in dieser Strömung ist vielfarbiger und wacher als in jedem anderen Mineral in dieser Gegend. Als ich mich auf seine Frequenz oder seinen Rhythmus einstimmte, spürte ich seine Kraft in meinen eigenen Körpern pulsieren. Sie erregte und stimulierte alles, was in der menschlichen Konstitution dem Gold entspricht.[22]

Die Heerscharen der Devas des Goldes bewegten sich inmitten der absteigenden Strömung der Gold-Kraft. Wie Abbildung 17 zeigt, wirken sie in ihrer Erscheinung eher weiblich. Das Gesicht sieht aus, als hätten sie eine sehr blasse, fast farblose Haut. Ihr „Haar" – in Wirklichkeit die Stromkraft – ist flachsfarben mit goldenem Schimmer. Die Aura wirbelt in fließenden Schwüngen nach unten und erweitert sich bei ihrem Abstieg um Streifen eines sehr zarten Blattgrüns, um Rosa, Gelb und Hellblau. Das untere Drittel der Aura ist von Myriaden Punkten aus goldenem Licht erfüllt. Sie befinden sich in rascher Bewegung und werden zum „Saum" dieser wunderschönen Aura hin immer zahlreicher. Die gesamte Gestalt und die Aura des Devas – oder der Göttin – erstrahlen hell im Glanz des Goldes.

---

[22] Alles Leben, alle Kraft und alle Substanz ist im Menschen als Potenzial angelegt, weil er ein Mikrokosmos, eine Widerspiegelung des Makrokosmos im Kleinen ist, eine Synthese des ganzen Universums. Siehe Kapitel IV und *Die Geheimlehre*, H. P. Blavatsky, Band V.

Diese niederen Devas des Goldes sind seltsam unbeteiligt. Gelegentlich bewegen sich jene dicht über der Oberfläche der Veldt-Steppe, langsam, in einer kettenartig verflochtenen Bewegung, wie in einem statischen Tanz. Zugleich vollführen sie eine elegante Armbewegung, als säten sie mit der Hand. Alles Äußeren offensichtlich nicht gewahr, fügen sie dem dreifachen Strom der Gold-Kraft, des Gold-Lebens und des Gold-Bewusstseins eine weitere Kraft sowie Individualität hinzu. Selbst wenn es gelingt, die Aufmerksamkeit eines dieser Devas auf sich zu lenken und zu halten, so sieht er oder sie einen doch nur schwach, wie durch einen Golddunst, und macht keinerlei Anstalten zu reagieren.

Verschiedene Arten von Naturgeistern leben in den Tiefen, oft mehr als einen Kilometer unter der Oberfläche. Manche haben einen unheimlichen, satyrähnlichen Körper – ätherische Relikte der unbeholfenen Versuche der Natur aus früheren Zyklen, Formen zu erschaffen – mit langem, schmalem, spitzem Gesicht und nacktem, dunklem Körper von menschlicher Gestalt, wobei Beine und Füße denen eines Tieres ähneln. Jeder Geist ist mit einem bestimmten Gebiet unterirdischen Gesteins verbunden. Anscheinend manipulieren sie die Erdkräfte unter Einsatz einer enormen Willenskraft, so als ob sie die absteigenden Energien zur Homogenität und Solidarität hämmerten und schmiedeten. Diese Arbeit geschieht jedoch nicht manuell, sondern durch einen instinktiv ausgeübten Willen. Anscheinend ziehen sie große Befriedigung aus dieser Tätigkeit und entwickeln das Gefühl, mächtige Kräfte meistern zu können, was sie wiederum antreibt, ihre Konzentration aufrecht zu erhalten.

Das Gold erscheint wie winzige Perlen im Gestein, während die kleinsten Gold-Naturgeister, die sich in ihnen und um sie herum bewegen, winzigen spiralförmigen Bakterien von leuchtend goldener Farbe ähneln. Auf der ätherischen Ebene „schwimmen" dort, wo es Ablagerungen gibt, Myriaden von ihnen im absteigenden Strom. Das Ganze wirkt wie ein riesiges Labor mit unzähligen Angestellten, in dem unablässig Elemente gebildet werden und das ein führender Kopf leitet.

Die Devas und Naturgeister des Goldes lehnen den Goldabbau offensichtlich nicht ab. Sie sind im höchsten Maße unpersönlich, und wo Gold abgebaut wird, bleiben sie mit dem Leben darin in Verbindung.

Auch die Zwerge in den Steinen haben nichts dagegen, dass Gestein gesprengt wird. Ganz im Gegenteil, Explosionen und Bohrungen regen sie an. Sie genießen diese Zurschaustellung von Macht, und es macht ihnen gar nichts aus, dass das Gestein zerbirst. Tatsächlich nehmen sie weniger das feste Gestein als vielmehr die in ihm komprimierte Kraft wahr. Sie sehen die Bohrwerkzeuge, die Menschen aber normalerweise nicht. Sie sind dem Menschen schwingungsmäßig so fremd, dass sie für seine Existenz fast blind sind. Ihren Beitrag betrachten sie in gewisser Hinsicht als ein großartiges Spiel, das ihnen viel Freude bereitet, weil es sie zu vermehrter Aufmerksamkeit und stärkerer Aktivität anregt.

Schöpfung im Pflanzenreich

Soweit meine Beobachtungen reichen, spielen sich ähnliche Vorgänge auch in den organischen Reichen der Natur ab. Die Fragen im Zusammenhang mit dem organischen Leben sind tiefgreifend; und wie bereits bei den Mineralien, will ich nicht behaupten, ich hätte die endgültigen Antworten darauf. Zugegebenermaßen konstituieren chemische Eigenschaften allein kein lebendiges, organisches Material. Man nimmt an, dass Leben zugegen ist, doch bis jetzt hat es sich der wissenschaftlichen Forschung entzogen. Die verschiedenen Prozesse biologischer Organisation, die zur Entwicklung von Formen führen, wie etwa der Weg von der befruchteten Eizelle zur ausgewachsenen Pflanze oder zum erwachsenen Tier, sind uns bis heute ein großes Rätsel.

Ein Teil der Abläufe dieser Entwicklung ist bereits entdeckt. Gene und Chromosomen steuern die Entwicklung bis zu einem gewissen Grad und greifen zur rechten Zeit und am rechten Ort in den Prozess ein; aber die Entstehung der Gestalt eines Körpers aus dem befruchteten Samen scheint das Einwirken eines gestaltenden und koordinierenden Geistes zu erfordern; denn eine regelnde Aktivität zeigt sich in allen biologischen Organisationen, die sich durch eine Reihe regelmäßig aufeinander folgender Schritte aus der mysteriösen Substanz des so genannten Protoplasmas entwickeln. Die Gestalt des Körpers ist, so nimmt man an, dem befruchteten Ei immanent, wie aber dieses Latente gegenständlich wird, ist bis heute unbekannt. Unter dem Mikroskop sieht ein Ausschnitt einer Zellgruppe, aus der sich eine Pflanze oder Frucht entwickeln wird, wie ein chaotischer Haufen sich teilender Zellen aus. Dennoch hat jede Zelle ihre bestimmte Aufgabe im Gesamten, und der ganze Organismus ist Teil eines geplanten Systems.

Zellwachstum

Eine lebende Zelle kann Energie speichern, die zu Wachstum und Vermehrung führt. Einfaches Material, ihnen nicht ähnlich, aber vom selben atomaren Aufbau, wird als Nahrung aufgenommen. Pflanzenzellen nehmen zum Beispiel Kohlendioxid auf und können durch Photosynthese Kohlehydrate bilden. Ein Kristall jedoch wächst nur innerhalb eines Materials, das von derselben Art ist wie er selbst. Der im Vergleich zu den Mineralien höhere Entwicklungszustand des den Pflanzen innewohnenden Lebens zeigt sich auch in der Fähigkeit lebender Organismen, auf äußere Reize, wie etwa Sonnenlicht, zu reagieren sowie in der Fähigkeit zur Selbsterhaltung oder zur Wahrung der eigenen Identität und Integrität und durch ihr beobachtetes Verhalten.

Dieses innewohnende, sich entwickelnde Leben vermag die Wissenschaft bis jetzt noch nicht zu entdecken, wohl aber der Mensch durch seine höheren Sinne. Angesichts des Verhaltens lebender Materie gilt es jedoch als logische Notwendigkeit. Gleich ob man diese im ganzen Raum universell verteilte Lebensessenz nun „Kosmozoa" oder „Panspermia" nennt, unter den richtigen Bedingungen spielt sie die ihr wesenhafte Rolle, indem sie lebendige Materie entstehen lässt. Außerdem wächst die Zelle durch einen Vorrat elektrisch geladener Teilchen oder Ionen. Geladene Moleküle werden im richtigen Verhältnis eingelagert, so dass der betreffende Organismus sich in vollkommener Weise entwickeln kann.

Gene und Chromosomen

Die Vorgänge der Keimung, der Zellteilung und der Spezialisierung auf die Art des Gewebes, das daraus entstehen soll, gelten gemeinhin als das Ergebnis sich selbst energetisierender Prozesse. Innerhalb des

Samens sind kleinste Einheiten, die so genannten Gene, Träger der Erbinformation. Sie enthalten ein Enzymsystem mit organisierender Funktion, woraus die einzelnen Funktionen des Ganzen, das wachsen soll, gebildet werden. Diese Vorgänge werden durch entsprechende Reize in Gang gesetzt, zum Beispiel die Vereinigung von positiver und negativer Keimzelle. Diese beginnt sich sodann zu teilen, ohne dabei zunächst an Größe zuzunehmen. Danach entwickeln sich allmählich verschiedene Zelltypen, die wiederum verschiedene Gewebearten hervorbringen. Nach einer bestimmten Phase tritt dann eine Vermehrung der Substanz von außen ein, die je nach Form und Funktion des künftigen Organismus geordnet wird. Eine Gestalt gebende Kraft führt Veränderungen in den energetischen Beziehungen innerhalb der Form ein, was die Geschwindigkeit der Zellteilung, den Stoffwechsel und die chemische Zusammensetzung der verschiedenen Zelltypen beeinflusst. Dies alles geschieht jeweils entsprechend der Anlagen des Organs, das später daraus gebildet werden soll.

Regeneration

Die Vorgänge der Regeneration sind genauso rätselhaft wie die der ursprünglichen Entstehung aus dem Protoplasma. So bildet eine Pflanze zum Beispiel Wurzeln neu, wenn der Sprössling abgeschnitten wird. Wird ein Tierembryo in einem frühen Stadium geteilt und der eine Teil vernichtet, so entwickelt sich der verbleibende Teil dennoch zu einem vollständigen Tier. Das Kopfende eines durchgeschnittenen Regenwurms bildet einen neuen Schwanz, und der riesige Mammutbaum bildet neues Stammgewebe, wenn er fast bis zum Mark verbrannt wurde. Sowohl Wachstum als auch Regeneration werden also eindeutig nach einem typischen Muster gesteuert.

Diese Steuerung besteht, so sagt die Theosophie, aus einer innewohnenden universellen Intelligenz, die das Denken des Universums sowie alles enthält, wenn nicht sogar gänzlich daraus besteht, was es je produzieren, reproduzieren, generieren und regenerieren wird, und zwar in jeder Phase des Wachstums und der evolutionären Entwicklung. Die Entwicklung nach bestimmten Mustern oder die planvolle Annahme typischer Formen wird Phase um Phase hervorgerufen oder eingerichtet als eine Funktion des Protoplasmas unter der Einwirkung einer ausgesandten, Form gebenden elektrischen Kraft, die in gewisser Hinsicht der des Klangs ähnlich ist. Diese Form gebende Energie, ausgesandt ursprünglich auf feinstofflicher Ebene und in feinstofflicher Frequenz vom Universellen Geist als dem Ausgangspunkt und Architekten des Universums, ist der Materie immanent und wirkt in ihr, mithin also auch im Protoplasma. Sie verleiht ihr den Impuls und die Fähigkeit, progressiv und unbegrenzt planvolle Zellveränderungen herbeizuführen, um aus diesen Zellen verschiedene Gewebearten entstehen zu lassen. Wie an anderer Stelle bereits beschrieben, unterstützen Verkörperungen dieses Universellen Geistes, nämlich bestimmte Hierarchien der Heerscharen der Engel, diese Vorgänge.

Die esoterische Wissenschaft lehrt also, dass nichts, was existiert, wirklich unbelebt ist. Das Leben ist im Mineral genauso zugegen wie in allen anderen Lebensformen. Jeder Same, insbesondere jede Keimzelle, enthält die Informationen oder ist beseelt von einer vitalen Energie, die sie dazu bringt, auszukeimen und sich ihrer Art gemäß zu entwickeln.

Der Ruf an die Naturgeister

Im Kern jedes Samens befindet sich ein lebendiges Zentrum, in dem die gespeicherten Ergebnisse der vorangegangenen Vegetationsperiode in Form einer Schwingung als Möglichkeit angelegt sind. Das jahreszeitlich gesteuerte Erwachen oder die Lebensregungen im geeigneten Boden bringen ein subtiles Äquivalent zum „Klang" hervor. Dieser „Klang" wird in den Elementarregionen an seiner Quelle wahrgenommen, und die Erbauer unter den Naturgeistern folgen diesem Ruf. Jede Wachstumsart – Stiel, Trieb, Blatt und Blume – hat einen eigenen Ton oder Ruf, auf den der entsprechende Erbauer antwortet. Da der Klang selbst Form gebende Wirkung ausübt, ist er auch das Instrument, durch welches die archetypische Gestalt der Pflanze, die bereits latent im Samen und im Geist einer höheren Ordnung von Naturgeistern angelegt ist, als Gestaltmuster auf die ätherische Ebene gebracht wird. Diese rufende Schwingung des Samens bewirkt unter anderem Folgendes:

(1) Die Atmosphäre um den Samen wird abgeteilt und isoliert.
(2) Die Materie innerhalb des isolierten Raumes wird in eine entsprechende Schwingung versetzt und somit für das Eingreifen der Erbauer unter den Naturgeistern vorbereitet.
(3) Die Erbauer werden gerufen. Sie begeben sich in die spezielle Sphäre und können sich dann bis auf die Ebene materialisieren, auf der sie arbeiten müssen.
(4) Sie trägt dazu bei, dass als Anleitung oder Plan für die Erbauer ein ätherisches Muster oder Modell der Pflanze entsteht.

Es bilden sich Zellen unterschiedlicher Schwingung, je nachdem ob Stiel, Trieb, Blatt oder Blume geschaffen werden müssen, und es kommen die entsprechenden Erbauer, um an der ihnen zugedachten Aufgabe zu arbeiten.

Der zarte Klang geht aber anscheinend nicht nur vom Lebenszentrum des Samens aus, sondern auch von jeder Zelle des Embryos, sobald sie sich entwickelt. Der mit dieser Zelle befasste Erbauer nimmt das notwendige Material auf – also das, was auf dieselbe Schwingung reagiert wie er und die Zelle, die er erschafft – und transformiert es vom freien zum spezialisierten Material. Diese Substanz geht dann auf die Zelle über, die den Klang aussendet und wird in ihr ätherisches Muster eingebaut. So wird die Zelle zusehends genährt und vergrößert, bis sie die entsprechende Grenze erreicht, bei der sie sich teilt und der gesamte Vorgang sich wiederholt. Während seiner engen Verbindung zum Erbauer wird das Material nicht nur spezialisiert, so dass es zu der wachsenden Zelle passt, sondern es erhält auch eine Farbe entsprechend der Schwingungsrate des jeweiligen winzigen Naturgeistes.

Bei der Beobachtung von Blumenzwiebeln in Pflanzschalen sah ich eine Vielzahl dieser mikroskopisch kleinen ätherischen Wesen, die sich in den wachsenden Pflanzen und um sie herum aufhielten. Auf ätherischer Ebene sind sie als Lichtpunkte wahrnehmbar, die um den Stiel herumtanzen, in die Zwiebel eindringen und wieder aus ihr herauskommen. Sie nehmen Materie aus der umgebenden Atmosphäre auf und lagern sie ab, wenn sie ins Gewebe eindringen. Dies wiederholt sich unaufhörlich, bis die Pflanze ausgewachsen ist. Die Wesen gehen völlig in ihrer Aufgabe auf und haben gerade so viel Bewusstsein, dass sie ein schwaches Empfinden für das Wohlergehen der Pflanze und sogar Zuneigung zu ihr verspüren können. Während sie außerhalb der Pflanze Materie aufnehmen, werden sie größer und sehen aus wie schwach violette und fliederfarbene Kugeln von etwa fünf Zentimetern Durchmesser. Wenn sie ihre größtmögliche Größe erreicht haben, kehren sie zur Pflanze zurück und dringen, wie oben beschrieben, wieder in sie ein, wo sie dann die aufgenommene Materie und Lebenskraft abgeben.

Außerdem lässt sich beobachten, dass die Pflanzen auch selbst gewisse Mengen von Substanz aus der Atmosphäre aufnehmen. Obendrein strömen die heranwachsenden Pflanzen in einem Umkreis von etwa sechzig Zentimetern ganz natürlich Energien aus, und in diesem Bereich spielen und tanzen andere winzige Kreaturen. Die Erbauer unter den Naturgeistern beschränken sich in ihrer Arbeit nicht auf eine Pflanze oder eine Pflanzschale; wenn mehrere Schalen beieinander stehen, wechseln sie von einer zur anderen. Die Zwiebeln selbst erscheinen wie kleine Energiebündel voller mächtiger Kräfte. Die ätherische Farbe der Zwiebel im Wachstum ist rosa-violett mit einem helleren Licht in der Mitte, aus dem ein ätherischer Strom aufsteigt und in langsamerem Tempo physische Feuchtigkeit und Nährstoffe mit sich führt.

Jede Veränderung in Form und Farbe ruft eine andere Gruppe von Erbauern herbei. Wenn sich die Zwiebel bildet, erscheint die entsprechende Ordnung von Naturgeistern am Ort des Geschehens. Wenn die Blüte entsteht, tauchen die zuständigen Elfen auf; denn sie sind verantwortlich für alle Farben und Formen der Blüte. Blüten-Elfen sind sich ihrer Aufgabe so weit bewusst, dass sie große Freude daran finden. Solange jede Knospe und jedes Blütenblatt sich entwickelt, kümmern sie sich intensiv darum und scheinen sich über die Wertschätzung ihrer Mühen durch den Menschen zu freuen. Werden Blüten geschnitten, begleiten die Elfen sie manchmal und verweilen noch einige Stunden bei ihnen. Ist die Blüte vollständig entfaltet, erklingt die Schöpfungssaite oder das „Wort" der Pflanze in voller Lautstärke. Jetzt sind alle zuständigen Naturgeister zugegen und mit ihrer Arbeit befasst.

Ähnlich verdanken alle Substanzen und Lebensformen überall in der Natur ihre Existenz dem unaufhörlich erklingenden „Schöpfungswort" und dem Wirken der Naturgeister und Devas. Wenn wir die verschiedenen Formen und Gestalten der Natur betrachten, ihre Metalle und ihre Edelsteine, ihre Blumen, Bäume und Wälder, ihre Flüsse, Seen und Wasserfälle, ihre Meere, ihre Hügel und Bergketten, so blicken wir nicht nur auf die materialisierte Aura der Devas, sondern, wenn wir dies bei allem Respekt einmal so sagen dürfen, auf Gott selbst. Die Natur ist nichts anderes als der sich offenbarende Gott, als Gottes Traum, der durch das kontinuierliche Aussprechen Seines „Wortes" manifest wird, als das Singen Seines mächtigen Namens und das unaufhörlich erbauende und verschönernde Dienen der höheren und niederen Devas. Durch diese und zweifellos noch viele andere Mittel lässt Er alle Wesen und Dinge entstehen und erhält sie durch das ewige, sich selbst opfernde Ausgießen Seines Lebens.

Kapitel 4

DER MENSCH ALS MIKROKOSMOS

„Das Universum ist ein Mensch im großen Maßstab."[23]

Jetzt können wir beginnen, diese Form gebenden Prozesse und ihre Ausführung durch die Engel und Naturgeister bei der Konstruktion des physischen, ätherischen und der feinstofflichen Körper des Menschen zu untersuchen. In der Natur wie beim Menschen sind die Schöpfungskräfte, Mittel und Methoden im Allgemeinen weitgehend dieselben. Vielleicht ist die tiefste aller tiefen Wahrheiten der esoterischen Lehren diejenige von der Einheit des Makrokosmos oder des „Großen Menschen" mit dem Mikrokosmos oder dem individuellen Menschen, und die von der großen Ähnlichkeit der Vorgänge, durch die sich beide manifestieren und entwickeln. Die Wahrheit ist, der Mensch wurde nach dem Abbild Gottes erschaffen. „Das Mysterium des irdischen und sterblichen Menschen entspricht dem Mysterium des höchsten und unsterblichen Einen."[24] Das Universum ist die Manifestation einer Höchsten Göttlichen Macht, von der ein Strahl in jedem Menschen ist. Die Erkenntnis dieser Präsenz als der wahren menschlichen Individualität, dem wahren Selbst hinter dem körperlichen Schleier, führt zu der weiteren Erkenntnis, dass dieser Bewohner des Innersten selbst auf ewig eins ist mit dem Höchsten Gott, der ewigen Quelle des Lichtes, des Lebens und der Kraft.

In ihrem monumentalen Werk *Die Geheimlehre*[25] spricht H. P. Blavatsky von dieser Einheit und Ähnlichkeit:

„Für den Lernenden, der die Esoterischen Wissenschaften mit ihrem zweifachen Ziel studieren möchte: (a) zu beweisen, dass der Mensch in seiner geistigen wie phy-

[23] Lao Tse
[24] Eliphas Levi, *Clef des Mystères*
[25] Band 5, Adyar Edition

sischen Essenz identisch ist mit dem Absoluten Prinzip und mit Gott in der Natur und (b) zu zeigen, dass in ihm dieselben potenziellen Fähigkeiten verankert sind wie in den Schöpfungskräften der Natur – für diesen Lernenden ist das vollständige Wissen um die Entsprechungen zwischen Farben, Klängen und Zahlen erstes Erfordernis. ... Es ist das gründliche Wissen und Verständnis von der Bedeutung und der Kraft dieser Zahlen in ihren vielfachen und vielgestaltigen Verbindungen und ihrer Entsprechung zu Klängen oder Worten und Farben oder Bewegungsgeschwindigkeiten (in der Physik Schwingungen genannt), das den Fortschritt eines Schülers der Esoterik bedingt.

Diese unsere sieben Sinne korrespondieren mit jeder anderen Siebenheit in der Natur und in uns. Auf physischer (wenngleich unsichtbarer) Ebene hat die Aura-Hülle des Menschen (seine Schutzhülle in jedem Lebensalter) sieben Schichten, genau wie der Kosmische Weltenraum und unsere physische Epidermis. Je nach dem Grad unserer mentalen und physischen Reinheit oder Unreinheit öffnet diese Aura uns Ausblicke in andere Welten oder schließt uns von allem anderen als dieser dreidimensionalen Welt der Materie aus.

Jeder unserer sieben physischen Sinne (von denen zwei der profanen Wissenschaft noch unbekannt sind) und auch unserer sieben Bewusstseinszustände – (1) Wachen, (2) Wachträumen, (3) natürlicher Schlaf, (4) induzierter oder Tranceschlaf, (5) psychisches Bewusstsein, (6) überpsychisches Bewusstsein und (7) rein geistiges Bewusstsein – entspricht einer der sieben kosmischen Ebenen, entwickelt und nutzt einen der sieben Über-Sinne und ist in seiner Verwendung auf der irdisch-geistigen Ebene direkt mit dem kosmischen göttlichen Kraftzentrum verbunden, aus dem es hervorgegangen und das sein unmittelbarer Schöpfer ist. Außerdem ist jeder mit einem der sieben heiligen Planeten verbunden und untersteht direkt dessen Einfluss."

So sind also der Logos und der Mensch nicht nur ihrem Wesen nach eins, sondern alles, was im Logos ist, einschließlich des Sonnensystems, ist auch dem Menschen immanent. Ihre Konstitution ist exakt ähnlich, das heißt also siebenfach. Der Mensch ist als Monade zugleich seinem Manifestationsgebiet, seinen sieben Prinzipien, immanent und über sie hinausweisend transzendent. Die Schöpfungskraft und die Schöpfungsprozesse, durch die ein Sonnensystem entsteht, wirken auch bei der Fortpflanzung und der anschließenden körperlichen Entwicklung des Menschen. Von entscheidender Bedeutung ist daher der Satz: „Der beste Studiengegenstand für die Menschheit ist der Mensch." Der Lehrsatz der alten Mysterienschulen: „Mensch, erkenne Dich selbst" war weise; denn wenn der Mensch sich vollständig selbst erkennt, erkennt er alles.

Die Schöpfung im Mikrokosmos

Als Teilaspekt dieser großen Weisheiten wollen wir uns in diesem Kapitel mit dem Abstieg des Menschen in die Inkarnation[26] befassen. Außerdem beschreibe ich einige durch Hellsehen beobachtete Vorgänge des pränatalen Lebens, an denen Engel beteiligt sind. Bevor ich Ihnen dieses Thema jedoch angemessen darlegen kann, muss ich notwendigerweise bestimmte theosophische Lehren zur feinstofflichen und geistigen Natur des Menschen vorstellen.

Der Mensch wird als das Wesen beschrieben, in dem der höchste Geist und die niederste Materie durch den Verstand vereint sind. Zwar macht ihn das zur Triplizität, seiner Konstitution nach ist er jedoch, so heißt es, mindestens eine Siebenheit. Beim gegenwärtigen Entwicklungsstand des Menschen sind die sieben Körper oder Prinzipien des Menschen, mit dem dichtesten beginnend: Der physische Körper als Träger von Denken, Fühlen, Wahrnehmung und Aktion in der physischen Welt; der Ätherkörper als Bindeglied zwischen dem inneren und dem äußeren Menschen und als Gefäß der Lebensenergie oder des Prana, das auf der physischen Ebene von der Sonne, auf der feinstofflichen von der geistigen Sonne empfangen wird; der Emotional- oder Astralkörper als Träger des Verlangens; der Mentalkörper als Träger des formalen Geistes und Instrument des konkreten Denkens; der höhere Mental- oder Kausalkörper, auf der Ebene des abstrakten Geistes Träger des dreifach Geistigen Selbst, des Augoeides der Griechen, das häufig als Ego bezeichnet wird; der Buddhi-Körper als Träger der geistigen Intuition sowie der Atma-Körper als Träger des geistigen Willens. Verbunden und belebt wird dieser siebenfache Mensch vom Bewohner des Innersten, der Monade oder dem Göttlichen Funken.

Wie der Schöpfungsprozess im Makrokosmos mit dem „Wort" beginnt, so wird die mikrokosmische Schöpfung des mentalen, des astra-

---

[26] Siehe Geoffrey Hodson, *Incarnation, Fact or Fallacy*

len und später des ätherischen und physischen Körpers des Menschen durch das Aussprechen des „Wortes des Egos" initiiert. Etwa zum Zeitpunkt der Empfängnis wird das physische permanente Atom[27] des zur Inkarnation bereiten Egos durch einen Engel mit der Zwillingszelle verbunden, die dann entsteht. Die dauerhaften Samen oder Atome sind einzelne, höchste Atome der Ebenen des Willens, der Weisheit, der abstrakten Intelligenz, des formalen Denkens, der Emotion und der physischen Materie. Am Beginn des Abstiegs des Monaden-Strahls in die Bereiche der Evolution werden sie mit diesem Lebensfaden oder Monaden-Strahl verbunden, der deshalb dann auf der dritten, vierten, fünften (des abstrakten wie des konkreten Denkens), sechsten und siebten Ebene der Natur, von oben gezählt, vertreten ist. Die Monade selbst ist auf der zweiten Ebene angesiedelt und kommuniziert mit den Ebenen unter ihr über diesen Lebensfaden, auf den die Atome solchermaßen aufgereiht sind.

Am Beginn jedes Wiedergeburtszyklus steigt die mikrokosmische Wortkraft – oder Kraft, Leben und Bewusstsein des Egos –, entlang des Lebensfadens, der den Kausalkörper mit den mentalen, astralen und physischen permanenten oder Samen-Atomen verbindet, hinab. Dieser dreifache Strom schöpferischer Energie schwingt in Frequenzen, die in ihrer Auswirkung dem Ego-Strahl[28] oder der Monade, dem Stand der Entwicklung, den bereits entwickelten Charakter- und Bewusstseinseigenschaften und dem guten wie dem schlechten Karma[29] Ausdruck verleihen. All dies ist als „Klang" in der Saite des „Wortes" des Egos vertreten und modifiziert stark die elterlichen Eigenschaften, die über den Mental- und den Astralkörper sowie die Ei- und die Samenzelle weitergegeben werden. Diese Schöpfungskraft entsteht mikrokosmisch in der Monade oder dem einen unteilbaren Selbst des Menschen, dem integralen Funken innerhalb der Elternflamme, die das „Wort" zuerst

---

[27] Siehe *Eine Studie über das Bewusstsein*, Annie Besant, Grafing 2004
[28] Siehe Geoffrey Hodson, *The Seven Human Temperaments*
[29] *Karma*, Sanskrit: Das universale Gesetz von Ursache und Wirkung, das unfehlbar alle anderen Gesetze leitet, die entlang der Linien ihrer jeweiligen Ursachen bestimmte Wirkungen hervorrufen. Dieses Gesetz gilt nicht nur für ein einzelnes, sondern für mehrere aufeinanderfolgende Leben, deren Bedingungen und Chancen die genauen Folgen der in vorangegangenen Leben gesetzten Ursachen sind. Durch dieses Gesetz wird jedem Menschen absolute Gerechtigkeit zuteil. Siehe Galater VI, 7

ausspricht. Dieses „Wort" der Monade ist wiederum eine Saite im makrokosmischen *Verbum*.

Den Kausal- oder den Egokörper, den ständigen Träger des Geistigen Selbst des Menschen, den Augoeides, kann man sich als den mikrokosmischen Archetyp vorstellen. Er ist Träger und Ausdruck der Schöpfungskraft der Monade, gestimmt oder nuanciert, wie bereits erwähnt, durch die Folgen früherer Erfahrungen sowohl auf seiner eigenen Ebene als auch in aufeinander folgenden Persönlichkeiten. So ist also das „Wort" zusammengesetzt, welches das Ego im Kausalkörper, als dem Mikrokosmos, in schöpferischer Weise ausspricht, um einen erneuten Abstieg in die Inkarnation einzuleiten.

Aus seinem relativ statischen Zustand in den Perioden zwischen den Inkarnationen erwacht, wird das permanente Atom auf jeder Ebene dann zum Konzentrationspunkt und – auf seiner jeweiligen Stufe – zum Übermittler der weitergeleiteten Wort-Kraft. Als Zentren der Magnetfelder, die sie sodann hervorrufen, ziehen die permanenten Atome die Art von Materie an, die auf die ausgesandten Wellenlängen reagieren kann. Das gilt insbesondere hinsichtlich des Überwiegens des einen oder anderen ursprünglichen Strahls in Monade und Ego und der drei entsprechenden Gunas[30] in der Materie. So wird bereits in der Substanz, aus welcher der Körper geschaffen wird, wie in allen anderen Punkten jedem Wesen hinsichtlich der mentalen, emotionalen und physischen Ausrüstung, mit der es seine Lebensreise beginnt, vollkommene Gerechtigkeit zuteil.

Wie die Körper des Menschen geschaffen werden

Dieses unmittelbar auf die Empfängnis folgende Stadium lässt sich vielleicht mit demjenigen in den makrokosmischen Prozessen vergleichen, durch welchen das „Wort" den Archetypen schafft und durch ihn die Magnetzentren mit ihren Feldern, innerhalb derer und um die herum später die Planeten gebildet werden. Die Prinzipien der Bildung des mentalen, astralen und des physischen Körpers sind auf allen drei

---

[30] Die drei Grundeigenschaften aller Materie – Aktivität, Trägheit und Rhythmus. Siehe *Eine Studie über das Bewusstsein*, Annie Besant, Grafing 2004

Ebenen dieselben; um Ihnen die Ergebnisse meiner Beobachtungen jedoch möglichst klar darlegen zu können, möchte ich den Vorgang der Bildung des physischen Körpers im Mutterleib im Einzelnen schildern.

Wie bereits gesagt, wird im Augenblick der Befruchtung das physische permanente Atom von einem Engel mit der neu gebildeten Zwillingszelle verbunden. Die Anwesenheit des von der absteigenden Schöpfungsenergie des Egos oder der mikrokosmischen Wort-Kraft belebten permanenten Atoms gibt dem zweizelligen Organismus den geordneten biologischen Impuls, das heißt, es bringt ihn dazu, dem „Wort" entsprechend zu wachsen.

Die Schöpfungsenergie, die nun in das und durch das permanente Atom ausgestrahlt wird, bewirkt zumindest vier Dinge:

Erstens schafft sie ein Einflussfeld oder eine Einflusssphäre, innerhalb derer die Bildung sich abspielen wird. Dies entspricht der Bildung des „Grenzrings" beim Sonnensystem in der makrokosmischen Schöpfung, legt die Bandbreite der ausgesandten Strahlen fest und dient der Abschirmung eines Bereiches gegen eindringende fremde Schwingungen und Substanzen.

Zweitens magnetisiert oder „stimmt" sie die Materie in diesem Feld. Das Wirken der Schöpfungsenergie versetzt die umgebende Materie in schwingungsmäßige Harmonie mit dem inkarnierenden Individuum.

Drittens bringt sie eine Gestalt hervor. Diese Gestalt, die man als die ätherische Form verstehen könnte, in die der physische Körper hineingebaut wird, muss nun etwas detaillierter beschrieben werden, was die Schilderung des vierten Effekts der ausgesandten Wort-Kraft ein wenig verzögert. Nach hellsichtigen Beobachtungen ähnelt die pränatale ätherische Form, die sehr bald nach der Empfängnis entsteht, einem Babykörper aus ätherischer Materie. Er leuchtet schwach, schwingt leicht, ist ein lebendiges Wesen, die ätherische Projektion des durch das Karma modifizierten Archetyps.

Innerhalb der ätherischen Form lässt sich als fließende Energie oder Kraftlinie mit je eigener Wellenlänge eine Skizze des ganzen Körpers ausmachen. Jede künftige Gewebeart ist darin vertreten; sie sind unterscheidbar, weil die Energie, deren Endprodukt sie sind, jeweils mit einer anderen Frequenz schwingt. So sind also das Knochengerüst, Muskeln und Gefäße, die Nerven, das Gehirn und andere Substanzen in der ätherischen Form durch Energieströme spezifischer Frequenzen vertreten.

Das Einwirken der ausgesandten Schwingungen auf die freie Materie in der Umgebung könnte also der Faktor sein, der die Atome dazu bringt, verschiedene molekulare Verbindungen einzugehen und so verschiedene Gewebearten hervorzubringen. Diese Moleküle werden von den Kraftlinien angezogen und lagern sich aufgrund der einheitlichen Schwingung oder des gegenseitigen Einklangs an den richtigen Stellen im wachsenden Körper an. So kommt es, dass jeder Teil des physischen Körpers, sowohl in seiner Substanz als auch in seiner Form, exakt zum inkarnierenden Ego passt. Karmische Mängel, die als Missbildungen, Schwächen und Krankheiten aufgearbeitet werden müssen, zeigen sich in der Form als Dissonanzen oder sogar Unterbrechungen der entsprechenden Kraftlinien, entlang derer das Gewebe aufgebaut werden soll.

Wenn Sie mir diese kleine Abschweifung gestatten: Wenn eine solche Verallgemeinerung denn überhaupt noch zutreffend sein kann, so lässt sich der gesamte Körper – wie das Sonnensystem – in Schwingungen ausdrücken, wobei jede Gewebeart und jedes Organ ihre bzw. seine eigene Wellenlänge, Ton und Farbe hat und diese wiederum je nach Grad ihrer Gesundheit oder Krankheit variieren. Im Zustand vollkommener Gesundheit ist jeder Teil im Einklang und die Saite des menschlichen Körpers perfekt gestimmt. Bei Gesundheitsstörungen ist das Gegenteil der Fall – im einen oder anderen Teil gibt es eine Dissonanz. Die Saite ist verstimmt. Wahre Heilkunst besteht deshalb in der Wiederherstellung des Rhythmus.

Der *vierte* Effekt der Befruchtung ist der Ruf an die devischen Erbauer der Form. Die Klasse oder Ordnung der Devas, die herbeigerufen werden, wird ebenfalls durch Klang-Schwingung bestimmt. Deshalb hören und reagieren nur solche Naturgeister aus der Ordnung der Erbauer in der unmittelbaren Umgebung, die schwingungsmäßig mit den Strömen oder Tönen der vom inkarnierenden Individuum ausgesandten Wort-Kraft übereinstimmen. Bei ihrer Ankunft dringen sie in den Einflussbereich ein und befinden sich dann in einer ihnen vollkommen angepassten Atmosphäre; denn sie wird ja von der ihnen inhärenten Saite beherrscht. Instinktiv beginnen sie sogleich, die freie Materie in sich aufzunehmen, sie also weiter zu spezialisieren. Danach unterstützen sie deren schwingungsgesteuerte Ablagerung an den richtigen Stellen im wachsenden Körpergebilde.

Der Mechanismus des Bewusstseins

Die Erbauer-Engel auf der Astral- und Mentalebene kümmern sich außer um die Überwachung dieser Vorgänge durch die instinktive Reaktion der Naturgeister auf ihre Gedanken auch um die Konstruktion und äußerst schwierige Einstellung der Mechanismen des Bewusstseins. Dieses besteht physisch aus dem Körper selbst, dem zerebrospinalen System aus Gehirn und Rückenmark mit seinen sieben Nerven- und Drüsenzentren auf der Höhe des Kreuzbeins (Sakrum), der Milz, des Solarplexus, des Herzens, der Kehle, der Hypophyse und der Epiphyse. Auf ätherischer Ebene müssen die ätherischen Entsprechungen dieser Zentren und Drüsen und außerdem die ätherischen Chakras[31] perfekt auf die physischen Organe, deren Gesundheit und Funktionalität sie steuern, abgestimmt werden. Ähnlich müssen auch die sieben Chakras im Astral- und Mentalkörper den entsprechenden ätherischen und physischen Bestandteilen des Mechanismus angepasst werden. Die Chakras und ihre jeweiligen physischen Zentren bieten dem Ego mithin eine siebenfache Art der Manifestation im Körper und sieben Kanäle, durch die es darin Erfahrungen sammeln kann. Diese menschlichen Chakras sind Projektionen der sieben entsprechenden Wirbel in den Archetypen der Planeten und der Sonne und entstehen mit Hilfe der Devas durch das Einwirken der Wort-Kraft aus ihnen auf den Kausalkörper des Menschen.

Auch hier wirken numerische Prinzipien. Jedes Chakra hat seine eigene Saite oder Gruppe an Frequenzen, seine Farbe und seine Unterteilungen ähnlich der Blütenblätter einer Blume. Durch jedes strömt die Art von Energie, Leben und Bewusstsein, die harmonisch mit dieser

---

[31] *Chakra*, Sanskrit: Rad oder Kreis. Ein sich drehender Wirbel im ätherischen, astralen, mentalen und in den höheren Körpern des Menschen, die jeweils sieben Chakras haben. Siehe *Die Chakras*, C. W. Leadbeater, Grafing 1999. Der Begriff ist mittlerweile in nahezu allen westlichen Sprachen eingebürgert und wird auch in diesem Buch ständig verwendet.

Saite schwingt. Begünstigt das Karma die perfekte Funktion, schwingt die Saite jedes Chakras in vollkommener Harmonie und die sieben sind im Einklang miteinander und mit jedem Körper, in dem es sie gibt, sowie mit den entsprechenden Zentren in anderen Körpern. Unter diesen Bedingungen sind vollkommene Gesundheit und beste Funktionalität gewährleistet. Wo Dissonanzen auftreten – verursacht durch mentale, emotionale oder physische Übertretungen und der entsprechenden Missbildung oder Verzerrung der Chakras – kommt es zu Funktionsstörungen. Das Krankheitskarma scheint also in erster Linie durch eine Störung der Schwingungsharmonie zu arbeiten. Eine Unterbrechung des Rhythmus der absteigenden Energie führt auf jeder beliebigen Ebene zu gesundheitlichen Beeinträchtigungen im physischen Körper. So scheint es also, dass die *endgültige* Heilung aus dem Inneren des Leidenden selbst, vom Ego, kommen muss; denn nur das Ego – der menschliche Archetyp – sendet schöpferische und deshalb korrigierende und heilende Energie oder Schwingungsgruppen als numerischen Ausdruck der idealen Form aus.

Bei einer erfolgreichen Geistheilung ergießt sich eine Flut korrigierender und belebender Kraft durch das Ego und die feinstofflichen Körper mit ihren Chakras in den physischen Körper, die unharmonische Substanzen hinwegfegt und die Harmonie und damit den freien und ungehinderten Fluss der inneren Lebens-Kraft durch die gesamte Natur wiederherstellt. Die Heilungsengel erfüllen ihre Aufgabe weitgehend, wenngleich nicht ganz, durch den Einsatz dieser Kraft, durch Wiederherstellung der vollen Funktionsfähigkeit der betreffenden Chakras und gelegentlich sogar durch den Austausch von Substanzen in den feinstofflichen Trägern sowie im ätherischen und im physischen Körper. Außerdem leiten sie einen starken Strom reinigender, belebender und heilender Kräfte aus ihrer eigenen Aura und anderen natürlichen Reservoirs insbesondere durch den physischen, den ätherischen und den Astralkörper und schaffen so Bedingungen, unter denen die natürlichen Vorgänge der Auflösung und der Heilung den Leidenden wieder gesund werden lassen können.

Während der pränatalen Phase und auch das ganze Leben lang senden die permanenten Atome, die Chakras, die feinstofflichen und der physische Körper die Wort-Kraft des Egos aus. Bei einer Verletzung ermöglicht eben diese stets aktive, Form gebende Kraft Reparatur und Neuentstehung von Gewebe in seiner ursprünglichen Form. Auch Engel und Naturgeister tragen dazu bei.[32] So steht der physische Körper also bis zum Augenblick des Todes, in dem sich das Ego zurückzieht, unter dem Einfluss des „Wortes" des Egos. Die ungeordnete Aktivität der Zellen und Bakterien nach dem Tode, gemeinhin „Verwesung" genannt, geht auf das Fehlen dieses lenkenden Einflusses durch das Ego zurück. Wenn wiederum der Astral- und der Mentalkörper abgelegt werden, schweigt das „Wort" auch astral und mental, weil das Ego sich dann in den subjektiven Zustand schöpferischer Ruhe und himmlischer Verzückung zurückgezogen hat.[33] Zur rechten Zeit erwacht es daraus. Wieder wird die Wort-Kraft ausgesandt, und es beginnt eine neue Inkarnation.

Da der Mensch ein Miniatur-Abbild des Sonnensystems ist, eine mikrokosmische Manifestation des Makrokosmos, lassen sich starke Ähnlichkeiten feststellen zwischen den oben beschriebenen Schöpfungsvorgängen und denen, durch die ein Universum entsteht. Im Menschen begegnen sich Mikrokosmos und Makrokosmos. Auf die Engel trifft das nicht zu, da sie normalerweise keinen ätherischen und physischen Körper besitzen; ebenso wenig auf die Tiere, da ihnen die drei höheren Prinzipien Wille, Weisheit und abstrakte Intelligenz fehlen. Im Menschen jedoch sind alle Möglichkeiten des makrokosmischen Selbstausdrucks angelegt. Der Sinn seiner Existenz ist die Entfaltung seiner makrokosmischen Kräfte aus dem Inneren, damit er zur ihm bestimmten Zeit die Größe des Logos eines Sonnensystems erreicht: „So vollkommen wie sein Vater, der im Himmel ist, vollkommen ist."[34] Man könnte fast annehmen, dass, da dieselben Prinzipien die Schöpfungsprozesse im Makrokosmos und im Mikrokosmos steuern, die wiederholte Inkarnation dem Menschen die Ausbildung und die Übung verschafft, die er zur späteren makrokosmischen Manifestation seiner Schöpfungskraft benötigt.

---

[32] Siehe Geoffrey Hodson, *The Miracle of Birth*
[33] Siehe C. W. Leadbeater, *Die Devachan-Ebene*
[34] Matthäus V, 48

Teil II
Beschreibungen

Kapitel I

DIE HÖHEREN DEVAS

Die Heerscharen der Sephiroth

Der Beitrag der esoterischen Philosophie zum Problem der Emanation und der Konstitution des Universums ist ein zweifacher. Zunächst besteht er in der Bestätigung der Existenz einer lenkenden Intelligenz, eines erhaltenden Lebens und eines Schöpfungswillens in der Natur sowie sodann aus Informationen über Existenz, Wesen und Funktion der einzelnen Verkörperungen dieser drei Kräfte in der Natur, die bei den Ägyptern und in Griechenland „Götter", im Osten Devas und im Westen „Heerscharen der Engel" genannt werden.

Mit der modernen Wissenschaft ist die esoterische Philosophie der Ansicht, dass das Universum nicht aus Materie, sondern aus Energie besteht, und sie fügt hinzu, dass das Universum der Energie das Reich der Devas ist. Denn im Grunde sind diese Wesen die Lenker der universalen Kräfte, mächtige Helfer des Logos, seine Ingenieure im großen Schöpfungsprozess, der kein Ende hat. Schöpfungsenergie wird unaufhörlich ausgegossen. Auf ihrem Weg von der Quelle zur materiellen Manifestation als physische Substanz und Form durchläuft sie die Körper und Auren der Devas. Dabei wird sie „transformiert", von ihrer Ur-Kraft „heruntergestuft". Deshalb sind diese großen schöpferischen Wesen zugleich „Transformierende" der Macht.

Die höchsten unter den objektiven oder vollständig manifestierten Devas sind die sieben Sonnen-Erzengel, die *Sieben Großen Geister von dem Thron*. Sie sind die sieben Vizekönige des Sonnenherrschers. Von Anfang an wird jedem der Sieben im neu geborenen Universum eine planetarische Ordnung[35] oder ein Planetenreich zugewiesen. Jeder ist eine herrliche Erscheinung, strahlend in Licht und Kraft der Sonne, eine Emanation des siebenfachen Logos, dessen Macht, Weisheit und Schönheit eine einzelne Form nie erfassen kann. Diese mächtigen Sieben stehen inmitten der ersten Ur-Flamme und formen das Sonnensystem nach der göttlichen „Idee". Sie sind die sieben Sephiras; mehr über sie und ihre drei Vorgesetzten, die Höchste Trinität, erfahren Sie in Teil III. Mit ihnen arbeiten Rang um Rang in einer weit gefassten Hierarchie der Wesen die Heerscharen der Erzengel und Engel zusammen, die „die Ur-Materie mit dem Impuls zur Evolution durchdringen und dessen Form verleihende Kräfte bei der Gestaltung von allem, was entsteht, anleiten."[36]

Die Devas unterscheiden sich insofern vom Menschen, als ihr Wille im augenblicklichen Maha Manvantara[37] nicht so stark vom Einen Willen abweicht. Das menschliche Empfinden, eine separate Persönlichkeit zu sein, fehlt ihnen fast völlig. Ihr Entwicklungsweg, der im augenblicklichen Sonnensystem nicht so tief in die physischen Welten dringt wie der des Menschen, führt von der instinktiven zur bewussten Kooperation mit dem Einen Willen. Die esoterische Wissenschaft lehrt jedoch, dass sie in früheren oder kommenden Phasen ihrer Manifestation Menschen waren oder sein werden. H. P. Blavatsky sagt:

„Der gesamte Kosmos wird geleitet, gelenkt und belebt von einer nahezu endlosen Folge von Hierarchien empfindungsfähiger Wesen, von denen jedes seine Aufgabe hat und die – gleich ob wir sie nun beim einen oder beim anderen Namen, ob wir sie Dhyan Chohans oder Engel nennen – *Boten* sind, und zwar nur im Sinne von Erfüllungsgehilfen der karmischen und kosmischen Gesetze. Hinsichtlich des Grades ihres Bewusstseins und ihrer Intelligenz kennen sie endlose Abstufungen. Sie samt und sonders als reine Geister zu bezeichnen ohne jegliche irdische Spuren, *welche die Zeit auszumerzen pflegt*, bedeutete, sich poetischer Phantasterei hinzugeben. Denn jedes dieser Wesen war entweder bereits Mensch oder bereitet sich darauf vor, Mensch zu werden; wenn nicht im augenblicklichen, so doch in einem früheren oder kommenden Zyklus (Manvantara). Sie sind *vollkommene* oder aber *werdende* Menschen und unter-

---

[35] Ein siebenfaches System superphysischer und physischer Planeten, von denen sieben auch physisch durch Venus, Vulkan, Jupiter, Saturn, Neptun, Uranus und die Erde vertreten sind. Siehe A. E. Powell, *The Solar System*
[36] Siehe *Die Geheimlehre*, H. P. Blavatsky, Band I Adyar Edition
[37] *Maha Manvantara*, Sanskrit: Großes Manvantara, etwa für ein Planeten- oder Sonnensystem.

scheiden sich in ihren höheren, weniger materiellen Sphären moralisch von irdischen Menschen lediglich dadurch, dass ihnen das Gefühl der Persönlichkeit sowie das *menschliche* emotionale Wesen fehlt – zwei rein irdische Charakteristika. Erstere, also die *Vollkommenen,* haben sich von diesen Gefühlen befreit, weil sie (a) keine fleischlichen Körper mehr haben – eine Last, die die Seele stets benommen macht – und (b) weil sie jetzt, wo das rein geistige Element weniger eingeengt und freier ist, weit weniger unter dem Einfluss von *Maya* stehen als der Mensch das je vermag, es sei denn, er wäre ein Adept, der seine beiden Persönlichkeiten – die geistige und die physische – vollkommen voneinander trennt. Die werdenden Monaden, die noch nie einen irdischen Körper hatten, können kein Gefühl der Persönlichkeit oder des Egoismus entwickeln. Wenn mit *Persönlichkeit* Begrenzung und Beziehung gemeint sind oder, wie Coleridge definiert, *eine an sich existierende Individualität, allerdings mit einer Wesenhaftigkeit als Existenzgrund*, dann kann dieser Begriff für nicht-menschliche Wesen natürlich nicht gelten. Eine Tatsache, die Generationen von Sehern immer wieder nachdrücklich betonen, ist jedoch, dass keines dieser Wesen, gleich ob hoch oder niedrig, Individualität oder eine Persönlichkeit als Einzelwesen besitzt, d.h. sie verfügen nicht über eine Individualität in dem Sinne, wie der Mensch sagt: „Ich bin ich und kein anderer", mit anderen Worten also, sie sind sich eines solch klaren Getrenntseins, wie es der Mensch und die Dinge auf Erden verspüren, nicht bewusst. Individualität ist Kennzeichen ihrer jeweiligen Hierarchie, nicht der einzelnen Einheit; und diese Kennzeichen variieren nur mit der Stufe der Ebene, zu der diese Hierarchien gehören. Je näher sie der Region der Homogenität und des Einen Göttlichen sind, umso reiner und weniger akzentuiert ist die Individualität der jeweiligen Hierarchie. Sie sind endlich in jeder Hinsicht, mit Ausnahme ihrer höheren Prinzipien – die unsterblichen Funken spiegeln die Universale Göttliche Flamme, individualisiert und getrennt nur in den Sphären der Illusion durch eine Differenzierung, die genauso illusionär ist wie alles andere. Sie sind die *Lebenden*; denn sie sind die Strahlen, die das Absolute Leben auf die Kosmische Leinwand der Illusion projiziert; Wesen, in denen das Leben nicht ausgelöscht werden kann, bevor nicht das Feuer des Unwissens in denen ausgelöscht wird, die dieses *Leben* spüren."[38]

---

[38] Siehe *Die Geheimlehre*, H. P. Blavatsky, Band I

Zwei Ströme sich entwickelnden Lebens

Die auf die esoterische Forschung gestützte Vorstellung von bestimmten Ordnungen der Heerscharen der Engel als schöpferischen und lenkenden Intelligenzen, Ausdruck von Aspekten des göttlichen Wesens und Bewusstseins, Herrscher über die feinstofflichen Elemente Erde, Wasser, Luft und Feuer und Devas der Regionen der Erde, unterscheidet sich zumindest in einer Hinsicht von der bestimmter christlicher Denkschulen. Die Forschungen bestätigen in keiner Weise die Ansicht, wonach Engel verstorbene Menschen sind. Im Gegenteil, sie zeigen, dass das menschliche Wesen und der menschliche Charakter unmittelbar nach dem Tode keinerlei Veränderung erfahren, sondern Temperament, Vorlieben und Abneigungen, Begabungen, Fähigkeiten und zum größten Teil auch das Gedächtnis zunächst unverändert bleiben. Der Bibel zufolge existierten Engel bereits vor dem Tod des ersten Menschen. Sie waren zugegen, als das Urteil über Adam und Eva gefällt und einer von ihnen mit dem Flammenschwert bestellt wurde, „zu bewachen den Weg zum Baum des Lebens".[39] Wie es scheint, gibt es also in der Heiligen Schrift keine Grundlage für den Glauben, dass der Tod die Menschen in Engel verwandelt. Paulus sagt vom Menschen sogar: „Du hast ihn eine kleine Zeit niedriger sein lassen als die Engel."[40]

Die biblischen Berichte von Engeln als Dienern und Boten Gottes an die Menschen, die dem Einzelnen in Zeiten der Not erscheinen, finden Bestätigung in den Lehren der esoterischen Philosophie. Ebenso die Vision Jakobs in Bethel: „Eine Leiter stand auf Erden, die rührte mit der Spitze an den Himmel, und siehe, die Engel Gottes stiegen daran auf und nieder."[41] Die Ordnung der Engel ist hierarchisch. Auf den unteren Sprossen ihrer Lebensleiter stehen die niederen Naturgeister: Die dem Element Erde verbundenen Wichtel und Gnome, die Feen und Sylphen der Luft, die Undinen oder Nereiden des Wassers und die Salamander des Feuers. Über ihnen stehen, wie zuvor erwähnt, Engel und Erzengel

---

[39] Genesis III, 24
[40] Der Brief an die Hebräer, II, 7, siehe auch Psalm VIII, 5
[41] Genesis XXVIII, 12

in aufsteigender Folge ihres Entwicklungszustands bis zu den Sieben Mächtigen Geistern vor dem Thron.

Unermesslich an Zahl, Ordnung und Rang, wohnen die Devas in den feinstofflichen Welten, und jede Ordnung erfüllt ihre bestimmte Aufgabe, jede besitzt eigene Kräfte und eine spezifische Erscheinung. Zusammen bilden sie eine Rasse sich entwickelnder Wesen, die gegenwärtig einen Weg geht, der dem des Menschen parallel ist und gemeinsam mit ihm diesen Planeten und dieses Sonnensystem als Wirkungs- und Entfaltungsfeld nutzt.

Die äußere Erscheinung der höheren und niederen Devas

Wie aus den folgenden Beschreibungen und den Abbildungen in Teil V ersichtlich, geht die Gestalt der Engel auf denselben Archetyp oder dieselbe göttliche „Idee" zurück wie die des Menschen. Jedoch sind die Umrisse weniger klar gezeichnet, die Körper weniger fest, so dass eher der Eindruck fließender Kräfte statt fester Formen entsteht. Die Engel selbst differieren in ihrer Erscheinung entsprechend der Ordnung, der sie angehören, der Funktion, die sie erfüllen und der Entwicklungsstufe, auf der sie stehen.

Wichtel, Elfen und Gnome erscheinen in den westlichen Ländern ziemlich genau so, wie sie in den Volksmärchen beschrieben werden. In einigen östlichen sowie zentral- und südamerikanischen Ländern ist ihre Gestalt etwas archaischer, geradezu grotesk. Die dem Element Wasser verbundenen Undinen und Nereiden ähneln schönen, gemeinhin unbekleideten Frauengestalten, wobei der Eindruck des Weiblichen durch die Rundungen ihrer Gestalt entsteht. Denn, wie ich feststellte, gibt es zwar im Reich der Devas Unterschiede in der Polarität, nicht aber im Geschlecht. Von einer Größe von wenigen Zentimetern bis zu einem halben oder fast einem Meter kann man Undinen in der Gischt eines Wasserfalls tanzen sehen, oder sie ruhen in den Tiefen eines Teichs oder gleiten flink über die Oberfläche eines Flusses oder Sees. Die Feen und Sylphen der Luft erscheinen dem hellsichtigen Blick ganz ähnlich wie sie im Märchen dargestellt werden. Sie sehen aus wie wunderschöne Mädchen mit zartfarbenen Flügeln, die sie zum Flug gar nicht verwenden; denn diese Wesen gleiten nur aufgrund ihres Willens rasch oder sacht durch die Luft, wobei ihre rosige, leuchtende Gestalt teilweise von einem Gespinst, einem „Gewand" aus reiner Geisteskraft, umhüllt wird. Die dem Feuer verbundenen Salamander wirken so, als seien sie aus Flammen gemacht. Ihre Gestalt wandelt sich ständig, ähnelt aber der des Menschen, und aus ihren Augen strahlt Feuerkraft. Kinn und Ohren sind sehr spitz, und das 'Haar' steht ihnen oft wie Feuerzungen vom Kopf ab, wenn sich die Salamander im Sturzflug in die Flammen physischer Feuer stürzen und durch sie hindurch sausen.

Diese Formen variieren in den verschiedenen Ländern der Welt, ja sogar in verschiedenen Regionen desselben Landes. England ist in Landstrichen, in denen es noch unverschmutzt und nicht allzu dicht besiedelt ist, reich an Elfen, die in Teil II, Kapitel 4 näher beschrieben werden.

Die Wohnstatt der Devas

Die Devas wissen um die Sonne, die physische wie die feinstoffliche, als das Herz und die Quelle allen Lebens im Sonnensystem. Aus diesem Herzen werden beständig die belebenden Energien, die das „Lebensblut" des solaren und planetarischen „Körpers" des Logos darstellen, ausgegossen und wieder in es zurück gezogen. Wenn Er das Universum entstehen lässt, „atmet" der Sonnenlogos seine Schöpfungskraft aus, die daraufhin bis zu den äußersten Grenzen seines Systems strömt und das materielle Universum entstehen lässt. Am Ende des Schöpfungstages „atmet" Er ein; Seine Kraft wird zurückgezogen, und das materielle Universum verschwindet, wieder aufgenommen in DAS, aus dem alles hervorging. Dieses Ausatmen und Einatmen des Solaren Lebens erfolgt rhythmisch. Das eine große schöpferische „Wort" oder die Saite des Sonnensystems besteht aus unzähligen Frequenzen, Unterschieden in der Schwingungsrate, aus denen wiederum verschiedene Substanzen und Formen entstehen. Die große Heerschar der Devas lebt und entwickelt sich inmitten dieses Universums ausströmender und wieder zurückkehrender Kraft.

Berg-Devas

Auf den einzelnen Planeten, wie auch auf unserer Erde, werden die Solaren Erzengel und Engel durch entsprechende Planeten-Devas vertreten. Außer diesen großen schöpferischen Intelligenzen gibt es Engel, die über bestimmte Teile und Bereiche der Erdoberfläche herrschen. Dies sind die Landschaftsengel, die zum Teil mit den Schöpfungs- und Entwicklungsvorgängen im Mineral- und Pflanzenreich der Natur befasst sind. Ein Berg ist, wie die gesamte Erde, ein lebender, sich entwickelnder Organismus, ein Körper, in dem die drei Aspekte des Logos inkarniert sind. In und um jeden Berg spielen sich mindestens drei Prozesse ab: Schaffung und Entwicklung der Atome, Moleküle und Kristalle, aus denen der Berg besteht, durch das Wirken des göttlichen Willens; Belebung der Substanzen und Formen durch das ihnen innewohnende göttliche Leben sowie Erwachen und Entwicklung des inkarnierten Mineralbewusstseins. Bei jedem dieser Prozesse erfährt die Natur Unterstützung durch Heerscharen von Naturgeistern und Devas unter der Leitung eines obersten Verantwortlichen, des Berg-Devas. Ist ein Gipfel Teil eines ganzen Gebirgszuges, so steht dem ganzen Gebirgszug wiederum ein noch wesentlich höher entwickeltes Wesen derselben Ordnung wie die Devas der einzelnen Gipfel vor.

Wie die Abbildungen in Teil V dieses Buches zeigen, ist die Erscheinung dieser Devas von höchster Herrlichkeit. Trotz der Fähigkeiten der Künstlerin kann ihnen ein Bild niemals gerecht werden. Kolossal groß (oft zwischen zehn und zwanzig Metern), ist der Berg-Deva auf allen Seiten von ausströmenden aurischen Kräften in strahlenden Farben umgeben. In Wellen, Wirbeln und Strudeln strömen sie aus seiner Mitte und verändern dabei je nach Wechsel von Bewusstsein und Tätigkeit ständig ihre Farbe. Im Allgemeinen ist das Gesicht klarer erkennbar als die übrige Gestalt, die nicht selten von den ausströmenden Energien verschleiert wird. Die Gesichtszüge sind immer streng, aber schön gezeichnet. Die Stirn ist breit, die Augen stehen weit auseinander und strahlen vor Kraft und Licht. Sind beim Menschen Herz- und Solarplexus-Chakra verschieden, so bilden sie bei den Berg-Devas und anderen Devas zuweilen ein gemeinsames strahlendes Kraftzentrum, oft von goldener Farbe, aus dem viele Kraftströme hervorgehen und ausströmen. Gelegentlich nehmen diese Ströme die Form großer Flügel an, die sich zu beiden Seiten der herrlichen Gestalt hunderte Meter weit ausdehnen.

Führen alle diese Devas auch ihr eigenes, höchst lebendiges Leben unter ihresgleichen in den höheren feinstofflichen Welten, so gilt doch ein Teil ihrer Aufmerksamkeit fast ständig dem Berg darunter, in dessen schlafendes Bewusstsein und Leben sie unablässig Ströme anregender, beschleunigender Kraft lenken. Um seine Erweckungsaufgabe schneller und effektiver erfüllen zu können, taucht ein Berg-Deva gelegentlich tief in das mental-astrale Doppel des Berges ein, vereinigt seine mächtigen Energien mit den Schöpfungskräften, deren Produkt Substanz und Form des Berges sind, verbindet sein Leben mit dem dem Berg innewohnenden Leben und lässt sein Bewusstsein eins werden mit dem im Berg inkarnierten göttlichen Geist. Nach einiger Zeit taucht er wieder auf und nimmt erneut seine Position über dem Gipfel ein.

Wie bereits erwähnt, unterstehen die Devas der einzelnen Gipfel einem höheren Deva, der zwar größer und strahlender ist als seine Untergebenen, aber ähnliche Funktionen für den gesamten Gebirgszug und die umgebende Landschaft erfüllt. Diese großen Naturwesen interessieren sich normalerweise nicht für den Menschen und zeigen auch keinerlei Kenntnis seines Lebens und seiner Denkweise. Intensiv auf ihre Aufgabe konzentriert, sind sie gewöhnlich so entlegen und unzugänglich wie die schneebedeckten Gipfel. Wie es scheint, hatten jedoch einzelne unter ihnen Kontakt mit den Menschen früherer Zivilisationen und haben sich seither ein Interesse an der menschlichen Entwicklung bewahrt. Sie sind bereit, gelegentlich einzelne Menschen und Gruppen, die auf ihren Einfluss ansprechen, zu inspirieren und zu beraten.

Botschaften aus lichter Höhe

Unter den vielen Berg-Devas, die ich in der Sierra Nevada in Kalifornien beobachtet habe, zeigten die folgenden beiden Interesse am und Wissen vom Menschen. Über den ersten dieser Devas schrieb ich zur Zeit meiner Beobachtungen:

Die weite Sphäre seiner äußeren Aura leuchtet so weiß wie die sonnenbestrahlten Schneefelder, über die er sich so majestätisch bewegt. Innerhalb dieses weißen Strahlens und teilweise davon verschleiert leuchtet das tiefe Grün der Zypressen und in ihnen wiederum der goldene Glanz der Mittagssonne. Daran anschließend schimmert ein rosafarbenes Licht von zartester Nuancierung, danach blau und als letztes, ganz weiß und strahlend, die göttliche Gestalt.

Das Gesicht zeigt strenge, kraftvolle Züge und ein quadratisches Kinn. Das „Haar" ähnelt züngelnden, nach hinten wehenden Flammen, und in der Luft, über einer Krone aus aufwärts strömenden, strahlenden Energien, blitzen die leuchtend bunten Juwelen seiner Gedanken auf.

Ein Versuch, etwas von seinem Bewusstsein, insbesondere seinen Ansichten über die Devas, die sichtbare Natur und die ideale Beziehung des Menschen zu beiden zu entdecken, erweckt in mir den Eindruck, als äußere er aufeinander aufbauende Prinzipien, wobei auf jedes Prinzip eine tiefe Stille folgt, in der die Idee gedanklich vertieft und angenommen wird. Solchermaßen scheint der Deva zu 'sagen':

„Der Globus ist ein lebendiges Wesen mit einer eigenen Kraft, einem eigenem Leben und Bewusstsein. Die Erde atmet. Ihr Herz schlägt. Sie ist der Körper eines Gottes, des Geistes der Erde. Flüsse sind seine Nerven, die Meere große Nervenzentren. Berge sind die dichtere Struktur dieses Riesen, dessen äußere Gestalt das Entwicklungsgebiet des Menschen ist, dessen inneres Leben und mächtige Energien aber die Wohnstatt der Devas sind.

Der moderne Mensch begegnet der Natur fast ausschließlich im Tun und durch seine äußeren Sinne. Allzu wenige ihrer menschlichen Verehrer nähern sich ihr in Stille, mit stillen äußeren und wachen inneren Sinnen. Nur wenige entdecken daher die Göttin hinter ihrem irdischen Schleier.

Im aktiven Leben liegt Wert, im äußeren Gewand der Natur liegen Kraft und Schönheit. Aber noch weit größere Kraft und weit tiefere Schönheit liegen unter ihrem Schleier, der sich nur durch stille Kontemplation ihres verborgenen Lebens beiseite ziehen lässt.

Sein rhythmisches Pulsieren ausgenommen, ruht das Herz der Natur in Stille. Wer vor dem Allerheiligsten der Natur beten will, muss sich ihrem Altar mit Ehrfurcht und schweigendem Verstand nähern, wenn er ihr schlagendes Herz finden und die Kraft in der Form erkennen will.

Der Weg zu ihrem Tempel existiert; man findet ihn in allen Formen der Natur. Die Kontemplation über eine einzelne Blüte kann den Suchenden hinführen. Eine Pflanze, die die Symmetrie der Natur zeigt, ein Baum, ein Gebirgszug, ein einzelner Gipfel, ein rauschender Fluss, ein donnernder Wasserfall – all dies dient der kontemplativen Seele als Eingang zum Reich des *Wahren Lebens*, worin das Selbst der Natur weilt.

In Kontemplation über die äußeren Formen der Natur nähere man sich ihrem Tempel. Identifikation mit ihrem Inneren Leben, tiefes Empfinden ihrer äußeren und inneren Schönheit – mit diesen Schritten gelangt man in ihr Allerheiligstes.

Erwarte dort drinnen die Hohen Devas, die Zeitlosen, die immerwährenden Priester, die während des gesamten Schöpfungstages im Tempel, in der natürlichen Welt, dienen.

Wenige, allzu wenige, haben Einlass gefunden seit Griechenland in Ruinen lag und Rom zerfiel. Die alten Griechen lebten einfach. Die vernetzte Gesellschaft war noch nicht ins Dasein getreten. Der Charakter des Menschen war direkt, sein Leben schlicht, und wenn der Geist des Menschen auch in gewisser Weise primitiv war, so stand er doch im Einklang mit der Universellen Seele.

Das Rad dreht sich weiter. Die goldenen Tage kehren wieder. Wieder ruft die Natur den Menschen, der sie hört und sich aufmacht zu antworten. Der Mensch hat den Zyklus der Dunkelheit durchschritten, der dem Zerfall Roms folgte. Doch verstrickt in zunehmende Komplexität, hat er den Kontakt zum verborgenen Leben der Natur verloren. Wenn er ihn wiedergewinnen will, muss er alles, was die Sinne abstumpft, alles Grobe, alles Unreine und alle Nachsicht hinter sich lassen. Dem göttlichen Herz des Lebens muss man sich in stiller Kontemplation und zielstrebig nähern; nur so wird man dieses Herz finden."

Zu jener Zeit beschrieb ich auch einen zweiten Berg-Deva – sein Bild erscheint auf Abbildung 15 – und zwar folgendermaßen:

Es kommt ein großer weißer Engel der Höhen, strahlend hell wie Sonnenlicht auf Schnee. Seine weit ausladende Aura leuchtet auf allen

Seiten in strahlenden Farbbändern; von der Mitte der Gestalt nach außen in folgender Reihenfolge: Hellrosa, hellblau, zartgrün und violett. Aus seinem Kopf erhebt sich ein breiter werdender Strahl weißer und feuerartiger Kräfte, und hinter seiner Gestalt kommen Kraftwellen wie Aura-Flügel hervor.

Das Gesicht ist streng, kraftvoll und männlich. Die Stirn ist breit, die Augen stehen weit auseinander und strahlen vor Kraft. Sein „Haar" bilden Flammenblitze, die wie Feuerkraft vom Kopf nach oben schießen. Nase und Kinn sind fein und doch kraftvoll geformt, die Lippen sind voll; das ganze Gesicht spiegelt die Majestät und Kraft des Gebirgszuges. Sein Körper ist von Strömen weißer, fließender Energie verschleiert. Immer wieder blitzt in der ganzen Gestalt und ihrer ausströmenden Kraft ein weißes Leuchten auf, so blendend hell wie sonnenbeschienener Schnee.

Er antwortet auf meinen Ruf nach Licht und „spricht" wie mit tiefer, sonorer Bass-Stimme[42], die von der Kraft der Erde selbst erfüllt scheint:

„Die Devas erwarten, dass der Geist des Menschen sich bewusst wieder mit dem Universellen Geist vereinigt. Die Menschheit erwacht langsam. Jahrhunderte lang von der Materie geblendet, erkennen bis jetzt nur wenige Menschen den Geist in der Substanz, das Leben in der Form.

Auf der Suche nach Macht und Reichtum hat der Mensch die ganze Erde durchkreuzt, die Wildnis durchdrungen, die Gipfel erklommen und die polaren Eiswüsten erobert. Jetzt möge er in der Form suchen, die Gipfel seines eigenen Bewusstseins erklimmen, seine Tiefen durchdringen auf der Suche nach jener Kraft und jenem Leben, durch das allein er mächtig wird an Willenskraft und reich im Geist.

Wer sein Leben und seinen Geist dem Universellen Leben und Geist öffnet, der allem innewohnt, wird sich in die Vereinigung mit ihm begeben, und ihm werden die Devas erscheinen.

Mit vollständig bewusstem Geist und Willen möge er meditieren:

---

[42] Zwar ist eine solche Kommunikation rein mental, dennoch werden dem Gehirn zuweilen Worte und sogar der Eindruck von Stimmenklang vermittelt.

*„Kraft, die alles umfasst,
Leben, das allem innewohnt,
Geist, der alles durchdringt,
ich bin eins mit Dir.*

*Devas der Kraft, des Lebens und des Geistes,
ich grüße Euch.
Im Selbst des Universums sind wir eins.
Ich bin dieses Selbst; dieses Selbst bin ich."*

Kapitel 2
DIE ENGEL-HIERARCHIEN DER ERDE

Ein großartiges Ganzes

Die esoterische Philiosphie ist sich sicher, dass das Universum als Geist und Materie, Leben und Form, Bewusstsein und Körper mit all seinen Bestandteilen und Bewohnern ein einziges Ganzes, eine lebendige Einheit ist. Alle Individuen sind Zentren, Organe oder Zellen in einem höheren Wesen, dessen Manifestation und Teil sie sind. Diese höheren Wesen wiederum sind selbst Ausdruck von Kraft, Leben und Bewusstsein noch höher entwickelter Intelligenzen. Dieses hierarchische System kulminiert in einem allumfassenden All-Wesen, Summe und Synthese der ganzen Schöpfung, der Höchsten Gottheit, dem All-Einen.

Wie alle Atome, Zellen und Organe des menschlichen Körpers in diesem Organismus vereint sind, so sind alle Wesen vereint in der einen, alles umfassenden göttlichen Kraft, im göttlichen Leben und Bewusstsein und dessen verschiedenen Trägern, vom feinsten bis zum dichtesten. Diese Träger wiederum konstituieren das sichtbare und das unsichtbare Universum, geschaffen von der Einen Kraft, erhalten vom Einen Leben, geformt, gelenkt und transformiert von der Einen Intelligenz, geordnet von Einem Gesetz und im Grunde bestehend aus Einem Element.

Physisch zeigt das Universum eine unerschöpfliche Vielfalt und einen immensen Reichtum an Individualität und scheinbar einzelnen Wesen und Formen. Feinstofflich jedoch ist das einende Lebensprinzip zu ahnen. In geistiger Schau erkennt man alles als Produkt und Ausdruck einer einzigen göttlichen Schöpfungskraft, die nach einem einzigen unverrückbaren Gesetz wirkt.

Die Zeit-Raum-Leinwand

Vielleicht dürfen wir uns hier einer Analogie aus dem Film bedienen. Zahlreiche, sich ständig bewegende Formen erscheinen auf der Leinwand. Beobachtet man den Strahl zwischen Projektor und Leinwand – insbesondere bei einem Farbfilm – so nimmt man nur die Veränderungen von Farbe, Licht und Schatten wahr. Diese Veränderungen kommen dadurch zustande, dass der Film mit seinen Originalbildern an der Lichtquelle vorbeizieht. Dieser Film ist für die Zuschauer zwar unsichtbar, aber doch der auslösende Faktor, der über die Art der Erscheinungen auf der Leinwand bestimmt. Die Figuren auf der Leinwand, die Veränderungen und Bewegungen im Lichtstrahl und die Bilder auf dem Filmstreifen sind zahlreich und vielfältig. Hinter alledem aber steht das einzelne Licht, das die Bilder als solche hervorruft und ohne die sie nicht in Erscheinung treten könnten.

Wendet man diese – zugegebenermaßen nicht ganz perfekte – Analogie auf die Erscheinungen an, die dem Menschen durch seine Sinne vorgeführt werden, so entspricht das Zeit-Raum-Universum der Leinwand. Der Strahl steht für die Schöpfungsenergie, die von ihrer Quelle ausgesandt wird und die feinstofflichen Welten durchdringt, um das sichtbare Universum hervorzubringen. Die Linse repräsentiert den Schöpfergeist, der die Archetypen auf die Leinwand des Universums bannt. Der Film entspricht den archetypischen „Formen", und das einzelne Licht ist der Ur-Effekt des Wirkens der Einen Schöpfungskraft (des elektrischen Stroms), durch die alles geschaffen wurde. Wie die Figuren auf der Leinwand, der Strahl, die Linse, die Filmrolle, das Licht und der elektrische Strom alle Teil eines koordinierten Vorgehens zur Projektion von Bildern sind, so sind auch alle scheinbar getrennten Teile des Universums in Wirklichkeit Bestandteil eines einzigen Mechanismus. Die Funktion dieser lebendigen, mit Lebenskraft betriebenen „Maschine" ist es, Myriaden zuvor erdachter Substanzen, Objekte und Wesen zu erschaffen, in die Materie zu projizieren und schließlich zu vervollkommnen.

Sonnen-Erzengel

Dieses Prinzip der Einheit in der Vielheit veranschaulicht das Reich der Devas beispielhaft. Die Gesamtheit der Heerscharen der Engel und Naturgeister eines Sonnensystems ist eine Manifestation eines einzigen Sonnen-Erzengels von unvorstellbarem Glanz, in dem alle Engel leben, sich bewegen und ihr Sein haben. Aus dieser Mitte und Quelle ihrer Existenz sind sie alle hervorgegangen, und in sie werden sie am Ende alle zurückkehren.

Um sich zu manifestieren, drückt sich das Eine Höchste Wesen auf drei Wirkweisen aus, in drei Aspekten, von denen jeder, so dürfen wir annehmen, seinen Ausdruck als ein Erzengel findet, der dem All-Einen nur wenig an Größe nachsteht. Diese Dreiheit sind der schaffende, bewahrende und transformierende Aspekte sowie die maskuline, androgyne und weibliche Schöpferkraft, und in den sie darstellenden und sie regierenden Erzengeln herrscht jeweils eine dieser Kräfte vor. Zwar sind sie drei mächtige Wesen, aber dennoch zugleich Projektionen und Ausdruck des Ur-Einen. Diese drei Emanationen wiederum gehen jede mögliche Verbindung ein, um einen siebenfachen Ausdruck der Göttlichen Monade hervorzubringen. Jeder einzelne Ausdruck ist im Reich der Engel durch einen hohen Erzengel vertreten, und alle zusammen werden im Christentum als die *Sieben Mächtigen Geister vor dem Thron* bezeichnet, andernorts als die *Sieben Erzengel des Antlitzes*, als die *Kosmokratoren*, die *Sephiroth*.

Dieser Schöpfungsimpuls strahlt als Licht aus von dem Einen durch die Drei und die Sieben und bringt auf den höchsten geistigen Ebenen und nach Gesetzen von Zahl und Harmonie die idealen Formen hervor, die Archetypen alles Lebendigen in allen Reichen der Natur, einschließlich dem der Menschen und der Engel. Über jedes Stadium der Projektion des Archetyps wacht ein Erzengel. Auf jeder Stufe der Verdichtung, auf jeder zusehends dichteren Ebene der Natur verkörpern Engel der entsprechenden Ordnung die Kraft und die Absicht des Schöpferischen Wille-Gedankens und assistieren bei seinem Ausdruck als sich entwickelnde Formen. Dieses hierarchische System gilt für alle Ebenen, wobei jeweils jede niedrigere Gruppe Ausdruck einer einzelnen höheren Intelligenz ist.

Auf den astralen und ätherischen Ebenen[43] sind nicht individualisierte Naturgeister die niederste Ordnung in der Hierarchie der Engel. Mit ihrer rein instinktiven Reaktion auf den Wille-Gedanken ihrer Hüter und mit ihrem scheinbar absichtslosen und doch unbewusst zielgerichteten Spiel ähneln sie in gewisser Weise den verschiedenen Nuancen und Farben im Lichtstrahl des Kino-Filmprojektors, erhält doch das sichtbare Universum infolge ihres schöpferischen Wirkens seine Existenz.

Diese hierarchische Methode des Selbst-Ausdrucks durch das göttliche Ur-Prinzip wirkt auch durch die Ordnungen der Engel, welche die Evolution von Leben und Form in anderen Dimensionen lenken. So herrscht also ein einzelner Erzengel über ein Sonnensystem als Ganzes. Jedes seiner wichtigsten Teile steht außerdem unter der Leitung einer Intelligenz von entsprechendem Entwicklungsstand. Unsere Erde zum Beispiel, die als physische Einheit aus Erde, Wasser, Feuer, Luft und Äther sowie ihren feinstofflichen Ebenen und dem dortigen Leben besteht, ist Trägerkörper für den Erzengel des Planeten. Für dieses Wesen ist jede der physischen und feinstofflichen Ebenen oder Sphären – sieben insgesamt – die zusammen die ganze Erde ergeben, ein Bewusstseinsträger. Die große Gemeinschaft der solaren und planetarischen Engelwesen wird zuweilen auch als die Armee des Lichtes und als die Heerscharen des Logos bezeichnet.

Planeten-Erzengel

Die Erzengel oder geistigen Regenten der Planeten, die jeder auf der Erde einen Botschafter und eine „Botschaft" unterhalten, werden geradezu plastisch als *Himmlische Schnecken*[44] bezeichnet, weil sie sich scheinbar langsam auf ihren Umlaufbahnen um die Sonne bewegen und jeder seinen physischen Planeten wie ein Schneckenhaus auf dem Rücken trägt. Die astrologischen Eigenschaften sowie die psychischen,

---

[43] Das Universum besteht aus sieben Welten oder Planeten, die jede wiederum aus Materie in sieben verschiedenen Dichtegraden bestehen; die physische und ätherische ergeben zusammen die dichteste, auf sie folgen in dieser Reihenfolge die astrale, die mentale, die intuitionale, die geistige und zwei weitere Welten, die das menschliche Bewusstsein heute noch nicht fassen kann.
[44] Siehe H. P. Blavatsky, *Die Geheimlehre*, Band I und IV, Adyar Ausgabe

mentalen und spirituellen Einflüsse der Himmelskörper gehen in starkem Maße von diesen sie beseelenden Intelligenzen aus.

Den Erzengel eines Planeten kann man sich als die Synthese aller anderen Erzengel, Engel und Naturgeister in diesem Planetenfeld vorstellen. Unmittelbar unterhalb der Planeten-Erzengel stehen vielleicht die Erzengel jeder der sieben Ebenen oder Sphären, deren gesamte Substanz jeweils dem Erzengel dieser Ebene als Trägerkörper dient. Daraus folgt, dass jeder der scheinbar individuellen Erzengel einer Ebene in Wirklichkeit Ausdruck der Kraft, des Lebens und des Bewusstseins dieser Ebene als ganzer und ihres Erzengels ist. Die Erkenntnis dieses Einsseins ist die wichtigste Voraussetzung, wenn Kontakt, Zwiesprache und Zusammenwirken mit den höheren und den niederen Devas gelingen sollen.

Magie, so heißt es, ist das Hervorbringen sichtbarer, physischer Ergebnisse durch Einsatz des ausgebildeten Wille-Gedankens des Magiers, der entdeckt hat, wie man mit den entsprechenden Engel-Intelligenzen kommunizieren und sie zur Mitwirkung gewinnen kann. Magie wird demnach als die Kraft beschrieben, mit den Devas in ihrer Sprache zu sprechen.

Die Cherubim

Das Eine Gesetz findet Ausdruck und Anwendung auch in den großen Erzengeln des Lichtes. Man sagt, es seien vier an der Zahl, jeder mit unzähligen Untergebenen in hierarchischer Ordnung, die das Gesetz nach dem doppelten Prinzip des Gleichgewichts sowie von Ursache und Wirkung erfüllen. Diese Vier werden gelegentlich als die *Lipika*[45] oder die *Aufzeichnenden* oder die *Deva-Rajas* der vier Richtungen des Kompass, die Herrscher des Nordens, des Südens, des Ostens und des Westens bezeichnet. In der ägyptischen Religion sind sie personifiziert in dem großen Gesetzgeber und Chronologen Tehuti und den vier Söhnen des Horus Mestha, Hapi, Tuamutef und Qebhsennuf; im Judentum[46] durch

---

[45] Hohe Intelligenzen, die als Vertreter der Inneren Regierung des Sonnensystems das Gesetz des Karma umsetzen. Die Herren des Karma.
[46] Hesekiel I, 5,6

die vier Heiligen Tiere, die Cherubim oder zuweilen auch als einzelner Cherub mit vier Gesichtern – Mensch, Adler, Löwe und Ochse – sowie in anderen Systemen der Engelskunde durch verschiedene drei- und vierköpfige Wesen. Im Christentum sind die Lipika – die man der Ordnung der Wächter-Engel zuteilt – im Schreiber-Engel personifiziert, der in einem großen Buch die Taten der Menschen aufzeichnet, nach denen sie gerichtet werden.

Das Feuer-Kreuz

Die Vorstellung, dass verschiedene Energiearten mit eigenen esoterischen Eigenschaften in die vier Richtungen des Raumes hinein und von dort wieder heraus fliegen und in jeder Richtung ein Erzengel als Lenker dieser Energie aufgestellt ist, ist nicht leicht nachzuvollziehen. Zur weiteren Erklärung sei hier deshalb angefügt, dass man sich vorstellen muss, dass das Schöpfungsfeuer vertikal vom Zenit zum Nadir absteigt, wo es in bis dahin unberührte, präkosmische Substanz oder unberührten präkosmischen Raum eindringt, die wiederum im Diagramm als horizontal zu betrachten sind. So entsteht ein Kreuz, wobei der Punkt des Eindringens im Schnittpunkt der beiden Arme liegt. Dieser Punkt im Raum stellt die Mitte dar, aus welcher der schöpferische und konstruktive Prozess anhebt, Chaos zu Kosmos zu transformieren. Hier liegt die Zentralsonne. Hier richtet der Logos als schöpferische Intelligenz und Kraft den kosmischen Archetyp oder die Idee ein. Dies alles entwickelt sich nach dem Gesetz der Zeit, das heißt in aufeinanderfolgenden Zyklen.

Das von Gedanken durchdrungene, absteigende Schöpfungsfeuer strahlt vom Schnittpunkt aus horizontal überwiegend in die vier Hauptrichtungen, also nach Norden, Süden, Osten und Westen, worauf es sich zum Zweck der Manifestation selbst beschränkt. Die existierenden vertikalen Strahlen eingerechnet, entsteht so ein sechsarmiges Kreuz, der feurige Kern des resultierenden Kosmos. An dieses Kreuz wird der Kosmische Christus symbolisch geschlagen, widergespiegelt in der Kreuzigung des historischen Christos.

Jeder der sechs Schöpfungsstrahlen oder der sechs Arme des Kreuzes besitzt unserem Verständnis nach charakteristische Eigenschaften, die ihren Ausdruck in einer Ordnung der Intelligenzen finden. So werden jeder Himmelsrichtung ein bestimmter Einfluss und ein Erzengel mit seinen Engels-Heerscharen zugeschrieben, wobei in jeder Ecke des Universums je eine Hierarchie stationiert ist. Jeder Erzengel ist zugleich Herr über eines der vier Elemente, wobei das fünfte, der Äther, mit der Mitte des Kreuzes assoziiert wird. Wie bereits erwähnt, sind diese vier Intelligenzen die *Heilige Vierheit* der Weltreligionen, die aus dem Geist geborenen Söhne Brahmas und die Vier Deva-Rajas des Hinduismus, die Cherubim und die viergesichtigen Erzengel des Kabbalismus und des Judentums sowie die vier symbolischen Tiere Hesekiels mit ihrer Verbindung zu den vier Evangelisten.

Das kosmische Feuerkreuz, so heißt es, dreht sich um seine vertikale Achse wie der physische Kosmos um seine Zentralsonne. Diese Kreisbewegung wiederholt sich in der gesamten Natur als die Achsenumdrehungen der Sonnen und Planeten, das Wirbeln der chemischen Atome, in denen Elektronen und andere Teilchen auf Planetenbahnen ihren Kern umkreisen. Außerdem bewegen sich Sonnensysteme, sowohl einzeln als auch in Gruppierungen, mitsamt ihren Planeten auf Umlaufbahnen um Zentralsonnen durch den Weltraum.

Diese axialen und orbitalen Bewegungen von Sternen, Planeten und Atomen sind physische Manifestationen des Umlaufs um die zentrale Geistige Sonne an der Nabe oder im Mittelpunkt des sechsarmigen kosmischen Feuerkreuzes der drei Dimensionen, dessen zweidimensionales Symbol die Swastika (das vedische Hakenkreuz) ist. Die Swastika ist ein gleicharmiges Kreuz, von dessen Hauptarmen im rechten Winkel kurze Nebenarme abstehen. Diese Haken, wie sie auch genannt werden, symbolisieren die Flammen und Funken, die nach hinten davonstieben, während das feurige Fohat-Kreuz[47] sich während eines Schöpfungstages lang beständig um sich selber dreht.

Wirbel, kosmische, nebuläre, stellare, solare, planetare und atomare, Wirbelwinde im Weltraum, Malströme in der Materie – und vielleicht sogar die Chakras bei Tieren und Menschen – werden durch diese große Kreisbewegung des kosmischen Kreuzes des Schöpfungsfeuers hervor-

---

[47] *Fohat*: Tibetisch für die konstruktive Kraft der Kosmischen Elektrizität, die in positive und negative Elektrizität polarisiert ist.

gerufen. „Fohat", so sagt man, „gräbt sieben Löcher durch den Weltraum."[48] Aber Fohat ist nicht nur elektrische Energie. Es ist mit Intelligenz begabt. Es ist tatsächlich ein Wesen, auch wenn der Mensch sich das nicht vorzustellen vermag, ein Erzengel des Feuers, ein wahrhaft göttliches Wesen. Der vertikale Abstieg der Feuerkraft, das horizontale Ausstrahlen in die vier Abschnitte des sphärischen Feldes, die Drehbewegung des daraus entstehenden Kreuzes, die Bildung von Wirbelzentren in seinem Zentrum und entlang seiner Arme sowie Entstehung und Verdichtung von Universen und dessen, was in ihnen ist, in Kreuzform und Wirbelmustern – all dies schaffen die so genannten *Sieben Söhne* (und Brüder) *Fohats*, die großen Devas der sechs Richtungen des Weltraums, die Kosmokratoren, die Erzengel des Antlitzes, die Sephiroth.

Die kosmische Kreuzigung

Der Siebte, die Synthese, der Kosmische Logos, die Geistige Sonne, der Christos, durch den alles geschaffen wurde, thront in der Mitte. An sie ist Er während des ganzen Manvantara freiwillig gekreuzigt, nicht in Agonie und Tod unter Strömen von Schweiß und Blut, sondern in schöpferischer Ekstase und unter ständig ausströmender Kraft und Leben. Die Mächtigen Vier, die Cherubim, die zugleich die Schreiber des Geschehens der darauffolgenden Nächte und Tage bis hinein in die winzigsten Begebenheiten auch noch des kleinsten Lebens sind, die Lipika oder die Erzengel von Zeit und Gesetz, sind an den äußeren Punkten der horizontalen Arme stationiert. Diese vier kosmischen Wesen an den Armen des horizontalen Kreuzes sind die Meister-Mathematiker, welche die unfassbare Komplexität des sich ständig verändernden und stets weiter anwachsenden Netzwerks des Karma aller Universen, Planeten und Wesen verstehen. Da Vertreter dieser Karma-Engel das karmische Gesetz hier auf Erden umsetzen, um jedem Individuum die größtmöglichen Fortschritte zu ermöglichen und strikteste Gerechtigkeit angedeihen zu lassen, sind auch sie und ihre planetarischen Helfer, die Karma-Devas, zu den Engel-Hierarchien unserer Erde zu zählen.

---

[48] Siehe H. P. Blavatsky, *Die Geheimlehre*, Band I, Adyar Edition

Engel der Nationen[49]

Der ganzen Menschheit steht eine hoher Erzengel vor, der beständig einen vergeistigenden Einfluss auf das höhere Selbst aller Menschen ausübt. Dieser Erzengel vereinigt sich auf der Ebene des geistigen Willens oder des Atma mit jedem einzelnen menschlichen Ego und verstärkt für es den Einfluss seiner Monade und ihres Strahls, indem er ihm seine eigene weit höher entwickelte Atma-Kraft leiht. Das Maß der Verstärkung und die Reaktion des Menschen darauf variiert in der Evolution entsprechend der jeweiligen Qualität einzelner Zyklen. Dennoch darf angenommen werden, dass dieser Dienst während der gesamten Weltenperiode[50], die, in den Begriffen physischer Zeit gesprochen, mindestens fünfzig Millionen Jahre währen soll, ununterbrochen anhält.

Ähnlich regiert über jede existierende Nation ein Nationenengel oder Erzengel-Herrscher. Diese hohe Intelligenz ist eher mit dem Ego aller Angehörigen dieser Nation verbunden. Er vereinigt sich mit jedem Ego und stärkt beständig dessen geistige Kraft und geistiges Leben. Gelegentlich sendet er auch einen Impuls bis hinab in die Persönlichkeit, damit sie so handelt, dass sie bestmöglich auf die Erfüllung des Dharma[51] und die Entwicklung zum vollkommenen Menschen hinwirkt.

Nationenengel lassen sich unter zwei Gesichtspunkten betrachten. Unter einem Aspekt kann man sie als Mitglied eines der oberen Ränge der Engel-Hierarchie verstehen, denen diese hohe Aufgabe zugewiesen wurde. In dieser Eigenschaft wirken sie weitgehend von der Ebene des geistigen Willens, von woher sie vollständige Kenntnis vom Karma und Dharma[52] ihrer Nation und von der idealen Entwicklung erlangen, zu

---

[49] Das mit dieser Überschrift angesprochene Thema habe ich zum Teil bereits in meinem Buch *The Coming of the Angels* behandelt.
[50] Die Zeit, in der die sieben Menschheiten nacheinander in einer Runde einen Planeten besetzen. Siehe Arthur E. Powell, *The Solar System*
[51] *Dharma*: Sanskrit für Pflicht, Aufgabe, Schicksal, rechtes Erfüllen, allgemeiner Beitrag und Platz im Plan des Lebens.
[52] Die widrige oder begünstigende Reaktion auf das Verhalten. Schlechte Behandlung indigener Völker in kolonisierten Ländern zum Beispiel schafft ungünstiges Karma, wohingegen Hilfe für bedürftige Völker günstiges Karma bewirkt. Da beides erzieherische Wirkung hat, ist am Ende jedes Karma förderlich.

der ihr Volk hinzuführen Teil ihrer Aufgabe ist. Ihre Arbeit besteht darin, die Entwicklung ihrer Nation voranzutreiben und ihre Führer dazu anzuregen, dass sie Entscheidungen treffen, die zur Erfüllung des nationalen Dharma beitragen. Sie versuchen, die Folgen von Fehlern zu minimieren und einen lenkenden Einfluss auszuüben, damit die Nation nicht übermäßig weit von diesem Weg abweicht, der sie ihrem höchsten Schicksal entgegen führt, oder den ihr zugewiesenen Platz in der Völkerfamilie nicht einnehmen kann.

Wie bereits erwähnt, gibt es über den Engeln der Nationen ein noch höheres Wesen, das der gesamten Menschheit auf diesem Planeten auf ähnliche Weise dient wie der Engel seiner jeweiligen Nation. Diesem Beauftragten übergeordnet sind wiederum aller Wahrscheinlichkeit nach interplanetarische Engel, die der gesamten Menschheit in einer Planetarischen Runde bzw. einer Kette oder einem Plan[53] dienen. Zweifellos ist dieses hierarchische System so umfassend, dass es Sonnensysteme, ja Universen mit einschließt, die alle miteinander durch Engelwesen von immer größerer Geisteskraft verbunden sind.

Eine in gewisser Hinsicht ähnliche hierarchische Methode scheinen diejenigen fortgeschrittenen Mitglieder der Menschheit zu nutzen, die sich zur Großen Weißen Bruderschaft der Adepten[54] zusammengeschlossen haben, welche die Menschheit seit Jahrhunderten behütet und leitet. Es gibt Adepten, die für die Entwicklung einzelner Nationen verantwortlich sind, noch höhere Vertreter, in deren Zuständigkeit Kontinente fallen und über ihnen jener große planetarischen Adept, der Herrscher, der Geistige König und irdische Repräsentant des Solaren Logos. Der Zweig der Menschen und der Zweig der Engel dieser Inneren Regierung der Welt arbeiten in vollständiger und vollkommener Kooperation. Wenn sich in der Zukunft höhere Bewusstseinsordnungen entfalten und sich ein breiteres Spektrum an Sinneswahrnehmungen

---

[53] Der esoterischen Lehre zufolge besteht das Sonnensystem aus Planetenplänen, von denen jeder sich wiederum aus sieben aufeinanderfolgenden Ketten feinstofflicher und physischer Globen zusammensetzt. Jede Kette besteht aus sieben Runden, während derer jeweils der Lebensstrom, der die sich entwickelnden Wesen mit sich führt, einmal um die sieben Globen reist. Die Zeit, die er in einem der sieben Globen verweilt, ist eine Weltenperiode. Siehe A. E. Powell, *The Solar System*
[54] Siehe *Die Meister und der Pfad*, C. W. Leadbeater, Grafing 2003

entwickelt, werden die Mitglieder menschlicher Regierungen, denen die religiöse, politische und kulturelle Entwicklung einer Nation obliegt, zweifellos bewusst mit ihren geistigen Vorgesetzten in den Hierarchien der Menschen wie der Engel zusammenarbeiten. Dann endlich wird die Erde in das ersehnte Goldene Zeitalter eintreten.

Um aber zu den Zuständigen unserer heutigen Zeit zurückzukehren, können wir uns den Menschheits-Engel als einen Weber vorstellen, der als seine Fäden die nationalen Eigenheiten, das Dharma und das Karma der Nationen dieser Welt verwendet und sie im Lauf der Jahrhunderte zu dem Muster verwebt, das die Nationen nach dem Plan, der im Universalen Geist liegt, herausbilden. Mit seinem Weben führt er zugleich alle Rassen zusammen und trägt damit zur Errichtung der Bruderschaft aller Menschen auf der Erde bei. Trotz seiner großen Macht und seiner vollkommenen Erkenntnis des Göttlichen Plans versucht er weder, den Menschen seinen Willen aufzuzwingen, noch sich dem kollektiven Willen einer Nation entgegenzustellen, wie sehr der zu einer bestimmten Zeit auch irregeleitet sein mag. Der Mensch muss durch seine eigenen Erfahrungen und das sich in ihm entfaltende Leben wachsen.

Der andere Aspekt, unter dem man einen Engel der Nationen betrachten kann, ist schwieriger zu verstehen und zu erklären, denn er bezieht sich auf abstrakte Bewusstseinsebenen. Zusätzlich zum Leben und Wirken des Engels als Individuum ist er auch die Summe des gesamten Bewusstseins einer Nation. Die Millionen Egos, die in einer Nation inkarniert sind, um die Überseele dieser Nation zu bilden, sind in ihm vereint. Die drei Aspekte des Lebens einer Nation, das nationale Karma, das nationale Dharma und das nationale Bewusstsein, begegnen einander im Nationenengel und finden in ihm ihren gemeinsamen Ausdruck.

Unter der Aufsicht der Herren des Karma werden dem Nationenengel ein gewisser Spielraum und bestimmte Eingriffsmöglichkeiten beim Aufarbeiten des Karma einer Nation gewährt. Er kann es verdichten, so dass bestimmte Abschnitte sehr rasch aufgelöst werden können, oder er kann es über einen langen Zeitraum strecken. Er weiß vollständig darüber Bescheid, wie viele Widrigkeiten seine Nation erdulden, wie viel ungünstiges Karma sie also tragen kann, ohne dass sich dadurch ihre Entwicklung entscheidend verzögert. Außerdem kann er günstiges und ungünstiges Karma seiner Nation gegeneinander aufwiegen und den augenblicklichen Zustand durch Einbeziehen von früherem Karma modifizieren.

Diesen Dienst vollbringt der Engel mit Blick auf die Zukunft und die Erfüllung des nationalen Dharma. Er verwendet dazu nicht nur seine eigenen Kräfte, sondern nutzt auch die Fähigkeiten und Eigenheiten der Nation, um sie zur Erfüllung ihrer höchsten Bestimmung zu führen. Im Reich des Ego-Bewusstseins kann er zu gegebener Zeit typische Eigenschaften einer Nation noch verstärken, so dass die Nation, wenn sie denn darauf reagiert, einen bestimmten Kurs einschlägt. Stellt man sich vor, die Kräfte und Eigenschaften einer Nation würden als Farben sichtbar, dann könnte man sagen, er sorgt dafür, dass eine bestimmte Farbe oder eine Farbgruppe zu bestimmten Zeiten im Bewusstsein der Nation durch besondere Leuchtkraft hervorsticht.

Dies sind, zu einem kleinen Teil, Wesen und Wirken eines Engel-Herrschers. Die esoterische Wissenschaft schreibt der Göttin Pallas Athene mindestens bis zum Ende des Goldenen Zeitalters das Amt der Erzengel-Herrscherin über die griechische Nation zu.

Engel als Erbauer der menschlichen Gestalt

Jeder Mensch steht gelegentlich unter der Fürsorge eines Mitglieds einer Ordnung der Engel-Heerscharen. Jeder Zyklus menschlicher Wiedergeburt untersteht einem Mitglied jener Ordnungen der Engel, die dem Menschen besonders verbunden sind. Wie bereits in Teil I, Kapitel 4 erwähnt, wird jedem menschlichen Ego bei jeder einzelnen Wiedergeburt die besondere Hilfe der Engel zuteil, die für die Konstruktion mentaler, astrale, ätherischer und physischer Formen zuständig sind. Diese Engel arbeiten zum Teil nach Anweisung der Vertreter der Herren des Karma. Die Entscheidung über Zeit, Kontinent, Nation, Religion, Eltern, Umgebung und Möglichkeiten, Geschlecht, Typus, körperlicher Verfassung sowie des Grades tatsächlicher oder potenzieller Gesundheit oder Krankheit treffen diese herrschenden Intelligenzen und ihre entsprechenden Vertreter unter den Adepten gemäß dem großen Gesetz des Lebens. Die verschiedenen Karma-Aspekte des inkarnierenden

Egos selbst, seiner Geburtsnation, der Mitglieder der Gruppen, denen er oder sie sich anschließen wird, der ganzen Familie und des künftigen Ehemannes oder der Ehefrau und ihrer Kinder werden in vollem Umfang berücksichtigt. Der innere Rhythmus der Monade, die höchste Bestimmung entsprechend ihrem Temperament oder Strahl, das frühere Karma sowie die unmittelbar bevorstehenden wie auch die in fernerer Zukunft liegenden Aufgaben, dies alles wird in Betracht gezogen und daraus mit unfehlbarer Gerechtigkeit unter den gegebenen karmischen Umständen die günstigste Entscheidung getroffen.

Da die Zahl der Monaden, die die Erde als planetarisches Entwicklungsfeld benutzen, auf sechzig Milliarden geschätzt wird und da allen, die im Augenblick das Menschenreich durchschreiten, dieser Dienst zuteil wird, werden auch die Engel jener Ordnung, die für den Abstieg des Menschen in die Inkarnation zuständig sind, in die Berechnung der Engelscharen unseres Planeten einbezogen. Die Aufgabe dieser Wesen wird in dem oben erwähnten Kapitel in Teilen beschrieben.

Engel der Religionen

Jede große Weltreligion hat ihren Erzengel und Engel-Ministranten, die von hohen planetarischen Vertretern unter den Adepten und Erzengeln ernannt werden. Die höchsten Erzengel der Religionen herrschen über das Reservoir an geistiger Kraft, das jeder Weltreligion zugeschrieben ist. Sie bewahren diese Kraft und stellen sie zur Verfügung, wenn sie angerufen wird, um so höchste Effektivität zu erreichen. Jeder wahrhaft geweihte Tempel, jede Moschee, Kathedrale, Abtei, Kirche und Kapelle steht unter der Leitung eines Engels einer der jeweilgen Weltreligionen. Sie bewahren sowohl die Kraft, die dem betreffenden Gebäude zugeteilt wurde, als auch diejenige, die bei der Weihezeremonie entstand. Außerdem nehmen sie die aufsteigenden Ströme von geistigem Bemühen und Anbetung der Menschen sowie die Macht, Kraft und Hingabe, die bei den Zeremonien erweckt wird, auf und leiten sie weiter. Darüber hinaus übermitteln sie mit der absteigenden Kraft aus dem Reservoir die Antworten der Gottheit, des Weltenlehrers, der Heerscharen der Engel und der Angehörigen der Gemeinschaft der Heiligen.

Dem höchsten Lehrer der Engel und Menschen, im Osten der Bodhisattva, im Westen der Christus genannt, unterstehen, so heißt es, große Gruppen von Erzengeln und Engeln, denen es eine beständige Freude ist, Ihm zu dienen. In seinem immerwährenden Dienst an der ganzen Menschheit und an den Angehörigen der Engelreiche und der Reiche unterhalb des Menschen sendet er, je nach deren Bedürfnis, mächtige Ströme der Kraft, der Weisheit, des Segens, der Inspiration, der Heilung und der Liebe aus. Er beschäftigt Heerscharen von Engeln damit, diesen Ausdruck seines liebevollen Mitgefühls für alles, was lebt, zu bewahren, zu lenken und einzusetzen.

Engel nehmen auch an Gebetsgottesdiensten teil, und etliche sieht man sogar ehrfurchtsvoll in der Strahlung schweben, welche die geweihten Elemente umgibt. Die Feier der Eucharistie untersteht einem erhabenen Engel, zuweilen als der *Engel der Eucharistie* bezeichnet. Im Augenblick der Weihehandlung steigt ein glorreiches Engelwesen, das dem Christus ähnlich ist, der *Engel der Gegenwart Christi*, als Sein Vertreter in Engelsgestalt zum Altar hernieder. Sobald beim Singen der einleitenden Worte Bezug genommen wird auf die Neun Ordnungen der Engel, die die christliche Engelskunde kennt und die nichts anderes sind als die Sephiroth-Engel, reagiert ein Vertreter jeder Ordnung auf die Anrufung und spendet dem Priester und seinen Gehilfen, der Gemeinde, der Kirche und der ganzen Umgebung die Kraft, das Licht und den Segen seiner Ordnung.[55]

Auch andere Weltreligionen erfahren gleichermaßen die Hilfe ihnen zugewiesener Ordnungen der Engel-Heerscharen. Das berühmte Gayatri-Mantra[56] der Hindus ruft Sonnenkraft herab und bietet den Erzengeln und besonders den der Sonne zugeordneten Engeln[57] die Möglichkeit zum Dienst am Menschen.

---

[55] Eine vollständigere Beschreibung des Dienstes der Engel in der christlichen Kirche findet sich in *The Science of the Sacraments* von C. W. Leadbeater und *The Inner Side of Church Worship* vom Verfasser.

[56] *Mantra*: Rhythmische Anordnung von Klängen, im Allgemeinen Sanskrit-Silben, die, wenn sie richtig intoniert werden, große Kräfte schaffen und freisetzen, zum Beispiel die heilige Silbe OM und der mystische Satz Om mani padme hum, Amen, Kyrie Eleison sowie einige griechische und lateinische Wörter und Sätze.

[57] Siehe G. S. Arundale, *The Lotus Fire*

Auch alle übrigen gültigen (d. h. esoterisch wirksamen und von Vertretern der Adepten und der Erzengel akzeptierten) zeremoniellen Orden in der ganzen Welt, besonders jene, die, wie die der Freimaurer, ihren Ursprung in den niederen und höheren Mysterien haben und diese bis heute wiedergeben, erfahren den Segen, die Anwesenheit und die Mitwirkung der Engel und Erzengel.

Engel der Gruppenseelen

Das sich entwickelnde bewusste Leben des Tier-, Pflanzen, Mineral- und Elementalreiches der Natur steht, wie bereits erwähnt, unter der Leitung entsprechender Engel-Ordnungen. Dieses Leben ist nicht individualisiert, wie das beim Menschenreich der Fall ist, in dem jedes menschliche Wesen ein vollkommen seiner selbst bewusstes, verantwortungsbegabtes Individuum ist.[58] Weite Regionen der Erde mit ihrem Gehalt an Mineralien, eine Vielzahl von Bäumen, Pflanzen und Insekten sowie eine kleinere Anzahl anderer Tiere und Vögel sind die physischen Träger eines bestimmten, beseelenden Lebens, das man eine Gruppenseele nennt. Die Evolution der Gruppenseelen erreicht ihren Höhepunkt im Tierreich, in dem die Anzahl der physischen Vertreter immer kleiner wird, bis zuletzt der Vorgang der Individualisierung – im Allgemeinen bei einem Haustier – eintritt und eine Menschenseele geboren wird. Diese sich über Äonen hinziehende Entfaltung und Entwicklung wird beständig von Engeln überwacht und gefördert. Zu diesen Engeln gehören auch diejenigen, die den Vorgang der Teilung der Tier-Gruppenseele in einzelne menschliche Wesen steuern.[59]

Das Reich der Insekten

Es gibt eine Ordnung der Engel, die sich über den Natur-Zweig der Insekten entwickelt hat. Der Universale Geist enthält die Idee aller möglichen Arten und Formen der Manifestation. Zur Ur-Idee, zu ihrem Archetypen gehört auch das Reich der Insekten in seiner immensen

[58] Siehe *Eine Studie über das Bewusstsein*, Annie Besant, Grafing 2004
[59] Siehe A. E. Powell, *Der Kausalkörper*, Grafing 2003

Vielfalt. Monaden entwickeln sich über dieses Reich, um schließlich Solare und Kosmische Erzengel zu werden, die – wenn auch nicht ausschließlich – mit diesem Schöpfungsstrahl verbunden sind.

Wem diese Vorstellung angesichts der Tatsache, dass bestimmte Insekten für den Menschen schädlich sind, seltsam vorkommt, dem sei gesagt, dass Parasitismus zum Beispiel nur dann abscheulich ist, wenn der Wirt das Ungleichgewicht spürt, das der Parasit hervorruft. Die nach Ansicht des Menschen am meisten abzulehnenden Arten, nämlich die krankheitsübertragenden und die blutsaugenden, sind in Wirklichkeit nicht abstoßender als alle anderen Parasiten auch. Da Parasitismus das Prinzip ist, dank dessen das menschliche Leben erhalten wird, kann man logischerweise keinen einzelnen Parasiten verdammen, so sehr man sich auch vor seiner verheerenden Wirkung hüten muss. Die den harmloseren und schöneren Mitgliedern des Insektenreiches innewohnende Göttlichkeit ist leichter zu erkennen als die derjenigen, die dem Menschen hässlich und schädlich erscheinen. Für viele bemisst sich die Daseinsberechtigung der Libelle, des Falters und des Schmetterlings nach ihrer Schönheit.

Wie die Monaden, die durch andere Facetten der göttlichen Idee manifest werden, werden auch sie durch ihre „älteren Geschwister" in der Entwicklung behütet und unterstützt und finden, sobald ihre Strahlen zum ersten Mal auf die physische Welt treffen, ihre Verkörperung als Tausende winziger Insekten. Von diesem Augenblick an sind sie während ihrer gesamten Reise nach oben, die darin gipfelt, dass sie, auf einem der Sieben Strahlen, in die das Reich der Insekten, wie alle anderen Reiche auch, unterteilt werden kann, ein vollkommenes göttliches Wesen werden, Gegenstand des Dienstes ihrer „älteren Geschwister". Sie durchlaufen ihre physische Existenz und erreichen alles, was von ihnen gewünscht wird, durch das Durchschreiten dieses Reiches als Schmetterlinge, Bienen, Käfer, Ameisen oder andere führende Beispiele der verschiedenen Typen des Insektenstrahls. Schließlich schreiten sie weiter in die feinstofflichen Welten, durch die sie zunächst als Naturgeister, dann als Rupa-[60] und Arupa-Devas bis zu den Höhen der Erzengel und darüber hinaus aufsteigen. Monaden, die das Insektenreich durchschreiten und die Gestalt, die sie beseelen, sind daher ebenso bedeutend wie alle anderen Manifestationen, Facetten, Spielarten und

Formen der göttlichen Existenz. Ihren Strahlen, ihren Ordnungen und deren Arten stehen Erzengel und Engel vor, die nicht nur das innewohnende Leben hüten, sondern die Insektengestalt auch bewahren und zu größerer Schönheit ausbilden. Ihre Gegenwart als Hüter und Beschützer regt den natürlichen Instinkt der zahlreichen Arten dazu an, solche körperlichen Eigenschaften und Gewohnheiten zu entwickeln, durch welche die Erhaltung der Art gesichert, die Stadien der Trächtigkeit erfolgreich durchlaufen, Nahrung gefunden, die Paarung vollzogen und Eier abgelegt werden können.

Der Masseninstinkt oder das Artengedächtnis, das jede Lebensform dazu bringt, die für sie geeignetste Lebensweise herauszubilden, wird angeregt und gelenkt von den Beschützer-Engeln des Insektenreiches der Natur. In einigen Fällen haben sich diese in früheren Manvantaras selbst über das Insektenreich entwickelt und wissen daher sehr gut, wie dieses Reich funktioniert und was es benötigt. So zart ihre Gestalt auch sein mag, solche Engel sind Verkörperungen jenes Aspekts des Einen Geistes, der sich im und durch die Welt der Insekten ausdrückt und ausdehnt. Der all-beschützende mütterliche Geist sorgt für seine Nachkommen in jedem Reich, zum einen Teil indem er es in seine schützenden und leitenden Gedanken mit einschließt und zum anderen Teil durch den Dienst bestimmter Ordnungen der Engel-Heerscharen. Die Gruppenseelen der Insekten wie auch der Vögel, die sich in einer sehr großen Anzahl von Formen verkörpern, stehen alle unter der Leitung höherer Beauftragter unter den Engeln, die wiederum von niedrigeren Angehörigen ihrer Ordnung unterstützt werden. Unter diesem Schutz und dieser Leitung entwickelt sich auch das Insektenreich zu höheren Stufen, schöneren Formen und größerer Intelligenz.

Zu welcher Entwicklung dieser Prozess in Zukunft führt, können wir nur vermuten. So gibt es in der esoterischen Literatur zum Beispiel Hinweise darauf, dass Geist und Gestalt der Insekten einen so hohen Grad der Entwicklung erreichen könnten, dass Individualisierung ein-

---

[60] *Rupa, arupa*: Sanskrit für *formhaft* und *formlos* in Bezug auf die Ebenen unmittelbar unter bzw. über der vierten Unterebene der Mentalebene. In ersterer wiegt die Neigung, eine Form anzunehmen, schwerer als der Rhythmus, wohingegen in letzterer der Rhythmus oder der freie Fluss des Lebens überwiegt. Engel der Rupa-Ebenen stellen für das menschliche Bewusstsein die Idee der körperhaften Form deutlicher dar als jene der Arupa-Ebenen.

tritt und die weitere Entwicklung in dieser Gestalt fortgesetzt werden kann. Heute geschieht dies beim Aufstieg vom Reich des Menschen in das des Übermenschen, bei dem dieselbe physische Gestalt verwendet wird, wenn man sie beibehält oder dieselbe Gestaltart angenommen wird, wenn man eine neue annimmt. Die Vorstellung, dass ein Insekt, ein Schmetterling, eine Ameise, eine Biene oder ein Käfer so groß und so intelligent sein könnte, wie der moderne Mensch sich begreift, mag zugegebenermaßen zunächst fantastisch erscheinen. Wenn man jedoch von der fortgesetzten Kontinuität der Evolutionsprozesse, wie sie in der gesamten Natur zu beobachten ist, und von der Existenz des Universellen Geistes sowie seiner Verkörperungen in Engelsgestalt ausgeht, dann erscheint diese Vermutung zumindest nicht unlogisch.

Beelzebub, der fälschlich so genannte *Herr der Fliegen*[61], könnte als Feind einer Menschheit verstanden werden, die unter einer bestimmten Klasse von Insekten leidet. Denkt man ihn sich aber als den Herrn der Skarabäen[62] oder sogar des gesamten Insektenlebens, so ist Beelzebub – so verstanden – eher göttlich als satanisch. Zuweilen muss man sich von bestimmten festgefügten Vorstellungen lösen, um die Wahrheit annehmen zu können. Das gilt insbesondere für die volkstümlichen Vorstellungen von Satan, Moloch und Beelzebub als Lenker von Vorgängen und Herren von Geschöpfen, die dem Menschen als böse erscheinen; denn die involutionären Vorgänge, die solche Phantasiegestalten zum Teil personifizieren, sind genau so wichtig wie der Evolutionsprozess, für den sie vorbereitend wirken. Bienen sammeln Honig und ernähren so den Menschen. Bienen stechen zu ihrem Selbstschutz; ihr Stich ist schmerzhaft und kann für den Menschen tödlich sein, deshalb sollten sie aber nicht als an sich böse gelten.

Ein Deva des Bienenreiches[63]

Meine Beobachtungen haben in mir den Glauben an behütende und leitende Schutzengel der Bienen geweckt. Eines Tages nahm ich bei

---

[61] Siehe *Umgekehrte Sephira und das Problem des Bösen*, Teil III, Kapitel 5
[62] eine kabbalistische Vorstellung
[63] Vgl.: *The Coming of the Angels*

der Beobachtung einiger Bienenstöcke einen sehr hohen Engel von der Ebene des abstrakten Denkens wahr, dessen Aura die typischen Farben des Bienenkörpers zeigte, in Intensität und Feinheit von Licht und Farbe allerdings auf die höhere mentale Ebene sublimiert. Diese Intelligenz war anscheinend der Gehilfe eines Erzengels, der Leben, Bewusstsein, Gestalt und Evolution aller Bienen auf diesem Planeten vorsteht. Meine Notizen von damals besagen, dass eine ganze Engel-Hierarchie unter diesem Erzengel dient und auf der ätherischen Ebene von den Erbauern der physischen Bienengestalt unter den Naturgeistern vertreten wird. Solch ein Engel war mit den Bienenstöcken verbunden, bei denen diese Beobachtung stattfand, und wahrscheinlich gibt es bei jedem aktiven Bienenstock einen solchen Engel. Diese Engel ähneln in Temperament und Erscheinung stark anderen, die ebenfalls mit den Reichen der Natur verbunden sind. In ihrer Aura dominieren jedoch Gelb, Gold und Dunkelbraun-Töne. Die Evolution der Bienen ist ihnen sehr wichtig, und ihre Aufgabe bei Leitung, Überwachung und Beschleunigung der Bewusstseinsentwicklung der Bienen nehmen sie sehr ernst, doch zugleich erfüllt sie diese mit großer Freude. Sie stehen in ständigem Kontakt mit ihren Vorgesetzten und über sie auch mit dem planetarischen Erzengel oder höchsten Herren der Bienen.

Astral erscheint die Bienenkönigin in einem Stock als strahlend goldenes Licht- und Farbzentrum in der leuchtenden Aura des Stocks. Sie strahlt darin als deren Kern und ist in physischer wie in feinstofflicher Hinsicht ein Zentrum des Lebens. Durch sie fließen beständig Energien in die Gruppenseele des Stocks. Diese bestehen aus Lebenskräften und bestimmten elektromagnetischen Schöpfungsenergien, deren Zentrum oder Brennpunkt im Stock die Königin ist. Diese Kräfte strömen in kleinsten Wellen vom Zentrum nach außen, und diese unaufhörliche Bewegung bringt einen feinstofflichen Klang hervor, der dem Summen der Bienen nicht unähnlich ist. Die Form der Aura des Stocks und des Bienenvolkes ist die des guten alten Bienenkorbs aus Stroh, also eine nach oben schmaler werdende Kuppel mit flachem Boden. Dem seherischen Blick erscheint jede Biene als Lichtfleck oder Lichtpunkt, wobei die Aura der Königin größer und heller ist als die der anderen Bienen.

Der Engel scheint insbesondere für diejenigen unter seinen Schutzbefohlenen zu wirken, die sich im Zustand der Larve befinden. In diesem Stadium hat er für sie eine klar umrissene beschützende und lenkende Funktion, fast als wären die Bienen auf diesem Planeten noch nicht so recht in der Lage, diese Wachstumsprozesse nach dem Schlüpfen selbstständig und ohne Hilfe zu durchlaufen. Der Engel beeinflusst außerdem Auswahl, Ernährung und Entwicklung der Königin und stellt die notwendigen Verbindungen zwischen den permanenten Atomen, der Bienen-Überseele und der ausgewählten Königin her.

Das Bewusstsein der Biene ist ein instinktives, und die vielen Beweise für ein geordnetes Gemeinschaftsleben im Bienenvolk rühren vom hohen Entwicklungsstand dieses Instinkts her und nicht von etwaiger Intelligenz. Auch hier ist die Arbeit des Engels von beträchtlicher Bedeutung, wenn er die Instinkte der verschiedenen Gruppen im Volk erweckt und damit die Impulse zu bestimmten Verhaltensweisen gibt. Im Großen und Ganzen könnte man sagen, dass die Königin das Lebenszentrum des Bienenvolkes ist und der Engel die leitende Intelligenz. Er vereint seinen Geist mit dem Gruppenbewusstsein des Volkes und ist bis zu einem gewissen Grad darin gefangen. Dieser Begrenzung unterwirft er sich um des Dienstes willen, den er so erbringen kann. Außerhalb des Bienenstockes hat er jedoch ein gewisses Maß an Bewusstseinsfreiheit, auch wenn er ihm auf emotionaler und mentaler Ebene dauerhaft verbunden scheint, als bedeutete sein vollständiger Rückzug das Fehlen jeglicher Kontrolle und demzufolge Unordnung im Volk. In dieser empfindet er keinerlei Gefühl der Ordnung, im Gegenteil, seine Arbeit erfüllt ihn mit Interesse und tiefer Befriedigung, und er verspürt die Freude des Handwerkers und des Künstlers. Der Engel ist verantwortlich für die Entwicklung des Lebens wie der Gestalt und ist glücklich in dem Wissen, dass er zu ihrer Vervollkommnung beiträgt und seine Rolle im großen Plan der Evolution ausfüllt. Wie Pflanzen und Bäume Gefühle entwickeln, so entwickelt die Biene Verstand. Die Königin steht für den aufkommenden höheren, abstrakten Verstand, die Arbeiterinnen für den niederen, konkreten Verstand und die Drohnen für das Schöpfungsprinzip. Der Schöpfungsdrang wird eher als Instinkt denn als Verlangen erlebt. Zwar existieren Gefühle, aber sie sind auf ein Minimum reduziert, als seien sie vor langer Zeit sublimiert worden.

Der Engel, dessen Rat ich suchte, ließ mich wissen, dass Versuche des Menschen zur Zusammenarbeit mit seinem Reich willkommen sind und drückte die Hoffnung aus, dass sie Vorbote des Herannahens einer Zeit seien, in der Menschen und Engel in der Bienen- wie auch in anderen Bereichen der Nutztierhaltung zusammenarbeiteten. Bienen, so sagte er, reagieren positiv auf Versuche des Menschen, sein Bewusstsein mit dem ihren zu verbinden, genau wie Pflanzen auf Bewunderung und Zuneigung reagieren, und sei es auch noch so schwach. Aber es besteht die deutliche Gefahr der Überentwicklung in der Bienenhaltung. Ihre Organisation ist erstaunlich anpassungsfähig, werden sie aber im Übermaß ausgebeutet und werden die Stöcke allzu komplex und künstlich, entsteht Schaden. Der Mensch muss das sich entwickelnde Leben in der Biene anerkennen und dieses Insekt nicht als rein mechanischen Honig-Lieferanten zum ausschließlichen Nutzen der menschlichen Interessen betrachten.

In anderen Bereichen erfüllen andere Ordnungen von Engeln und Naturgeistern ähnliche Funktionen und nutzen die Erde als Entwicklungs- und Betätigungsfeld; ich werde an späterer Stelle in diesem Buch noch einmal auf sie eingehen. Zahlreiche weitere Ordnungen der Engel wirken auf der Erde. Informationen über sie finden sich in den Schriften der Hindus und Buddhisten, der Kabbalisten und in der großen Synthese der esoterischen Wissenschaft, der *Geheimlehre* von H. P. Blavatsky.

Kapitel 3

DIE FARBENSPRACHE DER ENGEL[64]

Die Gestalt der Engel wird aus Licht geschaffen oder vielmehr aus einem zarten, selbstleuchtenden Material; denn jedes Atom ihres Körpers wie auch der Welten, in denen sie wohnen, ist ein leuchtender Lichtpartikel. Die Gestalt, derer sie sich bedienen, ähnelt nicht nur stark der unseren, sondern sie wird sogar nach demselben Modell geschaffen wie der physische Körper der Menschen. Wie bereits zuvor erwähnt und in den Abbildungen ersichtlich, erscheinen Feen und Engel deshalb im Allgemeinen als sehr schöne, ätherische und menschenähnliche Wesen. Ihr Gesicht trägt jedoch eindeutig nicht-menschliche Züge, denn es ist geprägt vom Eindruck einer dynamischen Energie, einer Lebendigkeit des Bewusstseins und des Lebens, von einer gewissen übermenschlichen Schönheit und Andersweltlichkeit, die man bei Menschen nur selten sieht.

Die Erscheinung der Engel ist für die Sehgewohnheiten des Menschen auch unter dem Aspekt der Energien und ihres beständigen Wechselspiels in ihren Körpern und durch ihre Körper hindurch sowie hinsichtlich ihrer leuchtenden Aura bemerkenswert. Man darf sie sich als Gehilfen wie auch als Ingenieure der fundamentalen Naturkräfte vorstellen. Die Kräfte, die sie lenken und leiten, strömen ständig durch sie hindurch und strahlen von ihnen aus; dabei rufen sie einen Effekt hervor, der in gewisser Weise dem Polarlicht ähnelt.

In ihrem Körper sind klar abgegrenzte Kraftzentren, Wirbel und bestimmte deutlich gezeichnete Kraftlinien erkennbar. In den Entladungen in der Aura werden klare Formen geschaffen, die zuweilen an eine Krone über dem Kopf und ausgebreitete Flügel in strahlenden, sich

---

[64] Vgl. auch: *The Coming of the Angels*

ständig verändernden Farben erinnern. Diese Aura-Schwingen werden jedoch nicht zum Fliegen benutzt, denn Engel bewegen sich mit reiner Willenskraft in anmutig fließenden Bewegungen gedankenschnell durch die Luft und benötigen keine Flughilfen. Die alten Schriftsteller und Maler, von denen einige wohl einen Blick auf sie erhaschen konnten, hielten diese fließenden Kräfte anscheinend fälschlicherweise für ihre Kleidung und ihre Flügel. Sie stellten sie deshalb als mit menschlicher Kleidung angetan dar und verliehen den Engeln in ihren Flügeln sogar Federn.

Da ihre Körper aus Licht bestehen, führt jede Veränderung im Kraftfluss auch zu einer Veränderung der Farbe. Ein Bewusstseinswandel wird sofort als Veränderung von Form und Farbe ihrer Aura sichtbar. Überströmende Liebe zum Beispiel taucht sie in ein scharlachrotes Leuchten, während zusätzlich ein starker Strom rosaroter Liebeskraft zum Objekt ihrer Zuneigung fließt. Gedankenaktivität erscheint als ein Aufströmen gelber Lichtkraft vom Kopf aus, so dass es oft so wirkt, als krönte sie ein strahlender Heiligenschein aus Licht, der mit vielen Edelsteinen besetzt ist, wobei jeder Edelstein für eine Idee steht. Vielleicht ist dies der Ursprung eines ihrer Titel im Hinduismus, wo man sie *Chitra Shikhandina* nennt, „die Strahlenumkränzten".

Alle Phänomene des Empfindens und Denkens, die wir als subjektiv bezeichnen, sind für die Engel wie auch für hellsichtige Menschen objektiv. Engel sehen also gedankliche Vorgänge, Gefühle und Bestrebungen als äußere und materielle Phänomene; denn sie leben in den Welten der Gefühle, der Gedanken, der geistigen Intuition und des geistigen Willens. Ihre „Sprache" bringt eher Farben und Formen hervor als Klang. Ihre Art der Kommunikation enthält ein System der Symbolik, wobei Symbole und Farbblitze in den feinstofflichen Welten stets als natürlicher Ausdruck der Gedanken der Engel wie der Menschen erscheinen. Das Gespür der Engel für das Einssein allen Lebens ist so lebendig, dass jeder ihrer Gedanken einen Aspekt dieser fundamentalen Wahrheit des Einsseins ausdrückt. Dies verleiht ihren Farbgesprächen eine Tiefe und Schönheit, die beim herkömmlichen Gedankenaustausch der Menschen nicht vorhanden ist. Sie sind unfähig zu sinnlosen oder unwahren Vorstellungen oder zu Ideen, denen in gewissem Maß jeder Ausdruck inhärenter Göttlichkeit fehlt, derer sie sich doch stets bewusst sind und die alle ihre Gedanken und Taten erleuchtet und inspiriert. In dieser Hinsicht ähnelt ihre Farbsprache in gewisser Weise dem alten Senzar, in dem jeder Buchstabe und jede Silbe Ausdruck einer Grundwahrheit sind. Anders aber als jene uralte Priestersprache – Produkt zutiefst inspirierter Geister – ist die mentale Sprache der Engel instinktiv und natürlich und verlangt ihnen bei Auswahl und Hervorbringen von Farben, Formen und Symbolen keinerlei bewusstes Bemühen ab.

Ein Engel, der mich einmal mental über sein[65] Reich unterwies, bot mir auch Beispiele für die Kommunikation der Engel und für das Wirken des Gesetzes, nach dem feinstoffliche Materie als Reaktion auf die Einwirkung von Gedanken die entsprechende Form und Farbe annimmt. Anhand der Aufzeichnungen von damals möchte ich Ihnen hier zwei dieser Lektionen wiedergeben. Ich muss jedoch vorausschicken, dass Arupa-Devas im höchsten Maße unpersönlich, unbeteiligt und ungebunden sind. Ihr Bewusstsein ist universell und einzig auf ihre Aufgaben gerichtet. Normalerweise sind sie es überhaupt nicht gewohnt, persönliche Bindungen in irgendeiner Form einzugehen. Rupa-Devas, die mit dem sich entwickelnden Leben in der Natur verbunden sind, empfinden gewöhnlich, soweit ich weiß, kein Gefühl persönlicher Liebe und drücken es demzufolge auch nicht aus. Ihr Geist ist universell, und ihr „Herz" gehört dem Einen Leben, dessen unpersönliche Verkörperung sie sind. Bestimmte Devas kann man jedoch als Inkarnation der Eigenschaften der göttlichen Liebe, des göttlichen Mitgefühls und der göttlichen Zärtlichkeit für alles, was lebt, verstehen. Sie verspüren, wenngleich auf eine stark verfeinerte und unpersönliche Weise, ein Gefühl des Einsseins miteinander und mit dem Menschen. Wie die folgenden Schilderungen zeigen, kann sich die Kraft ihrer Liebe zeitweilig auf Personen richten, aber ohne die geringste Spur von Ich-Bezogenheit und Besitzansprüchen.

Bestimmte Naturgeister an der Schwelle zur Individualisierung zum Engelwesen, besonders die dem Element Luft verbundenen Feen und Sylphen, können sich von Menschen angezogen fühlen, welche die Fähigkeit besitzen, sich bewusst in ihr Reich zu begeben und mit ihnen zu kommunizieren. Aber sie geben sich dieser Anziehung nur selten völlig hin,

---

[65] Ich möchte noch einmal wiederholen, was ich zuvor bereits gesagt habe: Das maskuline Pronomen wird hier nur des geläufigeren Gebrauchs halber verwendet, Engel sind geschlechtslos.

und wenn sie auch versuchen, das Objekt ihrer Zuneigung anzulocken, so stellen sie sich doch für gewöhnlich keine dauerhafte Beziehung vor. Eine solche enge mental-emotionale Verbindung mit einem Menschen kann ihnen helfen, ihren menschlichen Partner jedoch tief verletzen. Durch das Verschmelzen ihres mental-emotionalen Wesens mit dem eines individualisierten Menschen können sie ihre eigene Individualisierung schneller erreichen, für den Menschen endet dieses Abenteuer jedoch mit großer Wahrscheinlichkeit in geistiger Umnachtung.

Mittelalterliche Legenden, wonach Sylphen und andere Naturgeister zu ihrem eigenen Vorteil die Vereinigung mit einem Menschen anstreben und sogar physisch vollziehen, sind wahrscheinlich eher allegorisch denn historisch belegbar. Die physische Vereinigung erforderte die Materialisierung auf Seiten der Sylphe, was höchst unwahrscheinlich ist und, wenn überhaupt, dann nur sehr selten vorkommt. Wahrscheinlicher ist wohl, dass hier verschleiert auf den evolutionären Wert angespielt wird, den eine enge psychische Verbindung mit Mitgliedern der menschlichen Familie für solche Naturgeister hat.

Es gibt allerdings eine esoterische Überlieferung, wonach als Ausnahme zu jener Unpersönlichkeit, wie sie für hoch entwickelte Devas typisch ist, tatsächlich egohafte Bindungen an Menschen eingegangen und sogar so stark wurden, dass der Deva um die Erlaubnis bat – und sie auch erhielt – ins Menschenreich einzugehen, um dem geliebten Menschen nahe zu sein. Es folgt die Geburt in einem menschlichen Körper, und bei der physischen Begegnung mit dem geliebten Menschen erwacht in beiden eine tiefe, glühende Liebe. Dieses Gefühl ist so stark, dass Hindernisse in Form von Konventionen einfach umgangen werden, was nicht selten in einer Tragödie endet.

Eine Unterhaltung in Farben

Eines Tages, ich ruhte mich gerade in meinem Garten in Gloucestershire in England ein wenig aus, sah ich meinen Engel-Lehrer hoch oben in der Luft schweben und sandte ihm einen Gruß und die mentale Bitte um weitere Unterweisung über die Heerscharen der Engel. Augenblicklich „unterbrach" er seinen Flug und sank steil in den Garten hinab. Im Hinabsinken sandte er zur Antwort einen Liebesstrahl, der von seinem Herzen ausging und als leuchtend rosafarbene und scharlachrote Botschaft erschien. Diese ausströmende Liebe ähnelte einer Blume, denn die Ränder der Trichterform, die sie annahm, liefen in Blütenblättern aus, und in ihrer Mitte erstrahlte eine goldene „Rose", die sich allmählich öffnete, als der Engel näher kam. Diese „Blüte" pulsierte rhythmisch, und die Kraftlinien, aus denen sie bestand, erzitterten unter seiner ausgesandten Zuneigung und Lebenskraft. Er ähnelte einem glorreichen griechischen Gott, der auf seiner Brust eine voll erblühte Rose trug. Die blütenblätterartigen Strahlen reichten weit über mich hinaus in den Raum, so dass der größte Durchmesser der „Blüte" etwa zweieinhalb Meter betrug. Über dem Kopf des Engels erstrahlte ein beständiges Spiel von Energiebändern unterschiedlicher Breite und Leuchtkraft in glänzenden Farben.

Schon bald erschien ein zweiter Engel von hauptsächlich blauer Farbe, und die beiden nahmen ein „Gespräch" miteinander auf. Während ihrer „Unterhaltung" streckten sich ihre Auren einander entgegen, berührten sich und zogen sich wieder zurück, wie die Flügel himmlischer Schmetterlinge. Sie standen ein wenig höher als die Bäume im Obstgarten, etwa fünfundzwanzig Meter auseinander. Die fließende Beschaffenheit ihrer Auren zeigte sich in der Leichtigkeit, mit der sie sie ausdehnten, um den Raum zwischen sich zu überbrücken. Sie „sprachen" mit ihrem Herzen und ihrem Verstand; denn Farben und Symbole erschienen in der emotionalen wie in der mentalen Materie ihrer Aura, zum größten Teil über ihrem Kopf. Aber sie blitzten auch zwischen ihnen auf, und dies mit einer Schnelligkeit und Brillanz, die meine Fähigkeiten zur vollständigen Wahrnehmung und wirklichkeitsgetreuen Aufzeichnung überstieg. Das Hauptthema des ersten Engels fand seinen natürlichen Ausdruck in jenem sanften, zarten Grün, das man zuweilen im Sommer bei Sonnuntergang sehen kann, wobei dieser Ton ständig sowohl in den Farbstreifen über seinem Kopf wie auch in dem Symbol erschien, das er bildete. Außerdem färbte es als Ausdruck von Sympathie und Verständnis den größten Teil seiner Aura.

Danach erschienen drei wunderschöne Formen, ähnlich vertikalen, elliptischen Jakobsmuscheln, und schwebten in der Luft über seinem

Kopf, pulsierend vor Leben und Licht. Ihre Farben reichten von Rosa über Gelb bis zu einem ins Violette spielenden Dunkelblau. Augenblicklich vergrößerten sie sich bis zur Form und Gestalt großer Fächer, trafen aufeinander und wurden zu einer einzigen großen, fächerförmigen Strahlung verflochten. Abwechselnd breiter und schmaler werdend, erhob sich der Strom fließender Kraft hoch in die Luft und verschwand sodann. Dies entlockte seinem Engelbruder eine wunderbare, strahlende Antwort, ein wahres Feuerwerk. Seine erste Antwort verwandelte den oberen Teil seiner Aura in drei Farbstreifen in den Nuancen der Muscheln; sie ergossen sich nach vorne und umarmten den ersten Engel, hielten ihn etwa zwei oder drei Sekunden lang umfangen und zogen sich danach wieder zurück. Sodann erschienen über ihm nacheinander drei stark vergrößerte fächerförmige Symbole, wobei sich jedes mit einem farbigen Lichtblitz nach oben hin auflöste. Ein strahlendes Lächeln erhellte sein Gesicht, und es war deutlich zu erkennen, dass die Bemerkung des ersten Engels in ihm eine Saite zum Klingen gebracht hatte.

Der erste Engel erklärte mir danach die Bedeutung dieses Austausches. Der blaue Engel, der als zweiter erschienen war, trug in sich etwas von den fundamentalen Kräften und Charaktereigenschaften des zweiten, fünften und siebten Strahls[66]. Sein Leben spiegelte tiefste Liebe und höchsten Intellekt, und in seinem Wirken zeigte er vollkommene Präzision des Handelns. Diese Eigenschaften entsprachen seinem Ideal der Vollkommenheit, und er war bewusst mit einem ihm vorgesetzten Erzengel verbunden, in dem diese Eigenschaften bereits vollständig entwickelt waren. In der gesamten Natur nahm er vordringlich diese drei Kräfte wahr, erspürte die Wirkung ihres Einflusses in den Mitgliedern der Menschheit und verlieh ihnen in seinem eigenen Tun Ausdruck.

Um Menschen zu helfen, würde er sich also mit ihrem Liebe-Wesen verbinden und dabei die Kraft menschlicher Liebe verstärken, indem er ihr seine eigene unpersönliche und universale Zuneigung hinzufügte. Wissenschaftlern hilft er, indem er ihre mentalen Kräfte anregt, ihre

---

[66] Vgl.: Ernest Wood, *Die Sieben Strahlen*, Grafing 2004

Fähigkeit zu hochgradiger Abstraktion verbessert und versucht, ihren Geist mit der Lösung aller Probleme zu erhellen, mit denen sie sich befassen. Er verhilft Künstlern, Schauspielern, Tänzern und Menschen, die Zeremonien leiten, zu größerer Perfektion, Anmut und Schönheit der Darstellung und zum exakten Ausdruck der Idee, aus der ihre Kunst entstand. Auf ähnliche Weise hilft er seinen Engelsgeschwistern und dem sich entwickelnden Leben in den Reichen der Natur. In all seinem Tun herrschen diese drei Eigenschaften vor, sie sind das Thema seines Lebens und die Quelle seiner Inspiration.

Mit tiefer intuitiver Sympathie erkannte der erste Engel dies und verlieh den Idealen seines Engelbruders mental in aller Fülle und Vollständigkeit, derer er fähig war, Ausdruck. So brachte er die drei muschelartigen Formen in den typischen Farben der drei Strahlen hervor. Der zweite Engel antwortete, indem er die drei hoch entwickelten Eigenschaften seines Wesens nacheinander in stark vergrößerter fächerförmiger Gestalt aufstrahlen ließ.

So lang dieser Bericht auch ausfällt, er gibt doch nur eine sehr unvollständige Schilderung des Austauschs von Gedanken und Gefühlen zwischen den Engeln wieder, der wohl nicht länger als eine Minute gedauert hatte. Auch das Wort „Strahl" kann die Vorstellung im Geist des Engels nicht angemessen wiedergeben. Er selbst würde wahrscheinlich von einem Aspekt des Göttlichen Lebens und Bewusstseins sprechen, der wie eine Flammenzunge vom feurigen Zentralherzen der Dinge ausgeht oder von einem Strom besonders gestimmter Lebensenergie, der das Universum durchdringt. Diese Vorstellungen enthielten alle drei muschelförmigen Symbole, die passende Darstellungen der zugrunde liegenden Idee sind. Die Spitze der Muschel liegt an der zentralen Kraftquelle, die sich beim Ausgießen zu einer Fächerform erweitert.

Jedes dieser Symbole bestand aus strahlenden Kraftlinien, die ich nicht zählen konnte, wenngleich auch ihre Anzahl zweifellos eine Bedeutung hatte. Während das ganze Symbol Gestalt annahm, kreuzten die Kraftlinien einander und verflochten sich zu einem breiten, sich immer weiter ausdehnenden Strom aller drei Energieformen. Dabei blieb jeder einzelne Strom jedoch jederzeit erkennbar, denn trotz der

Verflechtungen bewahrte er seine charakteristische Farbe und Form. Das Zusammenspiel dieser drei Lebensaspekte, die in und durch den zweiten Engel sowie in der Natur wirken, wurde durch diese muschelähnliche Form in idealer Weise dargestellt.

Weiter erklärte der Engel, dass es außer dieser Farbsprache auch einen direkten Ideenaustausch auf mentaler Ebene gibt. Die Farben und Symbole entstehen zum größten Teil bei diesem Austausch, wobei sie allerdings auch als Illustration und Erklärung der zentralen Idee eingesetzt werden können.

Der Tanz der Sylphen

Die luftigen Höhen über dem Bezirk Gloucestershire, in dem diese Lehren empfangen wurden, sind bevölkert mit verschiedenen Ordnungen von Naturgeistern, insbesondere mit Sylphen der unterschiedlichsten Entwicklungsgrade. Der Engel-Lehrer aus dem vorigen Abschnitt verharrte weiter in Bodennähe, richtete seine Aufmerksamkeit nach oben, streckte die Arme zum Himmel und sandte einen Ruf aus, auf den hin eine Vielzahl von Sylphen in den Garten herunterschwebte, in dem ich saß. Während ihres Abstiegs fanden sie sich zu Gruppen zusammen, und ihre miteinander verschmelzenden Auren erweckten den Eindruck lebendiger, aus Sylphen bestehender Wolkenformen, zum größten Teil rosafarben und von strahlender Leuchtkraft. Sie brachten eine Atmosphäre überschwänglicher Lebensfreude mit, wie etwa eine Gruppe größerer Kinder, die überraschend schulfrei haben, wenngleich in ihrem Fall, als der Engel sie aus ihrer Freiheit hoch in der Luft zu sich rief, damit sie der menschlichen Weiterbildung dienten, das genaue Gegenteil geschehen war.

Diese Rufe bestanden aus einem starken, hoch konzentrierten Strom von in Mentalmaterie gehüllter Willenskraft, ein Willensgedanke, ja geradezu ein mentaler „Schrei". Aus dem oberen Teil der Aura des Engels flackerte eine Reihe kleiner, nach oben gerichteter kegelartiger Formen. Sie waren größtenteils rosa, trugen aber eine stahlblaue Spitze. Jeder Kegel „traf" eine Sylphe, zog ihre Aufmerksamkeit auf sich und übermittelte einen Befehl, auf den hin die Sylphe abwärts eilte. Der Engel war ihnen in der Entwicklung so weit überlegen, dass jeder Ausdruck seines Gedankens und Willens ihnen Befehl war.

Der Engel lächelte sie an, und die Sylphen sandten ihm rosafarbene Strahlen der Liebe. Er reagierte unmittelbar auf jeden Strahl, und seine Aura war vollständig in ein rosafarbenes Licht getaucht. Er dehnte es seitlich bis in die flügelähnlichen Strahlen aus und streckte diese dann nach vorne, bis sie die Sylphen-Gruppe ganz umhüllten und noch über sie hinausragten. So wirkten die sehr lebendigen und stark leuchtenden Aura-Energien des Engels auf die Sylphen ein. Mit diesen „Aura-Flügeln" vollführte er beständig eine anmutig vor und zurück schwingende Bewegung zwischen sich und den Sylphen, wobei sich mit jedem Flügelschlag mehr Leben und Liebe in sie ergoss und sie mit weiterer Freude erfüllte, bis sie in einen Zustand völliger Verzückung gerieten.

Sie zeigten auch beachtliche gegenseitige Zuneigung; viele hatten einander die Arme um die Schultern gelegt. Als diese Begrüßung abgeschlossen war, setzte eine gemeinsame Bewegung ein, bei der sich alle auf diese Weise umfassten, bis sich die ganze Gruppe in konzentrischen Ringen zu einer Windenblüte formierte. Ein Sylphe bildete den Mittelpunkt, drei den ersten Kreis darüber, alle mit dem Gesicht nach innen, und die übrigen bildeten Ring um Ring, jeder größer als der darunter liegende, bis das Ganze in einem rosafarbenen Licht leuchtete und flackerte, innerhalb dessen die natürlichen Farben ihrer Auren wie die wechselnden Nuancen eines Opals schimmerten. Schließlich begann sich die ganze „Blüte" zu drehen, alle Sylphen bewegten sich miteinander und behielten dabei exakt die Form der Windenblüte bei. Ihre Gesichter zeigten einen freudigen Ausdruck, und ihr langes „Haar" flatterte hinter ihnen und ihren strahlenden Aura-Gewändern, die zum Ausdruck ihrer vollkommenen Einheit in Empfinden und Denken miteinander verschmolzen.

Immer schneller drehten sie sich, bis der Engel sie mit einer Geste entließ, wobei er seine rechte Hand über den Kopf hielt. Darauf erhob sich die gesamte Gruppe, sich immer weiter drehend und die Blütenform beibehaltend, hoch in den Himmel, bis sie schließlich jeden Ring zu einer Linie öffneten und diese in Gruppen zu zwei und drei Sylphen auflösten. Die Blütenform aber, die sie durch ihren Tanz in der Luft in der feinstofflichen Materie geschaffen hatten, blieb als strahlende, sich immer weiter drehende und steigende Gestalt am Himmel. Kurz danach bildeten die Sylphen, als hätten sie dies bemerkt und als sei ihnen nun etwas Neues in den Sinn gekommen, einen großen Kreis um die „Blüte" und schufen durch ihre vereinte Gedankenkraft eine sie umschließende, durchscheinende Kugel in der zartgrünen Farbe der Aura des Engellehrers. Die Kugel schloss sich nicht völlig, sondern blieb an der Spitze offen, damit sich Energieströme aus dem Inneren der Form in freiem Spiel in die Luft darüber ergießen konnten.

Die Bewegungen der Sylphen zeigten nun eine gewisse Unbekümmertheit, wirbelten sie doch mit höchster Geschwindigkeit um die Blütenform. Ihr Kopf fiel nach hinten, und ihr Körper neigte sich vom Kreis weg nach außen. Schließlich lösten sie sich schimmernd auf und sandten dem Engel Gedanken der Liebe, die sich als ein Schauer scharlachroter Kegel auf ihn ergossen. Diese drangen in seine Aura ein und erstrahlten darin eine Zeit lang in rosafarbenem Licht.

Die Blütenform war offensichtlich eine Opfergabe, und der Tanz Ausdruck ihrer Liebe, Einheit und Freude, aufgeführt zu Ehren des Engels, der sie gerufen hatte und für den sie jene die Blüte umhüllende Form in der dominierenden Farbe seiner Aura gebildet hatten. Ein Lächeln erhellte sein Gesicht, als er sich mir zum Lebewohl mit einer Geste zuwandte und schließlich verschwand.

Kapitel 4

DIE NIEDEREN DEVAS

Astrale und ätherische Formen

Auf den niederen Rängen der Leiter der Engel-Hierarchien befinden sich die Naturgeister der vier feinstofflichen Elemente Erde, Wasser, Luft und Feuer. England ist auf dem Land, wo diese Beobachtungen gemacht wurden, mit einer nahezu unendlichen Vielfalt von Bewohnern dieser vier Naturreiche gesegnet.

Meine Beobachtungen lassen vermuten, dass sich Naturgeister zweier verschiedener Formen bedienen. Die eine ist der permanente Astralkörper, die andere ein nur zeitweilig materialisierter ätherischer Körper. Die astrale Gestalt besteht aus einer runden, vielfarbigen Aura, die das zarte, aus Energie bestehende Naturwesen von innen heraus umgibt. Der ätherische Träger wird aus mindestens zwei Gründen angenommen. Der eine ist, dass der entstehende Verstand, der normalerweise seiner selbst nicht bewusst und auf eine Gruppe verteilt ist, in einem ätherischen Körper ein stärkeres Gefühl der Individualität oder Wesenhaftigkeit verspürt. Der andere ist, dass durch den engeren Kontakt mit der physischen Welt mehr Vitalität und Lebendigkeit erlangt werden, und zwar sowohl in der Zeit des Keimens der Pflanzen als auch während des Wachstums und bei ihrer vollen Entfaltung im strahlenden Sonnenschein. Diese Erlebnisse bereiten Freude. Unter diesen Bedingungen kommen die Naturgeister aus der astralen Ebene hervor in die ätherische, wo sie auch leichter sichtbar und im Allgemeinen zuerst wahrgenommen werden. Dort tanzen und spielen sie, sehen sich gegenseitig und zu einem gewissen Grad auch die Menschen, ahmen sie nach und binden sich gelegentlich an Menschen, die so sensitiv sind, dass sie auf ihre Anwesenheit reagieren und sogar mit ihnen kommunizieren.

Wenn die ätherische Gestalt angenommen wird, so unterliegt deren Form, so scheint es, mindestens drei Einflüssen. Der erste ist der des Archetypen, der im Reich der Engel wie in dem der Menschen derselbe ist. Der zweite liegt in der Ausgestaltung des Archetypen, wie sie für die Naturgeister jedes der vier Elemente Erde, Wasser, Feuer und Luft typisch ist. Variationen davon sind außerdem auf den verschiedenen Ebenen unter, auf und über der Erdoberfläche, bei unterschiedlichen Umweltbedingungen und in verschiedenen Gegenden zu beobachten.

Den dritten Einfluss üben menschliche Gewohnheiten hinsichtlich Kleidung und allgemeiner Auffassung von der Erscheinung des *Kleinen Volkes* an den verschiedenen Orten und zu den verschiedenen Zeiten aus. So haben bestimmte geschichtliche Epochen dem Reich der Naturgeister ihren Stempel aufgeprägt. Die Zwergengestalt geht offensichtlich auf die ersten physischen Bewohner des Planeten in den Tagen des alten Lemuria[67] zurück. Der Einfluss atlantischen Denkens zeigt sich bis heute in den höheren und niederen Devas der Länder Mittel- und Südamerikas, der Pazifischen Inseln und Archipele, die lange von Atlantern bewohnt wurden. Die Erscheinung anderer Naturgeister der Erde orientiert sich offensichtlich an der des mittelalterlichen europäischen Bauern; viele Kobolde sind geradezu Bauern in Miniaturausgabe. In England tragen ganze Stämme von Erdgeistern die typisch männliche Gewandung der elisabethanischen Zeit.[68] Feen nehmen häufig eine relativ moderne Erscheinung an, sogar bis hin zu ihrer „Frisur", wie auch das Foto der Feen zeigt, das die beiden Kinder in Yorkshire aufgenommen haben.[69] Manche Naturgeister kleiden sich wie ein Schmied und tragen sogar aus Gedankenkraft gefertigtes Werkzeug bei sich, andere ähneln Schustern und wieder andere ahmen menschliche Aktivitäten, Gewohnheiten und Bekleidung auf andere Weise nach.

---

[67] Als Lemuria und Atlantis werden zwei Kontinente bezeichnet, die heute im Pazifik bzw. Atlantik versunken sind. Sie waren die Heimat der dritten und vierten der sieben Menschheiten, die diesen Planeten bewohnen werden. Die heutige ist die fünfte. Die ersten beiden Menschheiten auf dem absteigenden Bogen trugen lediglich einen feinstofflichen und ätherischen Körper.
[68] Siehe E. L. Gardner, *Elfen*, Graz 1974
[69] a. a. O.

Die Gedanken des *Kleinen Volkes* wirken stark formend auf astrale und ätherische Materie. Soweit es ihre begrenzten Beobachtungsfähigkeiten zulassen, finden sie Freude daran, jene Menschen nachzuahmen, die sie sehen können, eine Kunst, die sie bis zur Perfektion beherrschen. In Nordamerika sind die Erdgeister häufig bis zur Taille nackt und tragen anscheinend Hosen aus Leder oder gewalkter Wolle, zuweilen sogar mit Fransen im Stil der nordamerikanischen Indianer. Auch ihre Auren weisen nicht selten konzentrische Farbstreifen auf, was an den Kriegskopfschmuck der Indianer aus gefärbten Adlerfedern erinnert. Unbekleidete schwarze Gnome sieht man in Südafrika und Australien (den Aborigines ähnlich), während bestimmte Erdgeister in Neuseeland eher wie kleine halb bekleidete Maori aussehen.

Alle Beschreibungen von Haar, Flügeln und Gewandung von Naturgeistern, insbesondere was hauchzarte, gespinstartige Kleidung betrifft, beziehen sich auf Verdichtungen bestimmter innerer Teile ihrer astralätherischen Aura bis zur Stufe der vierten Unterebene des Äthers. Stäbe allerdings tauchen als Machtsymbole spontan auf, es sind Formen, die der instinktive Wille der Führer gemeinschaftlicher Bewegungen der Naturgeister, die ihre Untergebenen kontrollieren und leiten, durch seine Haltung in seinem Herrschaftsbereitschaft annimmt.

Das Bewusstsein dieser Wesen arbeitet normalerweise auf der Astralebene. Begeben sie sich in einen objektiveren Ausdruck ihrer selbst, findet mehr oder weniger instinktiv ein Prozess der Bekleidung mit einer Hülle in der Materie der Ätherebene statt. Dieser gipfelt im vorübergehenden Entstehen eines von seinem astralen Schöpfer beseelten, durchdrungenen und umgebenen Ätherkörpers. Die Reproduktion als relativ festgefügte Formen von Strömungen in der Astral-Aura und die Ausbildung von Girlanden, Gürteln und Stäben als Ausdruck bestimmter Eigenschaften sind natürliche Vorgänge. Es sind, so glaube ich, Manifestationen jener Kosmischen Schöpfungsprozesse und Gesetze, durch die die äußere Natur in der Welt des Kleinen Volkes als Ausdruck DESSEN entsteht, aus dem sie kommt. Die Gestalten der Naturgeister sind zugegebenermaßen illusionär und flüchtig, aber aus der Sicht der höchsten Wahrheit verhält es sich mit dem gesamten objektiven Universum ebenso.

Dieser mikrokosmische Ausdruck makrokosmischer Kräfte und Gesetze verleiht noch den kleinsten Formen und Wesen der Natur profundes Interesse und tiefe Bedeutung. Das chemische Atom reproduziert, so wird angenommen, in ultramikroskopischer Proportion Formen und innere Bewegungen eines Sonnensystems, das selbst wiederum Manifestation noch größerer Einheiten und objektiver Ausdruck universeller numerischer und geometrischer Prinzipien ist. So haben mich daher meine Beobachtungen zu der Überzeugung geführt, dass die Gestalten von Elfen, Feen und Dryaden Ergebnis des Wirkens der Gesetze sind, auf denen der Kosmos aufbaut. Die Beschäftigung mit diesen Wesen kann den Beobachter daher von der kleinsten Wirkung zur größten Ursache führen, von der einzelnen Existenz zum allgemeinen Prinzip.

Die nun folgenden Erklärungen und Beschreibungen sind zugegebenermaßen begrenzt, sowohl an Umfang als auch an Erkenntnis, stammen sie doch aus Aufzeichnungen meiner ersten ungelenken Versuche, das Reich des *Kleinen Volkes* zu erkunden. Aus Gründen der Genauigkeit möchte ich sie jedoch fast gänzlich so einfügen, wie ich sie einmal verfasst habe, und nicht um später gewonnene Erkenntnisse erweitern. Wo eine nähere Erklärung, ja vielleicht sogar eine Entschuldigung erforderlich scheint, weil dieses Werk so viel Triviales aus dem Volksmund über das *Kleine Volk* enthält, dort möchte ich sagen, dass im Lichte größeren Wissens deutlich wird, dass das *Kleine Volk* in den geheimnisvollen Vorhaben und Vorgängen der Natur eine wichtige, wenngleich unbewusste Stellung einnimmt. Die Fähigkeit der einzelnen Zelle zu Bewegung, Atmung, Vermehrung und Nahrungsaufnahme und die ganzer Zellgruppen zu Kommunikation, Kooperation und Koordination ihres Wirkens bei der Entwicklung organischer Körper wird durch die Anwesenheit und den instinktiv lenkenden Einfluss der Naturgeister erklärlich. Amöben finden sich bekanntlich, physisch angeregt durch bestimmte chemische Substanzen, zu einem Gemeinschaftsleben zusammen. Ursprung und Funktion dieser Substanzen sowie des Mechanismus, der in der Evolution der Schleimpilze und ihrer Nachfolger auf der Evolutionsskala erkennbar wird, lässt sich aber vielleicht auf das Wirken unsichtbarer astral-ätherischer Organismen aus der Ordnung der Naturgeister der vier Elemente zurückführen.

Nichts in der Natur ist ohne Bedeutung. Das unendlich Kleine ist genauso wichtig wie das unvorstellbar Große. Dimension und offensichtliche Bedeutung im Lichte heutigen menschlichen Wissens können nicht als Maßstab für Wichtigkeit gelten. Mehr noch, da das kleinste Atom und der größte Erzengel nach denselben Gesetzen entstehen, Gestalt annehmen und sich entwickeln, kann die Beschäftigung mit dem Winzigen, scheinbar Unwichtigen zum Verständnis all dessen führen, was existiert. Aus dieser Sicht ist ein Naturgeist ebenso bedeutend wie ein großes göttliches Wesen, und wer sich die gesamte Natur zum Studiengebiet nimmt, kann sich kaum leisten, diese Verkörperungen des der Natur innewohnenden Lebens zu vernachlässigen. Vielleicht erkennt man die Naturgeister eines Tages als Bindeglieder in der Ursachenkette, durch die ein Universum gedacht, mental „benannt" und dieser „Name" oder dieses „Wort" dann ausgesprochen wird, so dass sein Klang die ursprüngliche bloße Vorstellung in all ihrer unendlichen Komplexität und Vielfalt sich entwickelnder Wesen, Arten und Formen manifest werden lässt.

Ich gebe gerne zu, dass mich auch der Gedanke bewegt hat, dass Leser im zarten Alter – ja, selbst solche, denen erst vorgelesen wird – in diesen Schilderungen viel Unterhaltsames finden und sie ihnen vielleicht später einen einfachen Zugang zu einer tiefergehenden Beschäftigung mit dem Reich der Devas eröffnen. Außerdem gibt es noch einen weiteren Grund für mein Interesse an den Elementalen der Erde, des Wassers, des Feuers und der Luft, der sich denjenigen unter meinen Lesern erschließen wird, die sich für Alchemie interessieren.

Kobolde[70]

Die europäischen Kobolde, mit denen ich mich beschäftigt habe, unterscheiden sich im Detail zwar beträchtlich, weisen aber stets bestimmte gemeinsame, typische Kennzeichen auf, die sie unmissverständlich ihrer Familie zuordnen.

---

[70] Das mit dieser Überschrift angesprochene Thema habe ich zum Teil bereits in *The Coming of the Angels* behandelt.

Im Allgemeinen ahmen sie mittelalterliche Kleidung nach. Sie tragen eine kurze braune Jacke, zuweilen mit breitem Festonkragen, hellen Knöpfen und grünen Aufschlägen, braune Kniebundhosen, grobe Strümpfe und zwei verschiedene Arten von Stiefeln. Zuweilen sieht man sie in großen schweren „Bauernstiefeln", dann wieder mit schmalem, spitz zulaufendem, leichterem Schuhwerk. Eine Möglichkeit, wie diese Variationen entstehen können, wird später erklärt, wenn ich schildere, wie ein Paar Schuhe für das Feenvolk hergestellt wird.

Eine spitze Mütze ist ihre übliche Kopfbedeckung, wenngleich hin und wieder ein Hut mit tiefer Krempe die gewöhnliche Schlafmützenform ersetzt. Es wurde auch schon beobachtet, dass Gruppen von Kobolden, offensichtlich in der Meinung, harte Arbeit zu verrichten, Schürzen ähnlich denen der Schmiede trugen; auch glänzende Schnallen und Schließen gehören häufig zu ihrer Ausstattung. Arbeitende Kobolde tragen Werkzeug bei sich und tun auch so, als benutzten sie es, hauptsächlich Spaten und Hacke, mit denen sie mit großem Ernst tief in die Erde graben. Manche Koboldstämme sind klein und untersetzt, mit rundem Körper und kurzen Gliedern, andere hingegen schlank und von jugendlicher Erscheinung. Ihre Körpergröße variiert zwischen zehn und fünfzehn Zentimetern. Ihr Gesicht trägt für gewöhnlich die Züge eines alten Mannes mit grauen Augenbrauen, Vollbart und geröteter, wettergegerbter Haut. Sie haben kleine Knopfaugen, mit einem schlichten, freundlichen Ausdruck.

Sie sind von Natur aus kommunikative und freundliche Wesen. Sie leben in Stämmen zusammen und ahmen, wie die meisten im *Kleinen Volk*, Gewohnheiten, Kleidung, Arbeit und Spiel des Menschen nach. Sie gehören zur Erde und haben viel von der bäuerlichen Schlichtheit des Landarbeiters. Welche Funktion sie in den Vorgängen in der Natur erfüllen, ist unbekannt[71]. Im Allgemeinen halten sie sich an oder unmittelbar unter der Erdoberfläche auf. Ich habe beobachtet, wie sie mit großem Ernst zwischen den Wurzeln wachsender Pflanzen gruben, doch kennzeichnet all ihr Tun ein gewisser Ausdruck spöttischen Ernstes und des So-tuns-als-ob, so dass nie völlig klar wird, ob sie ihr Tun als

---

[71] Spätere Beobachtungen ergaben ein differenzierteres Wissen über die Funktion der Naturgeister; mehr darüber steht in Teil I, Kapitel 3.

Arbeit oder als Spiel verstehen. Die folgenden Berichte über Naturgeister der Erde, des Wassers, des Feuers und der Luft habe ich Beschreibungen von Szenen entnommen, die ich verschiedentlich beobachtete. Vielleicht können sie zu einem besseren Verständnis des *Kleinen Volkes* beitragen.

Ein Kobold-Dorf

Am Steilhang einer Felsspitze am Westufer des Thirlmere lebt eine große Kobold-Kolonie. Sie wohnen etwa dreißig Zentimeter unter der Erde und verbringen etwa genauso viel Zeit über wie unter Tage. Unmittelbar unter der Oberfläche des Hügels erkenne ich eine Reihe kleiner Häuser. Sie sind ziemlich gut gebaut, haben Fenster und Türen und sind unregelmäßig über den ganzen Hügel verteilt. Zwischen den Blättern, Wurzeln und Steinen, die sie umgeben, erkenne ich mehrere Koboldgesichter. Im Folgenden will ich versuchen, einen zu beschreiben, den ich rein zufällig ausgewählt habe.

Er ist nicht größer als fünfzehn Zentimeter und sieht aus wie ein kleiner alter Mann. Er trägt einen braunen Hut in der Form einer Schlafmütze und einen braunen Anzug, anscheinend der Kleiderordnung der Kobolde entsprechend, mit Kniebundhose, Strümpfen und Stiefeln. Der Graubärtige zeigt den Ausdruck uralter Bäuerlichkeit. Zweifellos wird so etwas wie häusliches Leben vorgegaukelt, auch wenn ich keine einzige weibliche Gestalt in diesem Dorf erkennen kann. Auf dieser Seite des Hügels lebt buchstäblich ein ganzer Schwarm von Kobolden, die sich aber in Erscheinung, Ausdruck oder Intelligenz kaum voneinander unterscheiden. Sie scheinen sich hier erst zu „entwickeln". Sie unterscheiden sich insofern von den Kobolden, die ich bisher gesehen habe, als sie keine „Arbeit" im Zusammenhang mit irgendwelchen Vorgängen in der Natur zu verrichten scheinen. So verehren sie die Bäume zwar, scheinen ihnen aber in keiner Weise zu dienen.

Ein Exemplar eines jünger aussehenden Typus von Naturgeistern, der hier ebenfalls lebt, ist eben zu mir hergekommen, steht nun etwa zwei bis drei Meter rechts von mir und produziert sich mit extravaganten Gesten und schlichtem Humor. Er ist viel schlanker als die älter aussehenden Kobolde und trägt einen Hauch Farbe – ein bisschen Rot am Hut (konisch mit nach hinten herunter hängender Spitze) und ein wenig Grün im Anzug. Ich glaube kaum, dass er ein Kobold ist, seine Füße laufen nach vorne hin spitz zu, seine unteren Gliedmaßen sind dünn und langgestreckt, und seine Hände sind im Verhältnis zum übrigen Körper zu groß. Seine linke Hand auf die Hüfte gestützt, zeigt er mit der Rechten in Richtung des Waldes, als führe er mir stolz die Schönheiten dieses Fleckchens Erde vor Augen. Zu seinem Stolz gesellen sich ein gerüttelt Maß Eitelkeit und kindischer Selbstzufriedenheit. Sein Gesicht ist glattrasiert und rot, seine Augen schmal, Nase und Kinn stehen deutlich hervor, sein Mund ist sehr breit und zu einem noch breiteren Grinsen verzogen. Gesten und Haltung sind extravagant und höchst erstaunlich. Sein Körper ist so gelenkig, dass er sich fast in jede Position verbiegen kann.

Ich kann ihn nicht dazu bewegen, näher zu kommen. Immer, wenn ich es versuche, wird er sofort unruhig. Er wirkt dann beunruhigt, aber wohl nicht wirklich verängstigt. Die menschliche Aura erscheint ihm unharmonisch, und in ihrer Reichweite verlöre er wahrscheinlich sein inneres Gleichgewicht. Ich erkenne, wie ätherisch und zerbrechlich er im Gegensatz dazu gebaut ist, er hat weniger Substanz als ein Windstoß; dennoch ist seine Gestalt klar umrissen, und alle Einzelheiten sind deutlich gezeichnet.[72]

Wenn ich mich nun wieder der Gemeinschaft der Kobolde zuwende und versuche, ein paar Einzelheiten aus ihrem Leben zu erfassen, entdecke ich so manches Eigenartige. So zeigte mir der Versuch, einen Blick in ihre Häuser zu werfen, dass, wenn man „zur Tür hereinkam", dort nichts war! Die äußere Form ist ziemlich gelungen und recht idyllisch, im Inneren aber herrscht nur Dunkelheit. Die Illusion eines Hauses verschwindet sogar völlig, sobald sich das Bewusstsein auf das Innere richtet. Man sieht lediglich ein paar zarte Linien aus fließendem Magnetismus. Die Kobolde kommen zur Tür herein, legen ihre Koboldgestalt ab und dringen in relativ formlosem Zustand tiefer in die Erde ein. Alle geben sich sehr geschäftig und eilen mit gespieltem Ernst hier-

---

[72] Aus späteren Erfahrungen schließe ich, dass er eher ein Waldelf als ein Kobold war.

hin und dorthin; mir erscheint es aber stets so, als gaukelten sie anderen nur etwas vor.

Die Häuser gehören weder Einzelnen noch einer bestimmten Gruppe. Jeder aus der Kolonie kann sie benutzen, wobei sich dieses „Benutzen" lediglich darauf beschränkt, dass sie durch die Tür ein- und wieder heraus treten. Sicher bereitet es ihnen eine gewisse Freude, das Äußere dieser Gebäude aus Gedankenkraft zu betrachten. Bei diesen Wald-Kobolden kann ich allerdings kein Werkzeug, keinen Ranzen und auch keine Schürzen entdecken, wie sie mir bei anderer Gelegenheit aufgefallen waren. Sie erscheinen mir weniger intelligent, weniger weit entwickelt und wesentlich zielloser in ihrer Existenz als alle anderen, denen ich bisher begegnet bin.

Schuhe fürs Kleine Volk

Als erstes lässt sich an diesem Hügel gegenüber Helvellyn ein älterer Kobold beobachten, der, jetzt, da wir uns gesetzt haben, bis an den Rand des Feuerholzes hinter uns tritt. Er ist etwa fünfzehn bis zwanzig Zentimeter groß und trägt eine lange, spitz zulaufende Mütze, ähnlich einem etwas unvollkommenen Kegel, und ein kleines grünes Wams mit Festonkante am unteren Rand, das ihm bis auf die Hüften fällt. Es ist braun paspeliert, mit Knöpfen geschlossen und hat einen breiten Kragen fast wie ein Umhang, ebenfalls mit Festonkante und Paspel. Kleine Hosen vervollständigen seine Kleidung. Zunächst zeigt er die unteren Gliedmaßen eines Elfen, lang und spitz zulaufend. Er trägt einen langen, grauen, spärlichen Bart, und auch sein Gesicht und Körper sind dünner und asketischer als bei einem typischen Kobold. Ein wenig erinnert er mich an eine Karikatur von Uncle Sam im Falstaff-Kostüm.

Er interessiert sich sehr für unseren Hund und nähert sich ihm furchtlos bis dicht vor seine Nase. Anscheinend kann er uns nicht als ganze Gruppe wahrnehmen. Er spürt die Gegenwart von menschlichen Wesen, aber das Erste, was ihm auffällt, sind meine Stiefel – Army-Gummistiefel mit Canvas-Oberseite. Er betrachtet sie geraume Zeit und macht sich dann daran, für sich selber eine beachtliche Imitation anzufertigen, auf die er über alle Maßen stolz ist. Sein schlichtes mentales Bild reicht völlig aus, seine eigenen Füße mit einer Kopie des Stiefelpaares zu bedecken, die er gerade voller Bewunderung betrachtet. Ein Weilchen stolziert er herum, wie um sich an sie zu gewöhnen, dann macht er sich in den Wald davon.

Elfen

Elfen unterscheiden sich von anderen Naturgeistern hauptsächlich dadurch, dass sie sich normalerweise nicht in Nachahmungen menschlicher Bekleidungsstücke hüllen und ihre körperliche Konstitution aus einer einzigen soliden Masse ätherischer Substanz besteht, ohne jede innere Struktur.

Waldelfen

Zwei winzige Waldelfen flitzen dicht an uns vorbei über den Boden, wo wir auf einem umgefallenen Baumstamm sitzen. Als sie uns entdecken, bleiben sie in gut anderthalb Metern Entfernung stehen und betrachten uns sichtlich amüsiert und ganz ohne Furcht. Sie sehen aus, als steckten sie von Kopf bis Fuß in einem eng anliegenden Anzug aus einem Stück, der schimmert, als sei er nass, und in der Farbe an Buchenrinde erinnert. Sehr viele dieser Gestalten huschen am Boden umher. Ihre Hände und Füße sind im Vergleich zum übrigen Körper überproportional groß. Ihre Beine sind dünn, und ihre Ohren laufen nach oben spitz zu, so dass sie fast Birnenform annehmen. Auch ihre Nase ist spitz, der Mund breit. Im Mund gibt es weder Zähne noch andere Gebilde – soweit ich erkennen kann, nicht einmal eine Zunge – ganz so, als bestünde das ganze Wesen aus einem einzigen Stück ätherischen Gelees. Eine kleine grüne Aura umgibt sie. Die beiden, die ich genauer beobachte, leben zwischen den Wurzeln einer Buche. Jetzt verschwinden sie in einem Spalt, in den sie hineinmarschieren wie unsereiner eine Höhle betritt. Sie versinken im Boden und verschmelzen mit dem ätherischen Doppel des Baumes.

Strandelfen

Am Strand zwischen Seetang und Steinen spielen seltsame kleine Elfengestalten. Sie haben einen übergroßen Kopf, ein Elfengesicht, große Ohren, einen kleinen rundlichen Körper und kurze dünne Beine mit Füßen, die fast netzartig aussehen. Sie sind etwa acht bis fünfzehn Zentimeter groß. Der Mensch ist ihnen offensichtlich vertraut, und sie lassen sich auch jetzt in keiner Weise stören. Offensichtlich sind sie mit dem Leben und den Vorgängen in den Zellen des Seetangs befasst.

Gnome

„Gnom" ist der Gattungsname für die Naturgeister des Elements Erde. Nähere Untersuchungen zeigen, dass es in der Natur zwar alle überlieferten Arten des Feenvolks, innerhalb dieser Arten jedoch große Abweichungen gibt. Zuweilen sind die Unterschiede so groß, dass sie eigene Namen und eine eigene Klassifizierung erfordern. In der Zukunft, wenn Biologen, Ethnologen und Entdecker zweifellos das Feenland betreten und in jeder Schule Lehrbücher über das Feenreich zum Unterrichtsstoff gehören werden, werden die vielen verschiedenen Arten innerhalb des *Kleinen Volkes* zwangsläufig jede ihre besondere Bezeichnung erhalten. Da ich in vieler Hinsicht die klassischen Namen als die treffendsten empfinde, habe ich die Bewohner des Feenlandes, mit denen ich mich beschäftigt habe, mit dem Namen der Art benannt, der sie jeweils am ähnlichsten waren.

Unter diese Überschrift fallen also auch Baumwesen und geflügelte Zwerge, wenngleich sie sich in vielen wichtigen Kriterien vom echten Gnom unterscheiden. Den Lesern mag es schwer fallen, die Existenz eines geflügelten Gnoms, der in einem Baum lebt, zu akzeptieren; dennoch ähneln die, die ich unter dieser Überschrift zusammenfasse, meiner Beobachtung nach dem Gnomen stärker als jeder anderen Art. Als „Gnome" bezeichne ich deshalb auch etliche Wesen, die sich in vieler Hinsicht deutlich vom klassischen Gnom aus dem Volksmärchen unterscheiden.

Der echte Gnom lebt normalerweise im ätherischen Doppel der Erde, ist meist dünn und schlaksig, von grotesker Erscheinung, knochig mit langem Gesicht und zuweilen Einzelgänger. Er wirkt extrem alt; seine ganze Erscheinung und sein Gebaren unterscheiden sich aufs Deutlichste vom heutigen Menschen. Seine Arme sind unserem Proportionsempfinden nach viel zu lang und wie die Beine in den Gelenken gebeugt, als seien sie mit dem Alter steif geworden. Ihre Haut ist sehr rau und grob, die Augen sind klein und schwarz und leicht schräg stehend. Wie bereits gesagt, ist der Gnom offensichtlich ein Relikt aus den Tagen des alten Lemurien. Wenn das zutrifft, dann könnte das bedeuten, dass er eine Wiedergabe der äußeren Erscheinung der Menschen jener Tage ist. Der Erdgnom ist kein angenehmer Elementaltyp. Die, denen ich in England begegnet bin, waren entweder fast schwarz oder torfbraun. Zwar stieß ich nie auf wirkliche Feindschaft, aber die Atmosphäre, die sie um sich verbreiten, ist deutlich unangenehm.

Ein Felsgnomen-Embryo

Tief im Felsen hinter mir liegt ein sich entwickelndes Bewusstsein, das sich hauptsächlich als formlose Farbflecken innerhalb der sonst eher farblosen Elementalessenz des Gesteins manifestiert – eine Art Gnomen-Embyro. Schattenhaft zeichnen sich Andeutungen des Kopfes mit Augen und Mund ab, den übrigen Körper kann man nur schwach erahnen, wie etwa im frühen Stadium eines Bildes, wenn der Künstler erst seine Farbflächen setzt und die Umrisse einem späteren Schritt überlässt. Wegen dieser Vagheit aber wäre das Wesen äußerst hässlich, wenn nicht gar monströs. Dem ätherischen Blick erscheint der gesamte Fels durchsichtig und sein Bewohner wie in einem riesigen Behälter aus Zelluloid, durch das er seine Umgebung nur schemenhaft wahrnimmt. Anscheinend verfügt er einzig über die Willenskraft, die Richtung und den Brennpunkt seines schwachen und begrenzten Bewusstseins langsam zu verändern. Das tut er sehr vage und fast wie im Traum. Die Anwesenheit dieses Wesens verleiht dem Felsen eine gewisse Individualität, die auf der physischen Ebene als besondere magnetische Schwingung wahrnehmbar wird. Die Größe des Gnoms lässt sich nur schwer schätzen; er ist aber wohl zwischen drei und fünf Metern groß. Die Füße des Embryos stecken tief unter der Erdoberfläche, in welcher der Fels verankert ist, und der Kopf reicht bis etwa einen Meter unter die Spitze des Felsens.

Ein Englisches Feenland

Tief im Inneren des Cotswold District in England liegt ein schönes, üppig grünes Tal, das keine größere Straße durchzieht. Sein Name, der „Tal des Friedens" bedeuten soll, bezeichnet zugleich seinen größten Zauber. Der allgegenwärtige Reisebus bringt Touristen zu fast allen berühmten Fleckchen Großbritanniens, aber nicht ins Tal des Friedens.
Das gewundene Tal ist vielleicht drei Kilometer lang. Seine steilen Hügel sind zum Teil mit dichten Buchenwäldern bewachsen, hier und da ergänzt um einen Lärchen- oder Fichtenhain. Versprengt auf den grünen Hängen liegen die grauen Steinhäuschen und Bauernhöfe des kleinen Dorfes. Ein Fluss windet sich durch Wald und Wiese und fließt mit sanftem Murmeln an Obstgärten und Vorgärten vorbei in die große Welt dahinter. In diesem Tal herrscht grüne Schönheit, es ist ein Wildblumenparadies, hier lebt man abgeschieden und in tiefem Frieden. Die Stimmen der Waldarbeiter und das Schlagen ihrer Äxte, der Gesang der Vögel und das Muhen der Kühe auf der Weide, das Flüstern der Bäume im sanften Wind sind die einzigen Geräusche, die hier im Sommer das Ohr des Betrachters erreichen. Sie verschmelzen zu einem harmonischen Klang, dem Lied, das die Natur an jenen Orten singt, an denen ihre Schönheit unberührt bleibt. An ruhigen, windstillen Sommertagen scheint das Tal von Ruhe und Frieden durchdrungen.

Drei Zwerge

In diesen Wäldern und auf diesen Wiesen scheint das *Kleine Volk* den Menschen weniger zu scheuen als anderswo. Die Baumnymphen, die Wassergeister und die zahlreichen Arten kleiner Koboldmännchen mussten noch nicht lernen, sich rasch ganz klein zu machen und zu verstecken, sobald der Mensch auftaucht. Auf dem dicken Teppich aus Buchenblättern vergangener Jahre, der den Boden unter den Bäumen bedeckt, huschen Hunderte kleiner brauner Zwerge umher. Sie sind zwischen zwanzig und dreißig Zentimeter groß und haben Farben vom Graugrün der Buchenstämme bis zum satten Braun des abgestorbenen Laubs. Viele haben das Gesicht eines alten Mannes und tragen Jacken und Kniebundhosen aus einem Material, das an braune Buchenrinde erinnert. Sie haben große, spitz zulaufende Füße, und einige tragen winzige Stiefel. Ihr Gesichtsausdruck zeigt großen Ernst und Gewissenhaftigkeit – wegen allem und nichts. Auf den ersten Blick könnte man sie für sehr wichtig halten, wirft man aber einen Blick auf das, was ihrem Verstand entspräche – bloßer Instinkt, wie bei Tier- oder Vogeljungen – so stößt man auf fast völlige Leere.

Sie „wohnen" im ätherischen Doppel solcher Bäume, zu denen sie geeignete Eingänge finden. Diese befinden sich im Allgemeinen bei kleinen Löchern im Stamm, häufig, wenn auch nicht immer, in Erdbodenhöhe. Es gibt auch Gruppen, die in den Gabelungen zwischen Stamm und Ästen leben, wo sich die ätherischen Ströme teilen. Sie können sich zwar über kurze Strecken durch die Luft bewegen, laufen aber offensichtlich lieber an den Baumstämmen entlang. Das gelingt ihnen so leicht, als liefen sie auf flachem Boden. Das Gesetz der Schwerkraft scheint für sie nicht zu gelten; denn zuweilen bleiben sie beim Hoch- und Runtergehen einfach in einer horizontalen Position stehen, wobei ihr Körper im rechten Winkel vom Stamm ragt.

Zwar sind ihre aus Äther bestehenden Gestalten ein homogenes Ganzes ohne innere Strukturen, aber die genaue Beobachtung ihrer Bewegungen scheint zumindest auf so etwas Ähnliches wie ein Muskelsystem hinzudeuten. Besonders deutlich wird dies, wenn sie springen, was sie oft über kurze Entfernungen hinweg tun. So legen sie den letzten halben Meter des Rückweges zu ihrem Baum häufig im Sprung zurück. Das Bein, mit dem sie abspringen, scheint sich leicht zu verhärten und zu versteifen und während des Fluges zu entspannen, bis sich beide Beine zur Landung wieder anspannen. Die Landung erfolgt vollkommen weich und geht mit praktisch unveränderter Geschwindigkeit in die weitere Vorwärtsbewegung über.

Nach und nach sind sehr viele dieser kleinen Leutchen auf uns aufmerksam geworden, haben sich in einem Halbkreis zusammengefunden und beobachteten uns nun von einer Stelle tief im Wald aus. Manche sitzen da wie angewurzelt, andere gehen vor ihnen auf und ab und scheinen ihren sitzenden Artgenossen im Vorübergehen etwas zuzuraunen. Wieder andere unternehmen kleine Erkundungsreisen in unsere Richtung, ziehen sich aber wieder zurück, sobald unsere Auren ihnen zu viel werden. Dieser Kontakt mit uns scheint alle ihre Fähigkeiten in ihrem momentanen Zustand ein wenig zu beschleunigen. Der Vergleich ist zwar nicht besonders nett, aber es ist ungefähr so, wie Alkohol auf jemanden wirkt, der ihn nicht gewohnt ist. Das wird sich zwar wieder legen, aber dennoch bleibende Wirkung auf sie haben – hin zu einer Beschleunigung ihrer Evolution, so bleibt zu hoffen.

Ein Landschaftsengel

Soweit meine Beobachtungen zeigen, entwickeln sich manche Gnome schließlich zu Geistern oder Devas, die ganzen Landstrichen in immer größeren Dimensionen vorstehen. Dieses Tal leitet ein wunderschöner Engel. Er ist etwa sechs Meter groß, und seine strahlende vielfarbige Aura reicht nach allen Seiten mindestens hundert Meter weit. Gelegentlich dehnt er sie sogar noch weiter aus, bis sie über die breiteste Stelle des ganzen Tals und hinunter zum Fluss reicht.

Sein Gesicht ist edel und schön, und seine Augen strahlen überwältigend hell. Sie sind eher Kraftzentren als Sehorgane; denn sie werden nicht wie menschliche Augen zum Sehen und Ausdrücken von Gedanken und Gefühlen gebraucht. Die Farben seiner Aura sind strahlend und verändern sich ständig mit den Aura-Kräften, die in Wellen und Wirbeln von der Gestalt in der Mitte ausgehen. Im Augenblick ist der vorherrschende Farbton ein tiefes Königsblau, durchkreuzt von Scharlachtönen und Goldgelb, die in Strudeln und Wellen in beständigem Strom nach außen fließen. Im nächsten Moment erscheint ein Hintergrund in Hellrosa, durchschimmert von zartem Nilgrün, Himmelblau und dem allerhellsten Gelb. Außerdem fließen Kraftströme von Kopf und Schultern aus nach oben, wobei der strahlendste von allen von einem Kraftzentrum in der Mitte des Kopfes ausgeht, dem Sitz des Bewusstseins in der Form.

Wenn er langsam mit ausgedehnter Aura das Tal entlang schreitet, kann der Engel jedes Lebewesen darin mit seinen Aura-Kräften berühren und in jedes ein wenig von seiner stimulierenden Lebenskraft ergießen. Die Heerscharen der niederen Naturgeister reagieren sofort auf die beschleunigenden Impulse dieses Elfen, und ich kann sehen, dass die Kobolde, die Baumgeister und die Feen auf seine Berührung reagieren, wenn sich seine Kräfte über sie ergießen. Die Elfen und Kobolde verspüren ein plötzliches Hochgefühl, dessen Grund sie nicht gänzlich erfassen, obwohl sie es als ständigen Bestandteil ihres Lebens erkennen. Die Elfen verspüren unter dem stimulierenden Einfluss der Kraft des Devas noch größere Freude.

Der Charakter dieses Geistes des Ortes ist eine ungewöhnliche Mischung aus devischer Universalität des Bewusstseins und Unpersönlichkeit der Ausstrahlung mit fast menschlichem Verständnis für die Bedürfnisse und Leiden des Menschen. Ich bin mir sicher, dass dieser Deva um jede Geburt und jeden Todesfall in diesem Tal weiß und jeden Schmerz, der damit einhergeht, lindert, so gut es in seinen Kräften steht. Ich sehe Gedächtnis-Gedankenformen in seiner Aura, die zeigen, dass der Engel die Seelen der jüngst Verstorbenen in sein leuchtendes Strahlen aufnimmt. Ich sehe auch, dass er über die spielenden Kinder wacht und über die Alten, die sich ein wenig Ruhe gönnen. Er ist wirklich der Schutzengel des Tales; glücklich jene, die in seiner Obhut leben. Die Erlebnisse, von denen ich in der Einleitung berichte und die so weitreichende Folgen zeitigen sollten, wurden mir an diesem schönen Ort geschenkt.

Die Gegenwart dieses Engels verleiht der Atmosphäre eine besondere Qualität, etwas, das diesen Ort auszeichnet und was über die gesamte Länge des Tales mit seinem geradezu leuchtenden Zauber deutlich zu spüren ist. Sie muss auch jeden Menschen berühren, der sich hier eine Weile aufhält, ganz besonders natürlich die, die innerhalb des Bewusstseins des Engels und des ständigen Spiels seiner Aura geboren wurden und leben.

Undinen

Die Undine gehört dem feinstofflichen Wasser-Reich an. Man trifft sie, zumindest meiner Erfahrung nach, nie weit vom Meer, von Seen, Bächen, Flüssen und Wasserfällen an. Sie hat eindeutig weibliche Gestalt, ist stets unbekleidet, hat gewöhnlich keine Flügel und trägt nur selten irgendwelchen Schmuck. Ihre Gestalt, ob nun klein oder menschengroß, ist berauschend schön, und ihre Bewegungen sind sehr anmutig. Der Wasserfall gehört zu ihren liebsten Aufenthaltsorten, dort sieht man sie, wie sie sich häufig mit einer Gruppe von Wassergeistern vergnügt und die magnetischen Kräfte des Wasserfalls in vollen Zügen genießt.

Offensichtlich gibt es Phasen, in denen sich die Undine aus dem lebhaften äußeren Leben zurückzieht, in dem man sie am häufigsten beobachten kann, und tief unten in den stillen, kühlen Bereichen unter dem Wasserfall oder in den ruhigeren Abschnitten des Flusses sowie in Seen und Bergtümpeln eine Zeit der Ruhe und Erholung sucht. Das friedliche Leben unter der Wasseroberfläche steht in deutlichem Kontrast zu der lebhaften Aktivität und Freude, die sie im Wasserfall und seiner sonnendurchfluteten Gischt zeigt.

Die drei fundamentalen Vorgänge in der Natur – Aufnahme, Verarbeitung und Abgabe – drücken sich im Leben der Undine vollständig aus. Man könnte sogar sagen, dass ihr Leben aus der kontinuierlichen Wiederholung dieser drei Vorgänge besteht. An ihrem Platz in der Gischt oder inmitten der nach unten stürzenden Wasser nimmt sie nach und nach die Lebensenergie aus dem Sonnenlicht und den Magnetismus des Wasserfalls auf. Wenn die Grenze ihrer Aufnahmefähigkeit erreicht ist, entlässt sie die Energie, mit der sie sich aufgeladen hat, in einem blendend hellen Licht- und Farbblitz. In diesem magischen Augenblick erlebt sie eine Ekstase und innere Erhebung, die alles übersteigt, was Sterblichen im Gefängnis des Fleisches normalerweise möglich ist. Der Ausdruck ihres Gesichtes, besonders ihrer Augen, ist unbeschreiblich schön. Ihr Verhalten ist Ausdruck verzückter Freude und eines Gefühls erhöhter Lebendigkeit und Kraft, und ihre Augen blitzen und strahlen blendend hell. Ihr ganzes Gebaren, die vollkommene Gestalt und der strahlende Glanz ihrer Aura ergeben einen Anblick entzückender Lieblichkeit. Auf diesen Zustand folgt unmittelbar ein anderer von träumerischer Freude, in dem das Bewusstsein weitgehend aus der physischen Welt und ihrem ätherischen Gegenstück zurückgezogen und in der Astralwelt verankert wird. Der Ätherkörper der Undine wird während dieser Zeit vage und unscharf, bis er, nachdem sie das Erlebnis ausgekostet und verarbeitet hat, wieder erscheint und der dreifache Vorgang sich wiederholt. Nach einer Weile kehrt sie in die Ruhe der Wassertiefen zurück.

Undinen in einem Wasserfall

Diese Wassergeister ähneln anmutigen jungen Mädchen, sind völlig unbekleidet und wohl zwischen zwanzig und dreißig Zentimetern groß. Ihr langes „Haar" weht hinter ihnen her, und sie tragen einen Kranz wie eine Girlande aus kleinen Blüten um die Stirn. Sie huschen aus allen Richtungen in den Wasserfall hinein und wieder aus ihm heraus und geben dabei ununterbrochen wilde, unirdische Schreie von sich. Ihre Stimme ist unendlich fern und dringt nur schwach an mein Ohr, etwa wie der Ruf eines Schäfers in einem Alpental. Es ist ein komplexer Ruf aus mehreren Vokalen, aber bis jetzt kann ich noch nicht sagen, aus welchen Vokalen er besteht. Undinen können sich entweder entgegen dem Strom im Wasserfall nach oben bewegen oder bewegungslos darin verharren. Im Allgemeinen aber spielen sie mit ihm und huschen hinein und heraus. Wenn sich eine Wolke vor der Sonne verzieht und der Wasserfall wieder im schönsten Sonnenlicht erstrahlt, scheinen sie noch größere Freude zu empfinden. Das Tempo ihrer Bewegungen beschleunigt sich, und ihr Gesang wird noch überschwänglicher. Am ehesten kann man ihr Lied als die Folge der Vokale e, o, u, a, i in einem langgezogenen Klageton mit einer schönen Kadenz am Ende wiedergeben.

In diesem Wasserfall tummeln sich zwischen acht und zwölf Undinen unterschiedlicher Größe, wobei die größte etwa dreißig Zentimeter groß ist. Einige haben eine rosafarbene Aura, andere eine hellgrüne, und bei näherem Hinsehen, das mir nun möglich wird, zeigt sich, wie wunderschön diese Wesen sind und zugleich wie weit weg vom Menschen. Ihr Ätherkörper durchdringt die großen Felsen neben dem Wasserfall ohne den geringsten Widerstand. Es gelingt mir nicht, ihre Aufmerksamkeit zu erregen oder sie in irgendeiner Weise zu beeinflussen. Einige durchschweben das Wasser im Becken unter dem Wasserfall und tauchen hin und wieder aus dem sprudelnden Schaum auf. Der zuvor erwähnte Kranz leuchtet und ist offensichtlich Teil ihrer Aura.

Der Schutzgeist eines Wasserfalls

Im Lake District in England saßen wir unter einer Laube aus Farn und Felsengestein bei einem Wasserfall, wie in einem richtigen Feenreich. Die Undine dieses Wasserfalls sieht aus wie ein anmutiges, groß gewachsenes junges Mädchen, unbekleidet und von unvergleichlicher Schönheit. Sie unterscheidet sich insofern von Undinen, die ich früher beobachtet habe, als sie größer ist, über eine höher entwickelte Intelligenz verfügt und ihre Aura-Kräfte in ihrem Rücken und zu beiden Seiten in Flügelform aus ihr herausströmen. Es scheint so, als beseele sie außer dem Wasserfall und seinem Becken den Fels, die Bäume, den Farn und das Moos. Als ich sie zum ersten Mal erblickte, sprang sie aus einem Fels – eine bezaubernd schöne Gestalt – und verharrte einen Augenblick in der Luft. Danach verschwand ihre ätherische Gestalt. Diesen Vorgang wiederholte sie mehrere Male, dabei war aber ihre Gegenwart, gleich ob sie ätherisch sichtbar war oder nicht, stets spürbar.

Ihre ganze Gestalt ist in ein zartes Rosenrot gehüllt. Ihr „Haar" ist hell und glänzend, die Stirn breit, ihre Gesichtszüge schön modelliert, ihre Augen groß und strahlend und ihr Blick, obgleich er den Geist des Wilden in seinem Ausdruck trägt, dennoch nicht unfreundlich. Die Aura-Flügel sind klein im Verhältnis zum Körper und wären sicher nicht zum Flug geeignet, wenn das ihr Zweck hätte sein sollen; auch sie sind von einem rosa Farbschimmer überzogen. Noch beeindruckender als ihre Gestalt ist die regenbogenfarbene Aureole, die sie umgibt wie ein Halo zuweilen den Mond. Diese Aura ist nahezu kugelförmig und besteht aus gleichmäßig angeordneten konzentrischen Farbkugeln, die viel zu zahlreich sind und sich viel zu schnell bewegen, als dass man sie näher beschreiben könnte. Es scheint so, als enthielten sie alle Farben des Regenbogens in ihren zartesten Nuancen, wobei rosa, blau und grün dominieren. Manche Farbkugeln haben Umrisse aus goldenem Feuer, und um den äußeren Rand verleiht ein schimmerndes perlweißes Strahlen der Aureole und der lieblichen Gestalt in ihrem Inneren zusätzliche Schönheit. Über dem Kopf durchdringt ein starker aufwärts gerichteter Kraftstrom die Aura mit einem fächerförmigen Strahlen. Er scheint von einem Punkt in der Kopfmitte auszugehen; dort, unmittelbar unter Augenhöhe in der Mitte zwischen den Augen, befindet sich ein strahlend goldenes Zentrum. Die ganze Umgebung des Wasserfalls ist erfüllt von ihrem Leben.

See-Geister

Über verschiedenen Teilen des Lake Thirlmere, der unter uns liegt, sind zahlreiche Naturgeister des Wasser-Elements zu sehen. Sie gleiten rasch über die Wasseroberfläche, meist in einer Höhe von zwei bis zweieinhalb Metern, manche aber auch weit höher. Zwar bleiben sie gewöhnlich über dem Wasser, unternehmen gelegentlich aber auch Flüge über Land. Sie ähneln in gewisser Weise großen weißen, schnell fliegenden Vögeln. Aus dieser Entfernung kann ich keine klare Gestalt erkennen, denn sie nehmen in schnellem Wechsel viele verschiedene vogelähnliche Formen an. Ständig entsteht jedoch der Eindruck einer flügelartigen Aura-Form, zuweilen auch eine gewisse Ähnlichkeit zu einem menschlichen Gesicht und Kopf.

Elfen

Damit der Leser sich die Erscheinung einer Elfe im materialisierten Zustand deutlich vorstellen kann, empfehle ich die Fotografien in Sir Arthur Conan Doyles Buch *The Coming of the Fairies* und E. L. Gardners Buch *Elfen*[73]. Ich selbst zweifle nicht an der Redlichkeit der beiden Mädchen, die die Aufnahmen machten. Ich war mehrere Wochen lang bei ihnen und ihrer Familie zu Gast, übernachtete in ihrem Haus und konnte mich von ihrer Hellsichtigkeit, von der Anwesenheit von Elfen, die genauso aussahen wie diejenigen auf den Fotos, in dem kleinen Tal bei Cottingley sowie von der Aufrichtigkeit aller Beteiligten überzeugen.[74]

Um solche Fotos überhaupt aufnehmen zu können, mussten die Elfen materialisiert gewesen sein, vermutlich durch Einwirkung eines unsichtbaren Adepten; denn nur so konnten sie aktinisches Licht reflektieren.

---

[73] The Theosophical Publishing House (siehe auch Anmerkung 68)
[74] Inzwischen sind doch Zweifel über die Echtheit der Fotos aufgetreten. Vgl.: Marjorie Johnson, *Naturgeister*, Grafing 2000, S. 265-272

Bei diesem Verdichtungsvorgang wurde die wahre Wesensnatur der Elfe durch die ätherische und zarte, reflektierende physische Substanz verdeckt. Die Fotos zeigen demzufolge feste Gestalten „aus Fleisch und Blut", angetan mit durchsichtiger Kleidung. Auf der Astralebene erkennt man sofort, dass ihr Körper keinerlei feste Substanz hat, sondern aus Strömen fließender Energie besteht, die insbesondere auf den ersten Blick allerdings den Eindruck einer festen Form erwecken können.

Der menschliche Verstand verleiht seinen Wahrnehmungen gerne bekannte Formen. Wenn man deshalb nicht größte Sorgfalt walten lässt, wird sich dem Gehirnverstand der Seher stets der Anschein von Solidität präsentieren, im Allgemeinen sogar so, dass sie sich dieses Vorgangs und seiner Folgen nicht im geringsten bewusst sind. Der Beobachter muss deshalb ständig auf der Hut sein vor diesem Verhalten des Verstandes und versuchen, die Wirklichkeit zu sehen und festzuhalten, so ungewöhnlich diese auch erscheinen mag. Das habe ich zwar versucht, dennoch kann ich nicht garantieren, dass nicht auch in meinen Beobachtungen Fehler enthalten sind.

Dryaden

Die mental-emotionalen Gegenstücke von Wäldern sind oft höchst interessant und von bezaubernder Schönheit. Die Lebenskräfte des Pflanzenreiches und andere Emanationen der Bäume, insbesondere der größeren, erfüllen die Atmosphäre mit feinen Strahlungen, in denen die Baum-Geister sich aufhalten und Engel leben. Letztere erwecken zuweilen den Eindruck, als sei ihr Bewusstsein in einer Art Traumzustand befangen und sie selbst Ausdruck des Baumlebens, eins mit dem beseelenden Geist der gesamten Vegetation. Sie verschmelzen mit den Bäumen und lösen sich wieder aus ihnen, gleiten im Wald umher wie große, ein wenig schüchterne Mädchen, schlank, anmutig und in durchscheinende Gewänder in vielen Grüntönen gehüllt. Eine Beschreibung lässt dies vielleicht anschaulich werden:

Die Baumelfen und Naturgeister eines Waldes in der Nähe von Kendal in Westmorland sind wirklich schön. Mit sanfter, stiller Anmut bewegen sie sich zwischen den Bäumen umher. Eine von ihnen, die uns wohl beobachtet hat und keine Angst zu haben scheint, hebt ihr leichtes, schimmerndes Gewand etwas an, wodurch ihre rosafarbene Gestalt schwach zu erkennen ist. Ihr „Haar" ist lang, und winzige Lichter umspielen ihren Kopf wie eine Girlande. Ihre Haltung ist so wunderschön anzuschauen, dass ich, würde ihr nicht sämtliches Selbstbewusstsein fehlen und läge nicht diese unbedingte Offenheit in ihren Augen, geneigt wäre zu glauben, sie posierte. Um sie herum sind andere, die genauso schön sind wie sie und sich deutlich voneinander unterscheiden, wobei allerdings viele mit ihrem Bewusstsein weit weniger nach außen gerichtet sind. Eine andere, die mir den Rücken zuwendet, hat schönes langes, dunkles „Haar" bis auf die Hüfte. Einen schlanken weißen Arm leicht seitlich vor sich ausgestreckt, gleitet sie langsam durch den Wald. Oft scheint es so, als seien sie weniger Naturgeister mit eigener Identität als vielmehr die Seelen der Bäume, das sich entwickelnde Baumleben in seinem Ausdruck als Naturgeist. Sie verschmelzen mit den größeren Bäumen und sind dann eine Weile nicht mehr zu sehen, nur um später wieder daraus hervorzukommen und weiter durch den Wald zu gleiten.

Vergleiche können sich als irreführend erweisen, aber wenn man die Naturgeister und Engel beobachtet, die den Wald bewohnen, dann tauchen diese zuweilen vor einem auf wie Fische aus den Meerestiefen, die einige kurze Augenblicke lang deutlich zu sehen sind, um sich sogleich wieder zu verlieren, so als verschmölzen sie wieder mit ihrem wässrigen Element. Die fortgeschritteneren Baum-Devas, diejenigen also, die mit sehr alten und großen Bäumen verbunden sind, zeigen mehr menschliche Klarheit in ihrer mentalen Haltung und ihrer Kraft. Ihr Blick kann scharf und durchdringend sein, wenn sie sich jemandem zuwenden, der ihr Reich betritt, sie sehen und mit ihnen kommunizieren kann. Dennoch entsteht auch bei ihnen der Eindruck der tiefen Verbundenheit ihres Lebens und Bewusstseins mit dem des Baumes, den sie beseelen und dessen Entwicklung sie fördern.

Elfenglanz

Als ich einmal das Leben der Naturgeister auf dem Land in Lancashire beobachtete, gab mir ein etwas fortgeschrittenerer, mit dem Pflanzenreich verbundener Luft-Naturgeist eine interessante Vorstellung von dem schillernden Einfluss, den bestimmte Elfenarten auf jemanden ausüben können, der ihren Bereichen nahe kommt. In meinem Bericht von dem Erlebnis heißt es:

Eine wunderschöne, hoch entwickelte Elfe gehört zu einer Wildrosenhecke, die über und über mit Blüten bedeckt ist. Sie ist ganz besonders bezaubernd und etwa einen Meter zwanzig groß. Zart in ein fließendes, durchscheinendes, hauchdünnes Aura-Gewand gehüllt, betrachtet sie uns mit dem freundlichsten Lächeln, das man sich nur vorstellen kann. Ihre Aura ist bemerkenswert lebendig und sieht aus wie eine Wolke vieler zarter und doch strahlender Farben, durchzuckt von Strahlen blendend hellen Lichtes. Diese Farben sind unter anderem ein zartes, leuchtendes Hellrosa, Zartgrün, Lavendel und ein rauchiges Blau, durch das die glänzenden Lichtstrahlen huschen. Sie ist in einem Zustand verzückter Glückseligkeit.

Als Experiment gab ich der Verzauberung ein wenig nach, die sie ganz gezielt auf mich ausübte, und folgte ihrem verlockenden Ruf, mit dem sie mich einlud, ja herausforderte, auf die Welt der Menschen zu verzichten und mit ihr und ihren Artgenossen, die in der Nähe schwebten, Teil zu haben an der sorglosen Heiterkeit des Elfen-Reiches. Eine Zeit lang erlebte ich so, meines Körpers nahezu unbewusst, doch stets so weit wach, dass ich jederzeit aus eigener Kraft in ihn zurückkehren konnte, etwas von dem freudvollen, unbekümmerten, strahlenden Glück, das alle Bewohner des Elfen-Reiches ständig zu verspüren scheinen. Der allzu enge Kontakt birgt jedoch auch eine Gefahr[75]; denn es erfordert einen sehr starken Willen, um sich daraus wieder zu lösen und die Last – wie es dann scheint – des physischen Daseins wieder auf sich zu nehmen.

Feen und Gras-Elfen

Dieses Feld ist dicht bevölkert mit Feen, Kobolden und einer Spezies winziger Elfen, die dem Gras verbunden sind. Die Feen gleiten in an-

---

[75] John Keats, *La Belle Dame Sans Merci* (auf Englisch und Deutsch in John Keats, *Werke und Briefe*, Reclam 1995, d. Ü.)

mutiger Haltung durch die Luft, höchster Ausdruck von Unbeschwertheit und Fröhlichkeit. Manche schwirren allein umher, halten zwischen ihren Flügen einen Augenblick inne und haben etwas in Händen, das sie bei jedem ihrer Zwischenstopps den Pflanzen und Blumen zu geben scheinen. Sie strecken die Hände aus, so als übertrügen sie Lebenskräfte auf die Pflanzen, deren ätherisches Doppel daraufhin wächst, und eilen dann wieder rasch davon. Sie sind eindeutig von weiblicher Erscheinung und mit einem weißen oder ganz zartrosafarben schimmernden Material von außerordentlicher Feinheit bekleidet. In der Taille ist es gefasst und glänzt wie Perlmutter. Im materialisierten Zustand sind ihre Aura-Flügel klein und oval.

Die Elfen sind zwischen sieben und fünfzehn Zentimeter groß. Es sind kleine, aus Energie bestehende Gestalten, die grün leuchten und aussehen, als trügen sie einen einteiligen, eng anliegenden Anzug aus grasgrünem Gewebe. Ihr Gesicht ist pausbäckig und kindlich. Ihre Augen haben einen koketten Ausdruck, und sie gehen völlig in ihren kurzen, wellenförmigen Flügen auf, mit denen sie sich, einzeln und in Gruppen, über das Feld bewegen. Wie es scheint, verbinden und kreuzen sich die Kraftströme in ihrer Aura gelegentlich über dem Kopf, wodurch einige so aussehen, als hätten sie Hörner. Sie sind dem beseelenden Leben in den Zellen des Grases und anderer Pflanzen verbunden und spielen wahrscheinlich eine, wenngleich kleine Rolle, wenn diese in ihre Form gefasst werden.

Tanzende Elfen in Cottingley

Plötzlich erstrahlt in etwa sechzig Metern Entfernung ein helles Leuchten über dem Feld. Es entsteht durch die Ankunft einer Gruppe Elfen unter der Leitung einer älteren Elfe, die ihre Anordnungen mit Autorität und Nachdruck erteilt und unangefochten das Kommando führt. Die Elfen bilden einen nach und nach größer werdenden Kreis um sie herum, wobei ein sanftes Leuchten über dem Gras entsteht. Seit sie sich von hoch über den Baumwipfeln aufs Gras herunter geschwungen haben, hat sich der Kreis auf etwa vier Meter Durchmesser erweitert. Jedes einzelne Mitglied der Gruppe ist durch einen Lichtstrahl mit der leitenden Elfe verbunden, die in der Mitte ein wenig über ihnen schwebt. Diese Strahlen haben verschiedene Gelbtöne bis hin zu Orange; sie begegnen sich in der Mitte und verschmelzen dort mit der Aura der leitenden Elfe. In ihnen fließt es ständig hin und her. Die Form, die so entsteht, sieht ungefähr aus wie eine umgekehrte opalisierende Obstschale aus Glas, wobei die Elfe in der Mitte den Fuß bildet und die Lichtlinien mit ihren anmutigen gleichmäßigen Bögen die Schale. In mir entstand der Eindruck, dass der Austausch und die komplexen Muster, die beim nun folgenden Tanz entstanden, die Entwicklung von Formen im Pflanzenreich der umgebenden Natur anregten und ihr als Vorlage dienten.[76]

Lake District (heute Nationalpark)

Auf einer kleinen ebenen Fläche neben dem Fluss Wythburn springt und tanzt eine Gruppe Elfen. Sie sind knapp zwanzig Zentimeter groß und von weiblicher Erscheinung. Sie tragen hauptsächlich hellblaue Kleidung, und ihre „Flügel", von ähnlicher Farbe und fast ovaler Form, flattern beständig, während sie Hand in Hand im Kreis tanzen. Manche tragen einen lose sitzenden Gürtel, an dem ein hornähnliches Instrument hängt. Alle sind in einen Stoff gehüllt, der den rosenroten Körper stärker verhüllt als das bei diesem Typus von Naturgeistern normalerweise üblich ist. Ihr „Haar" ist durchweg braun, variiert aber von sehr hellen bis recht dunklen Tönen.

Sie bewegen sich miteinander wie bei einem Volkstanz, und ich denke, es muss wohl an ihren Gedanken und ihren Bewegungen liegen, dass innerhalb und außerhalb des Kreises in Bodennähe zahlreiche kleine astral-ätherische Gänseblümchen auftauchen und wieder verschwinden, manchmal einzeln, manchmal in Kränzen oder Ketten. Außerdem geben sie eine besondere Energie als Silberfünkchen in die umgebende Atmosphäre ab. Diese Fünkchen fließen durch ihre Auren und den leuchtenden Dunst, in den die ganze Gruppe gehüllt ist, und rufen so einen bezaubernd schönen Effekt hervor. Dieser Dunst reicht

---

[76] Spätere Beobachtungen bestätigten diesen Eindruck. Siehe Teil III, Kapitel 3, Das Kleine Volk als Erbauer der Form

etwa zwanzig bis fünfundzwanzig Zentimeter über ihren Kopf und erreicht seinen höchsten Punkt über der Mitte der Gruppe. Er bewirkt, dass die Elfen sich von der Außenwelt vollkommen abgeschlossen fühlen. Tatsächlich dringt kein einziger Naturgeist aus der Umgebung in diesen verzauberten Kreis ein.

Mittlerweile haben die Elfen-Tänzerinnen ihre Formation geändert und eine recht komplizierte Entwicklung begonnen – sie bilden nämlich im ganzen Kreis Radiusketten. Der Kreis bleibt dabei nicht an Ort und Stelle, und mit der Gruppe bewegt sich auch die sie umschließende Aura. Der Tanz, zugleich ein Ritual, ähnelt bestimmten Figuren in den *Lancers*[77]. Die Elfen haben ein sehr gutes Rhythmus-Gefühl; denn wenngleich ihre Bewegungen spontan und frei erfolgen, so halten sie doch in gewissem Grad zeitliche Abstände ein.

Während ich sie beobachte, entwickelt sich in der Mitte des Kreises allmählich eine rosafarbene Herzform, deren Pulsieren die silberne Kraft hervorbringt, die in feinen Linien oder Streifen nach außen strömt. Die Aura-Hülle hat nun beträchtlich an Größe zugenommen und ist mittlerweile einer großen umgekehrten Glasschüssel ziemlich ähnlich. Die Elfen scheinen eine feste Vorstellung von der Form zu haben, die sie schaffen; denn inzwischen sind extrem feine, glitzernde radiale Trennlinien entstanden, welche die zarte Form in einzelne Abschnitte teilen. Nach und nach gleitet die Gruppe aus meiner Sichtweite. Zweifellos hat sie gerade eine formgebende Funktion zu Gunsten des Pflanzenreiches erfüllt.

Eine Elfen-Königin

Uns umgibt eine Gruppe fröhlicher, tanzender Elfen. Ihre Leiterin ist etwa sechzig Zentimeter groß, mit einem transparenten, fließenden Gewand angetan und trägt einen Stern auf der Stirn. Sie hat große, zerbrechliche „Flügel" in zarten Farben zwischen rosa und lavendel. Ihr „Haar" ist hellgoldbraun und weht ihr vom Kopf, wobei es sich mit den anderen fließenden Kräften in ihrer Aura vermischt. Ihre Gestalt

---

[77] Alter, eigentlich amerikanischer Quadrille-Tanz, d. Ü..

ist vollendet geformt wie die eines jungen Mädchens, und in der rechten Hand hält sie einen Stab. Ihr Gesicht ist von einem entschlossenen Ausdruck der Macht geprägt, der besonders in den klaren blauen Augen deutlich wird, die gelegentlich wie ein lebendiges Feuer aufblitzen. Ihre Stirn ist breit, ihre Gesichtszüge fein und rund, ihre winzigen Ohren ein Gedicht an physischer Vollkommenheit. Die Haltung von Kopf, Hals und Schultern entspricht der einer Königin, ihr ganzes Gebaren ist voller Anmut. Ein schwacher blauer Schein umgibt dieses schöne Wesen, und goldene Lichtblitze umspielen ihren Kopf. Der untere Teil der Aura ist muschelrosa mit einem Schimmer aus weißem Licht.

Sie bemerkt, dass wir hier sind, versteht anscheinend meine Absicht und verharrt wohlwollend mehr oder weniger regungslos, bis ich mit meiner Beschreibung fertig bin. Sie erhebt ihren Stab, der etwa so lang ist wie ihr Unterarm, weiß und strahlend, an dessen Spitze ein goldenes Licht leuchtet. Ich höre schwache, weit entfernte Musik, zu ätherisch, um sie genau erkennen zu können; Musik, wie sie etwa winzige, fein gestimmte, hängende Nadeln erklingen ließen, an die man mit kleinsten Hämmerchen schlägt. Es ist eher eine Aneinanderreihung klimpernder Töne als eine Melodie, möglicherweise weil es mir nicht gelingt, diesen Klang vollständig zu erfassen. Vielleicht ist es ein entferntes Echo des göttlichen Schöpfungsliedes, die Musik der Stimme, die auf diese Weise bis tief unten in den ätherischen Regionen der physischen Welt hörbar wird. Jetzt erhebt sich die ganze Gruppe in die Luft und verschwindet.

Sylphen

Über den Hochmooren von Lancashire sieht man Engel und Naturgeister der Luft in großer Zahl, wie sie sich genüsslich von der Kraft des Windes tragen lassen. Diese Sylphen sind eher kleiner als der Mensch, ihm an Gestalt jedoch recht ähnlich, wenn auch geschlechtslos. Sie treiben ihr wildes Spiel in Gruppen zu zweien und dreien und rasen dabei mit hoher Geschwindigkeit über den Himmel. Ihre Freude hat ein gewisses Ungestüm, und wenn sie einander etwas zurufen, klingen ihre Stimmen wie das Sausen des Windes. Sie erinnern dann an den Ruf der Walküren in Wagners gleichnamiger Oper.

Auf den ersten Blick wirkt es so, als ob sie Flügel trügen; denn ein Paar prächtiger weißer Schwingen scheint ihrem Körper von den Schultern bis zu den Füßen anzuhaften. Selbst eine regelmäßige federnartige Struktur ist in diesen „Flügeln" zu erkennen. Aber dies ist eine Illusion, hervorgerufen von den Kräften, die durch ihre Aura strömen. Helle Nuancen von Rosa und Azurblau überwiegen, ihren Kopf hingegen umspielt ein strahlendes, vielfarbiges Licht. Eine Gruppe aus drei Sylphen, die ich genauer beobachte, bietet einen höchst spektakulären Anblick. Während sie durch die Lüfte wirbeln und fliegen, durchzucken Kraftblitze in strahlenden Farben den Luftraum zwischen ihnen und um sie herum, insbesondere aber über ihnen. Gelegentlich strömen breite panaschierte Farbblätter, zu leuchtenden Streifen arrangiert, von einer Sylphe zur anderen. Sie sind in der Hauptsache hellblau, rosa, grün und lavendelfarben, ständig funkelnd vor goldenen, flammenartigen Energien. Diese Farbkommunikation enthält eine deutlich erkennbare Ordnung, deren Bedeutung mir jedoch verschlossen bleibt, obwohl die hauptsächlichsten Nuancen wilden Jubel und Freude auszudrücken scheinen.[78]

Die Gesichter dieser astral-mentalen Luftwesen sind wie die seltsam schöner, aber wilder Amazonen, stark, lebendig und beherrscht, trotz ihrer scheinbar tollkühnen Unbekümmertheit.

Ihre Bewegung in der Luft muss sehr schnell sein, denn sie scheinen Entfernungen bis zu zwanzig Kilometern in einem einzigen Augenblick zurückzulegen.

Sturmsylphen

Von den Hängen des Helvellyn beobachtete ich, wie dunkle Sturmwolken heranzogen und entdeckte dabei auch eine Reihe vogelartiger Luftgeister, die vor den herannahenden Wolken herzogen. Viele dieser Sylphen sind dunkel und von Furcht erregendem Aussehen, erinnern sie doch entfernt an große, unvermittelt herabstoßende Fledermäuse. Wie Pfeile schießen sie durch das Wythburn-Tal und folgen dabei zuweilen

---

[78] Diesen ersten Beobachtungen folgten später eingehendere Studien, aus denen interessante weitere Informationen gewonnen wurden. Siehe Teil II, Kapitel 3.

in dichtem Abstand Profilen der Bergränder. Sie scheinen in einem Zustand höchster Erregung zu sein und erwecken den Eindruck, als verstärkten sie noch die elektrischen und magnetischen Bedingungen, die einen Sturm auszeichnen. Ihr Gesicht ist menschlich und voll ausgestaltet, sein Ausdruck hingegen entschieden unangenehm. Es sind sehr viele – wahrscheinlich hundert – darunter auch einige weißere Sylphen-Arten. Sie geben unheimliche, kreischende Schreie von sich und schießen hin und wieder senkrecht nach oben, durchstoßen die Wolken und tauchen darüber wieder auf.

Der große Sturm in London[79]

Dämonischer und irrsinniger, als man mit Worten beschreiben kann, sind die Wesen, die hoch in der Luft zu sehen sind, jubelnd im Tosen des Sturmes, während die vielzüngigen Flammen der Blitze und das ohrenbetäubende Grollen des Donners Stunde um Stunde dieser Nacht fortdauern. Ihre Erscheinung ähnelt entfernt der riesiger Fledermäuse. Ihr Körper hat Menschengestalt, aber es scheint kein menschlicher Geist durch ihre großen, schräg stehenden Augen. Ihre Farbe ist schwarz wie die Nacht, flammend rot die Aura, die sie umgibt und sich hinter der Körpermitte zu zwei riesigen Schwingen teilt. Ihr „Haar" weht ihnen wie Feuerzungen vom Kopf. Tausende solcher Wesen, die hier nur schwach beschrieben sind, ergötzen sich an der Kraft des Sturms. Der Zusammenprall der mächtigen Kräfte beflügelt ihr Bewusstsein aufs Höchste, während sie durch die Lüfte segeln, gleiten, schnellen, wirbeln und herabstoßen, dabei offensichtlich die Kräfte des Sturms verstärkend, durch den sie zur Verkörperung finden.

Über und hinter ihnen, im Zentrum des Unwetters, ist einer, neben dem sich die Elementale des Sturms und der Zerstörung wie flatternde Fledermäuse ausnehmen. Dort, in der Mitte des Geschehens, zeigt sich einer der großen Devas der Elemente, von menschlicher Gestalt, doch an Schönheit, Majestät und Kraft mehr als ein erhabener Adept. Das Wissen um seine Gegenwart gab uns Mut und Gelassenheit, als, unmit-

[79] 10. Juli 1923

telbar bevor ein Blitz den Himmel wie durch ein Feuerband zerteilte, eines der dunklen Wesen herabstieß und einen Augenblick lang bedrohlich dicht über uns in der Luft stand. Glühend vor Raserei, waren seine unheilvollen Augen auf die Erde unter ihm gerichtet. Den Bruchteil einer Sekunde rührte ich an das Bewusstsein hinter diesen Augen und war fast von Sinnen vor Angst, wie ich es seit den Tagen und Nächten des Ersten Weltkrieges nicht mehr erlebt hatte. In diesem Augenblick wurde mir der Wert jener Prüfungen bewusst, denn ganz automatisch überwand meine Willenskraft die Angst und beruhigte den Körper, der unter diesem Anblick und dem ohrenbetäubenden Donnerknall, der ihn begleitete, so sehr erzitterte. Dann machte sich der dunkle Sturmgeist davon und stieß dabei den typischen unheimlichen, triumphierenden, unirdischen Schrei aus, der während des gesamten Unwetters ständig zu hören war.

Inmitten dieses Aufruhrs gab es doch eine Ruhe, eine unerschütterliche Gewissheit, eine Kraft, die selbst diese ungebärdigen Legionen achteten. Eine gewisse Grenze würden sie nicht überschreiten; denn sie wurden stets in Schach gehalten vom Willen jenes *Herrn des Sturms*, des Herrschers über die elementalen Kräfte.

Salamander

Da Naturgeister des Feuers, wie ihr relativ formloses Element, keine feste Form haben, sind Beschreibungen schwer zu gewinnen und festzuhalten. Es entsteht der Eindruck einer grundsätzlich menschlichen Gestalt, wobei Glieder und „Haar" aus Strömen flammender Feuerenergie bestehen und sich nur selten in Form und Positionierung den menschlichen Umrissen angleichen.

Das Gesicht jedoch ist von deutlich menschlichem Aussehen, wenn es nicht gerade von Aura-Flammen verhüllt wird. Wenig menschlich hingegen ist sein Ausdruck, wobei die schräg stehenden Augen vor unseliger Freude an der zerstörerischen Kraft ihres Elements zu leuchten scheinen. Das Gesicht ist dreieckig, Kinn und Ohren sind spitz, der Kopf umgeben und umrissen von flackernden orangeroten Flämmchen, durch die lodernde Feuerzungen schießen. Salamander haben eine Größe von sechzig bis neunzig Zentimetern, bis hin zu riesigen Kolossen an Feuerkraft, den der Sonne verbundenen *Herren des Feuers*.

Die nun folgende Beschreibung, zwar nicht eines niederen, sondern eines höheren Devas, hier aber um der Kontinuität in der Beschäftigung mit den vier Elementen und ihrer Bewohner willen eingefügt, ist der Einleitung und Kapitel 4 meines Buches *The Angelic Hosts*[80] entnommen.

Es schien so, als stünde ich mit ihm (dem Engel-Lehrer aus der Einleitung zu diesem Buch) in einem Feuermeer versunken, das homogen war und alles durchdringend, dabei aber doch durchscheinend und transparent. Mir kam es auch so vor, als sähe ich die Sonnenblumen-Formation des Feueraspekts des Solaren Logos und seines Systems, so als stünden der Engel und ich auf einem der Blütenblätter. Obgleich die Entfernungen und Dimensionen dieser Feuerwelt so kolossal waren, dass sie physisch weder erfassbar noch messbar sind, so lagen sie doch auf dieser Ebene noch innerhalb der Reichweite meines Bewusstseins. Selbst die Tatsache, dass ich vollständig in einen wahren Flammenkatarakt eingetaucht stand, der mich umtoste und umwirbelte, verhinderte doch nicht, dass ich das Ganze und seine Gestalt zugleich so sehen konnte, als schaute ich von oben darauf herab. Das Verhältnis der physischen zur Feuersonne konnte ich nicht ausmachen, aber die relative Größe und Leuchtkraft waren so, dass die physische Sonne sich in ihrem feurigen Gegenstück nahezu verloren hätte.

Unter der Führung des Engels bewegte ich mich in dieser Feuerwelt umher, aber wie groß die Entfernungen auch waren, die wir zurücklegten, es bot sich uns immer derselbe Anblick. Ob wir aus dem Feuermeer emporstiegen, darin versanken oder ein ausgedehntes Flammengebiet durchschritten, immer sah das System aus wie eine Sonnenblume, die uns ihr ganzes Gesicht zuwandte. Dies mag zwar widersprüchlich klingen, denjenigen aber, die um die Existenz der vierten Dimension wissen, wird es bekannt vorkommen. Auf der Ebene des Feuers jedoch gibt es mehr als vier Richtungen im Raum oder Eigenschaften, die die superphysische Erkenntnis enthüllt.

Die Erscheinung der solaren *Herren des Feuers* war herrlich und ehr-

[80] The Theosophical Publishing House, London

furchtgebietend. Ihre Größe muss gigantisch sein. Zwar erreichten die Beobachteten nicht die Größe der großen Blütenblätter, aber als sie wie eine innere Krone um das innerste Feuerherz der Blüte standen, waren sie noch immer so groß, dass man sie vom äußeren Rand des Systems her ausmachen konnte. Als wir dem Zentrum näher kamen, erkannten wir sie als solare Kolosse, und an einem unserer Rastplätze füllte ein einziger *Herr des Feuers* unser gesamtes Gesichtsfeld aus. Ihre Gestalt war eindeutig menschlich, wenngleich jede Zelle ihres Körpers einem donnernden Brennofen glich und sie ständig von Flammen umzüngelt und umspielt waren. Ich konnte ihre Gesichter nie deutlich erkennen, und ihre Augen blieben meinem Blick verborgen – vielleicht durch eine gnädige Vorsehung – aber in mir entstand ein Eindruck von Schönheit, der nicht minder stark war als der von Kraft. Ihre Schönheit lag weniger in Gestalt und Form begründet, wenngleich auch ihr Körper unaussprechlich schön ist. Eher rührt sie von dem abstrakten Ideal der Schönheit her, das sie verkörpern. In der Feuerwelt nahm ich die Schönheit im Abstrakten als Lebenskraft wahr, genauso mächtig wie das Feuer, und ich erkannte, dass es, wie einen Feuer-Aspekt auch einen Schönheits-Aspekt Gottes gibt, der dem des Feuers an regenerativer, transformierender und destruktiver Wirkung gleich ist, genauso herrlich, genauso schrecklich, genauso gefährlich für den, der seine bloße Kraft schaut. Inzwischen schätze ich die Wahrheit, die in der Redewendung liegt, wonach niemand Gott schauen kann und leben. Der Mensch kann die Höhen des geistigen Berges erklimmen, und die Schönheit Gottes kann ihn verwandeln, solange er aber nicht bereit ist für ihre unwiderstehliche Kraft, wird er dabei endgültig zerstört.[81] In der Welt des Feuers scheint es ein hoch organisiertes System zu geben, wodurch solche Gefahren weitestgehend vermieden werden. Die unbegrenzte Macht, Herrlichkeit und Schönheit des Logos durchströmt die Hierarchie der Engel, die ihm als ein Wandler dient, der seine Energie vermindert und transformiert, so dass Formen gebildet und nicht zerstört werden und die Bewohner der unteren Ebenen durch ihre furchtbare Macht nicht geblendet werden.

---

[81] Natürlich nur, was seine persönliche Individualität betrifft, denn der Bewohner des Innersten ist unsterblich, ewig und unzerstörbar.

Die Erzengel des Feuers leben inmitten dieser Kräfte und leiten das Spiel der feurigen Sonnenenergien nach dem Willen jenes höchsten Herrn des Feuers, der Quelle ihrer Existenz. Sie sind die Devas des Feuers, die Erzengel der Flamme, die geistigen Erneuerer des Systems. Als lebendige Verkörperungen der Feuerkraft sind sie Mitregenten des Höchsten Herrschers, der sich ebenso im Sonnensystem wie in den Herren des Feuers ausdrückt. Ganz golden und flammenartig ähneln sie riesigen Feuermenschen, jeder mit einem Speer in der Hand und einer Krone lebendigen Feuers auf dem Haupt. Flammen schießen auf allen Seiten aus ihnen hervor. Jede Bewusstseinsveränderung entsendet Flammenzungen, jede Geste Feuerfluten. Macht durchströmt sie und wird gewandelt, damit nicht ihre schiere Kraft eben jenes System zerstöre, das sie, durch die Mittlerschaft der Erzengel, erschafft, bewahrt und transformiert. Sie schirmen das Sonnensystem ab, damit die Feuer-Energie nicht die Augen eben jener blende, denen es Lichtquelle ist, nicht jene verbrenne, denen es Wärmequelle ist und nicht jene zerstöre, denen es Kraftquelle ist.

So lassen sich in Umrissen die Mächtigen vor dem Feuerthron des Vaters der Engel und Menschen beschreiben. Nach ihnen folgen Rang um Rang die Feuer-Devas. Die jüngsten darunter sind die Naturgeister ihres Elements, die Salamander, werdende Herren des Feuers.

Teil III
Die Sephiroth

Kapitel 1
DIE ENGEL DES WILLENS, DER WEISHEIT UND DER INTELLIGENZ

Universen werden gebildet und sind durchdrungen von einer unendlichen, schöpferischen, belebenden und transformierenden göttlichen Kraft, die im Tibetischen *Fohat* genannt wird. Dieses *Eine Leben* enthält in sich unendliche Möglichkeiten zur Schaffung von Universen, Wesen und Formen. Es hat zwei Existenzweisen, eine aktive und eine passive. In der passiven existiert aus objektiver Sicht nur Dunkelheit. Die Vorgänge des Entstehens, der Verdichtung, der Evolution und der Transformation von Universen, Wesen und Formen zu geistigen Zustandsformen vollziehen sich in der Zeit der Aktivität. Diese beiden Phasen, die passive und die aktive, folgen ewig im Wechsel aufeinander. Die Kosmogonien der Welt bezeichnen sie als Nächte und Tage.

Am Beginn der Schöpfungsperiode wird das Prinzip der Ideen, das dem Einen Leben innewohnt, als universeller Verstand oder göttliche Intelligenz manifest. Es ist noch kein Wesen, sondern eine Kraft, die durch die befruchtende Berührung oder den „Atem" des Einen Lebens aus dem grenzenlosen Weltraum erwacht. Im universellen Verstand erscheinen sodann genau begrenzte Bereiche göttlichen Denkens. In der ersten „Gedankenzelle" eines Universums sind sie die „Kerne", von denen Schöpfungsimpulse ausgehen. Sie sind noch keine Einzelwesen, wenngleich sie die Möglichkeit, alle Wesen zu sein, in sich tragen.

Der Prozess der Emanation setzt sich fort, und als Erstes gehen die Sephiras daraus hervor, die Geister der Zahlen, die göttlichen Schöpferischen Intelligenzen. Sie finden sich nach dem Gesetz der Zahlen zusammen und verleihen den Plänen Gestalt, die in den göttlichen Ideen angelegt sind. Die höchsten Erzengel, aus denen wiederum die Engel-Heerscharen hervorgehen, sind in solchen Emanationen enthalten. Engel sind also geistgeborene Emanationen des Absoluten Lebens, und je näher sie nach Zeit und Art diesem Leben stehen, desto größer sind sie als Wesen. Hierarchie ist somit Bestandteil der etablierten Schöpfungsordnung. An der Spitze der Leiter der Engel stehen die ursprünglichen Sephiroth, die Erzengel des Antlitzes, die mächtigen Geister vor dem Thron. Sie sind die Erstgeborenen, die – mit Ausnahme der Ersten Verkörperung des Universellen Geistes – höchsten und größten Manifestationen der schöpferischen Intelligenz und Macht im Universum. Sie sind alles-überdauernd und existieren vom Morgen bis zum Abend des Schöpfungstages. Am anderen Ende der Skala der Engelwesen stehen die Letztgeborenen, die winzigen Lebensformen aus dem Meer des Lebens, die Sephiras en miniature – die Naturgeister.

Die Söhne des Willens

Innerhalb dieser hierarchisch geordneten Wesen gibt es mindestens sieben Hauptgruppen, geordnet nach der in ihnen vorherrschenden Kraft. Die Sephira des Willens gebiert unzählige, aber nicht ungezählte „Söhne", die jeder selbst wiederum „Vater" einer ausgedehnten Nachkommenschaft sind. Alle tragen in sich das Feuer des allmächtigen Willens. Ihr Attribut ist Macht, und sie sind die Erfüllungsgehilfen des manifestierten Willens jener Summe aller Sephiras, des Logos des Universums. Mit kosmischer Macht versehen, erstrahlen diese „Morgensterne" heller als tausend Sonnen. Schöpfer sind sie insofern, als der kreative Strahl, der fohatische Blitz, der Pfeil des Eros von ihnen als Bogenschützen an seinen Platz gelenkt wird. Dieser Platz ist im Anfang jene Stelle im Raum, an der das Universum erscheinen soll. Während der gesamten Zeit seiner Entstehung und seines Wachstums lenken sie beständig diesen Feuerstrahl, der in unzählige wirbelnde Kraftstäbe „aufbricht" und Atome entstehen lässt, dorthin. Ur-Atome kennen nur eine einzige Art. Sie bilden die obere Schicht jedes der sieben Dichtegrade der Materie, aus denen die sieben Welten oder Ebenen bestehen. Verschiedene atomare Verbindungen ergeben verschiedene Substanzen oder chemische Elemente, und zwar sowohl in den noumenalen als auch in den phänomenalen Aspekten des Universums. Die atombildende Kraft ist Fohat.

Gesteuert wird dieser Vorgang von den Sephiras des Willens und ihren Emanationen.

Im vollen Bewusstsein ihrer selbst, gebrauchen die Erzengel des Willens diese große Macht. In abgestuften Graden erfüllen die Engel des Willens ihre Aufgabe. Reiner Instinkt leitet die Naturgeister und ihre Funktion als Diener des Einen Willens. Es sind die Gnome, die Elementale der Erde.

Die Söhne der Weisheit

Die Sephira der Weisheit und ihre „Söhne" verkörpern und manifestieren die Prinzipien von Zusammenhalt, Gleichgewicht und Harmonie, die Fohat und allem, was es schafft, inhärent sind. Außerdem lenken sie die belebenden Ströme der Sonnenenergie, durch welche die atomaren Verbindungen, Moleküle, Substanzen und Formen Koordination und Leben erhalten. Man nennt sie die „Söhne der Weisheit", weil Intelligenzen, die zusammenfügen und harmonisieren, immer weise sind. Sie halten die vielzahligen, unterschiedlichsten Bestandteile der Natur bewusst in einem ausgewogenen Gleichgewicht. Jeder umfasst mit seiner Aura weite Regionen und dient zugleich als Überträger und Sammelbecken für die ausströmenden beziehungsweise zurückkehrenden Strahlen der Fohat-Kraft.

Das Wirken der Söhne der Weisheit und anderer Sephiras wurde in der Sprache der Mysterien als die – rechtmäßige oder unrechtmäßige – schöpferische Vereinigung von Göttern und Göttinnen sowie ihre dabei gezeugte Nachkommenschaft beschrieben. Das Wirken der Sephiroth und die daraus resultierenden Naturphänomene wurde mithin durch Allegorien und Märchen erklärt, die den Eingeweihten die heiligen Wahrheiten enthüllten, sie zugleich aber vor den Profanen verbargen. Dies war seit jeher die Methode der Mysterien.

Engel der Weisheit dienen in Regionen niedrigerer Dimensionen und höherer Dichte. Die Naturgeister des Wassers als feinstoffliches Element, des großen Trägers und Leiters in der Natur, erfüllen ihre Rolle in den äußersten Regionen und dichtesten Zustandsformen der Substanz im Universum rein instinktiv.

Die Söhne der Intelligenz

Der Gedanke, der während der gesamten Schöpfungsnacht als Potenz schlief, erwachte mit dem Morgengrauen und fand seine Verkörperung in der feinsten aller Substanzen, im prä-atomaren Raum. Als später Fohat die ersten Atome bildete, lenkte der Verstand ihre Formation. Als die Atome zu dichterer Substanz verschmolzen, ordnete der Verstand das Muster, nach dem sie sich zusammenfügten. Als die Elemente erschienen, begriff sie der Verstand, als die Formen folgten, gestaltete der Verstand sie nach einem transzendenten „Traum", aus dem er beim Morgengrauen erwacht war. Der Verstand ist der Künstler und Handwerker des Universums.

Die Sephira des Verstandes brachte aus sich und durch sich unzählige Nachkommen hervor, die Engel-Heerscharen des Verstandes, aus denen wiederum Sylphen und Naturgeister, Elfen und alle Luftwesen hervorgingen. Sie dienen dem Universellen Geist. Sie schneidern das äußere Gewand der Natur. Sie empfangen und projizieren die Archetypen mental von einer Ebene zur anderen, bis die dichteste Welt erreicht ist und die irdischen Formen entstehen.

Der Universelle Verstand ist allgegenwärtig. Bei den Ägyptern war der Gott Tehuti, die Sephira von Denken und Gesetz, sein Symbol und seine Verkörperung, zeitlich dem schöpferischen Logos, dem widderköpfigen Amun Ra, zwar vorangehend, an Rang jedoch hinter ihm stehend. Auf seiner Palette berechnet er die kosmischen Zyklen und die Tage und Nächte des Ra und zeichnet sie zugleich auf. Selbst Fohat gehorcht der Sephira des Denkens, dem Herrn von Zahl und Gesetz.

Götter und Göttinnen

Jede Sephira hat einen Zwilling zum Helfer. Jeder Erzengel hat sein Gegenstück, den lebendigen „Schatten" seiner selbst, sein Doppel. Allen Göttern sind mithin Göttinnen beigegeben, die geistige Verkörperung und Ausdruck ihrer Kraft sind, genau wie die Götter selbst wiederum Verkörperungen der Universellen Kraft in einem oder mehreren ihrer vielen Aspekte sind. Die letzten drei der sieben Sephiras sind die Spiegelungen der ersten drei, ihre Göttinnen, wobei jede eine eigene mächtige Intelligenz ist, die sich in diesem und vorangegangenen Universen bis zu ihrem augenblicklichen hohen Stand entwickelt hat.

Jede der sieben Sephiras ist ein Beauftragter mit einem Amt in der Regierung des Universums. Jede ist Spezialist in einem Bereich schöpferischen Tuns, Experte für Schöpfungsvorgänge mit besonderen Fähigkeiten auf jeweils einem der sieben „Gebiete".

Sephiroth-Intelligenzen übersteigen das menschliche Verständnis. Wille und Denken sind in ihnen geradezu allmächtig. Durch diese beiden Kräfte errichten und erhalten sie während des gesamten Schöpfungstages jene Bereiche in dem genau umrissenen Gebiet, in dem später Sonne und Planeten entstehen werden. Während der gesamten Zeit der Verdichtung, von der reinen Geist-Materie bis zur physischen Sonne und ihren Planeten und der darauffolgenden fortschreitenden Ätherisierung bis zurück zum ursprünglichen reinen Zustand, halten sie die Konzentration, durch die diese Phänomene hervorgerufen werden, konstant aufrecht. Nach dem numerischen Gesetz durch Einsatz des vereinten Wille-Gedankens kontinuierlich schöpferisch wirkend, sind die Sephiras die bewegungslosen Götter, deren Konzentration während der gesamten Dauer des schöpferischen Wirkens ungebrochen bleibt und niemals schwankt.

Kapitel 2

DIE ENGEL DER SCHÖNHEIT, DES VERSTANDES UND DES FEUERS

Die ersten drei Sephiras, die des Willens, der Weisheit und der Intelligenz, sind die primären, die Haupt-Sephiras. Die letzten drei sind die sekundären, ihre Neben-Sephiras sozusagen. Die vierte bezeichnet das verbindende Prinzip zwischen diesen beiden Gruppen. Die Kraft der drei primären und die „Reaktionen" der drei sekundären Sephiras durchlaufen stets die dazwischen liegende vierte Sephira. Das Spiel zwischen solch mächtigen Kräften, der Fluss zwischen den drei geistigen und den drei materiellen Sephiras, schafft Spannung im Raum dazwischen. In der Ur-Substanz entstehen Kraftlinien, und aus ihnen strömen die großen und kleinen Archetypen hervor, die lebendigen geometrischen Modelle, auf die alle Formen zurückgehen.

Die vierte Sephira ist deshalb ein Beauftragter von höchster Wichtigkeit. Inmitten der schöpferischen Spannung muss sie die vorherbestimmten „Formen", die Eltern-Archetypen und die aus ihnen hervorgegangenen kleinen Archetypen, bewahren. Die Erhaltung des Rhythmus und der vorbestimmten Oszillationsfrequenzen im Spiel zwischen den offensichtlich gegenläufigen primären und sekundären Sephiras sind die vordringlichste Aufgabe der vierten Sephira und ihrer Untergebenen. Alle Kräfte, Eigenschaften, Aufgaben und Tätigkeiten der sechs Sephiras muss auch die vierte besitzen und beherrschen. Sie muss sie in sich enthalten und nach dem numerischen Gesetz lenken. Der Verstand des Menschen nimmt die Ergebnisse dieser gewaltigen Mühen der vierten Sephira als die Ordnung und Schönheit des Universums wahr.

In konzentrischen Kreisen vom Innersten zum Äußersten oder von der obersten Sprosse der Sephiroth-Leiter bis zu ihrer untersten arbeiten die Gestalter der Form in ihrer Werkstatt, dem objektiven Universum.

Ihr Werkzeug ist das Schöpfungsfeuer, ihr Material die schöpferisch durchtränkte Substanz. Die Kraftquelle und die Inspiration, mit der sie arbeiten, ist die schöpferische Intelligenz, die auch im Werkzeug und im Material wirkt. Von der Mitte bis zu den äußersten Enden der Arme des feurigen sechsarmigen Kreuzes[82] aus den sechs Pfaden, denen die ausströmende und zurückfließende Schöpfungsenergie folgt, sind die vierte Sephira und ihre Emanationen allgegenwärtig und unablässig tätig.

Der Schauende Herr selbst steht in der Mitte, aus der heraus alle Arme sich drehen und alle Kräfte entstehen. Aus ihr geht alle Kraft hervor, und in sie kehrt alle Kraft zurück. In zunehmendem Abstand von der bloßen Kraft beziehen Erzengel und Engel ihre Standorte auf den Armen. Naturgeister wohnen, tanzenden Staubkörnchen in einem Sonnenstrahl gleich, an den äußeren Enden. Und doch sind alle eins. Erzengel, Engel und Naturgeister sind nichts anderes als Emanationen und Verkörperungen des Einen Lebens innerhalb ihrer sephirotischen Quelle. Da sie also all-eins sind, bewegen sie sich alle einzig auf Impulse aus dieser Quelle hin und gehorchen einem einzigen sephirothischen Gedanken und Willen.

Die Sephira der Gedanken-Formen

Die fünfte Sephira und ihre Heerscharen fassen als erste den Gedanken an sich entwickelnde Formen. Durch den Geist dieses Mächtigen gehen die göttlichen Ideen aus dem archetypischen in den konkreten Zustand über. Zeit, die große Täuscherin, hält das Grenzen- und Zeitlose in ihrem Gefängnis fest, dessen „Mauern" aus Hunderttausenden von Jahren bestehen. Vergangenheit, Gegenwart und Zukunft halten darin jenen göttlichen Gedanken gefangen, der für die dritte Sephira langanhaltend, für die zweite immerwährend und für die erste ewig ist. Mit einem Fuß sozusagen in der Zeit, mit dem anderen in der Zeitlosigkeit stehend, verbindet die vierte Sehpira die Form mit dem Formlosen und ermöglicht so die Weitergabe der göttlichen Ideen vom sich nicht entwickelnden Archetypen an Myriaden sich entwickelnder Formen.

[82] Siehe Teil II, Kapitel 2

Zunächst sind diese örtlich und zeitlich begrenzten Formen noch fehlerhaft, grob und unvollkommen. Zuletzt jedoch sind sie fehlerfrei, vollendet und makellos.

Die Prozesse zur Vervollkommnung der Formen unterstehen der Leitung der fünften Sephira, unter der Stufe um Stufe Erzengel, Engel und Naturgeister wirken. Diese Wesen erschaffen die Formen nicht. Die göttliche Idee aus dem Innersten des Einen Lebens gebiert durch die dritte Sephira die Eltern-Archetypen. Diese „atmen" auf die unberührten Wasser des niederen Raums und „sprechen" das archetypische „Wort". Der Raum nimmt dies auf und bringt allmählich die einzelnen Formen hervor, die als Möglichkeit für immer im göttlichen Gedanken angelegt sind.

Diese ersten, in der Zeit gefangenen Formen, die erscheinen, als kämen sie spontan aus dem Gedankengut des Universums, werden von der fünften Sephira und ihren Heerscharen sogleich zwei Prozessen unterzogen. Ihre Gestalt wird verbessert, und sie werden in aufeinanderfolgenden Zyklen in die astralen und physischen Regionen projiziert, wo die sechste und siebte Sephira herrschen. Dort werden sie durch das Zusammenwirken der letzten drei Sephiras und ihrer Heerscharen vervollkommnet und gehärtet, poliert und verdichtet. Zunächst erscheinen sie als Gedankenformen, unvollkommen und von unschöner Gestalt. Mit Leben und heraufdämmernder Empfindungsfähigkeit erfüllt, werden sie in dichtere Substanz gehüllt. Vollständig ausgehärtet oder manifest im dichtesten physischen Zustand, erreichen sie wie in Bronze gegossene Gipsmodelle nach und nach ihre größte Dichte. So werden Planeten geboren. Zuletzt sterben sie und lösen sich auf; aber ihr Leben und ihre Idealform werden aufbewahrt und von neuem in ihre Nachfolger projiziert.

Die Arbeit der Sephiroth hört nimmer auf. Die Vollkommenheit, die dem Unvollkommenen implizit ist, beherrscht die widerstrebende Substanz. Mit den verbesserten Formen wird auch die Materie formbarer, das Denken prägender und das Leben empfindsamer. Schließlich wird das Denken allmächtig. Das siebenfache „Wort" der Sephiroth wird „Fleisch", und in seiner höchsten Vollendung „wohnt es unter uns" beziehungsweise wird materiell manifest.

Die fünfte Sephira ist daher mit der mentalen Fortpflanzung in Form der abstrakten schöpferischen Ideen betraut, die unter der dritten Sephira das Stadium des Archetyps durchlaufen hat. Diese all-umfassende, singuläre Gedankenform, die sich in Myriaden einzelner Formen teilt, muss das gesamte Manvantara hindurch gedanklich aufrechterhalten werden. Keine Unterbrechung in der Konzentration des Wille-Gedankens der fünften Sephira darf die Projektion und Entwicklung des Universums der konkreten Formen zur Vollkommenheit stören.

Göttliches Denken ist in diesem Mächtigen verkörpert. Er ist der Herr des Verstandes, die Verkörperung der lenkenden Intelligenz des „formalen" Universums. In gewissem Sinn ist er das Universum des Denkens, der Eine Verstand, dessen Teil aller übrige Verstand ist, in ihm enthalten und zugleich sein Ausdruck. Die Kraft dieses Wesens ist die des Universellen Willens in seinem Ausdruck als Denken oder Fohat-Atma-Manas.[83]

Das Element Feuer

Die dritte Sephira ist die Seele im Innersten der fünften, ihrer manifestierten Kraft. Ihr Element ist das Feuer. Die dritte Sephira ist wie weiße Hitze, die fünfte wie ihre flammenartige Strahlung. Tatsächlich gibt es jenseits der physischen Welt weder Hitze noch Flamme. Heiße Massen und auflodernde Flammen, physisch verursacht durch die Verbrennung bestimmter Elemente, haben in den feinstofflichen Welten kein Gegenstück. Es gibt kein feinstoffliches Verbrennen von Substanz sowie den damit einhergehenden Formwandel. Das physische Feuer und seine Flammen sind das dichtere Gegenstück eines feinstofflichen universellen Elements, dessen Intelligenz, Kraft und Wirken die der dritten und fünften Sephira sind. Dies ist ein Mysterium, und mehr soll hier nicht gesagt werden, außer dass die physische Flamme eine vorübergehende, ortsgebundene Manifestation der göttlichen Gegenwart ist, genauer des dritten und fünften Aspekts sowie der dritten und fünften Emanation der Gottheit. Jeder göttliche Aspekt wird äußerlich manifest als ein Wesen, eine Intelligenz, deren Natur der Mensch nicht zu fassen vermag,

---

[83] *Fohat-Atma-Manas*: Kosmischer, schöpferischer Elektrizitäts-Wille-Gedanke

außer im Zustand höchster Kontemplation, wenn die göttliche Immanenz wahrgenommen und die göttliche Transzendenz intuitiv erkannt wird.

Das Feuer auf der Erde ist also Ausdruck der göttlichen Intelligenz, eine ortsgebundene Manifestation des Universellen Verstandes: Es ist eine der vier Manifestationsweisen auf der physischen Ebene, die die elektromagnetische „Seele" der physischen Substanz ausmachen. Die ungefähr konische, zungenartige Gestalt der Flamme ist Symbol dieses Dritten Aspekts der Gottheit, denn im vertikalen Schnitt ist sie dreieckig. Das Dreieck ist die archetypische „Form" des Elemens Feuer und mithin der dritten Sephira.

Die fünfte Sephira übermittelt den Feueraspekt der Gottheit in die formale Welt, wo sie im Menschen mental als Gedankenkraft, emotional als Verlangen und physisch als Hitze manifest wird. In all den verschiedenen Ausdrucksformen des Feueraspekts in der Natur und im Menschen ist die fünfte Sephira als das beseelende Wesen, als der Verstand der Natur aufs Engste enthalten.

Der Vorgang der physischen Verbrennung, der für Sinne und Verstand des Menschen den Eindruck von Feuer, Flammen und Hitze erweckt, regt das geistige Feuer, den Feueraspekt der Gottheit, der in der fünften Sephira am stärksten vertreten ist, zu Hyperaktivität an. Dieses beseelende Feuerprinzip der Natur findet seine stärkste Verkörperung in jenem Wesen und in seinem Bruder, der dritten Sephira, dem Noumenon des Noumenon, der Seele der Seele des physischen Feuers.

Die fünfte Sephira wiederum besteht aus und manifestiert sich in zahllosen Feuer-Devas, Erzengeln, Engeln und Naturgeistern. Diese riesigen Heerscharen sind beständig schöpferisch aktiv, ununterbrochen damit befasst, das fohatische Feuer, die kosmische schöpferische Feuerkraft, von ihrer ursprünglichen Quelle in alle fünf Ebenen der gegenwärtigen Manifestation zu übermitteln.

Das Feuer des Fohat ist die Kraft, durch die unberührte Materie befähigt wird, auf die archetypischen Produkte der göttlichen Ideen zu reagieren und sie zu vervielfältigen. Kosmisches Feuer, das keine brennende Flamme oder Hitze, sondern eine Art elektrischer Energie ist, ist der prägende Einfluss, durch dessen Wirken die Grundsubstanz

Universen und alles, was in ihnen ist, hervorbringt. Art und Gestalt dieser Produkte werden durch eine Verbindung aus numerischem Gesetz und göttlichem Denken bestimmt. Das kosmische Feuer und der kosmische Verstand sind daher während des gesamten Manvantara aufs Engste verbunden. Ohne das vereinte Wirken beider findet keine Form zu phänomenaler Existenz.

Auf physischer Ebene stellen Glühen und Flamme eine Freisetzung und daher also einen Ausdruck des schöpferischen Feuer-Verstandes dar. Der Grad an Freisetzung hängt von der Menge des Materials ab, das physisch zum Glühen gebracht werden soll. Wie viel vom fohatischen Feuer sowie von der fünften und dritten Sephira und ihrer Heerscharen ausgedrückt wird, hängt außerdem von der Größe des Feuers und dem Grad seines Glühens ab.

Wenn ein Feuer entfacht oder ein Streichholz angezündet und brennbare Substanz zu Asche reduziert wird, vollzieht sich auf der physischen Ebene eine Freisetzung von feinstofflich manifestiertem Schöpfungsfeuer. Diese Freisetzung versetzt die Naturgeister des Feuers in Erregung, woraufhin sie in der Manifestation ihres Elements ausgelassen umhertollen.

Damit das kosmische Feuer und der kosmische Verstand gemeinsam physische Formen schaffen können, müssen auch die vier übrigen Elemente Erde, Wasser, Luft und Äther als feinstoffliche Elemente und Potenzen gegenwärtig sein, womit also die fünf Elemente, die zur Herstellung natürlicher Formen vonnöten sind, vollständig wären. Im physischen Feuer überwiegt das feinstoffliche Element Feuer extrem stark und ist fast als einziges aktiv. Destruktion und nicht Konstruktion von Form ist die unvermeidliche Folge.

Kapitel 3

LEBEN UND FORM

Die sechste Sephira

Die Vereinigung von Kraft und Leben des Sonnensystems, manifestiert in der zweiten Sephira, als der solare Herr der Weisheit und Seine Söhne, findet ihren Ausdruck als das Lebensprinzip der materiellen Welten. Das Eine Leben der Natur, so selbstständig es bei der Betrachtung von unten auch erscheinen mag, ist doch als Träger einer Intelligenz, nämlich der sechsten Sephira, beigegeben. So wie die zweite Sephira die belebenden Ströme der Sonnenenergie auf den höheren Ebenen lenkt, dient die sechste auf den niederen Ebenen, einschließlich der physischen Welt, als Ausdruck des Einen Lebens.

Das Meer des Einen Lebens hat seine Küsten, nämlich das physische Universum, an die seine Wellen beständig in rhythmischem Puls schlagen. Wie ein Strand immer mehr von der steigenden Flut erfüllt wird, so wird auch die physische Materie immer mehr von dem belebenden Fluidum, vom Einen Leben, erfüllt. Evolution bedeutet für die physische Substanz eine Zunahme ihres inneren Lebens, eine stärkere Sättigung mit dem Einen Leben, das die zweite und die sechste Sephira unablässig auf sie übertragen.

Die erste geschaffene, feste, physische Substanz ist relativ leblos. Im Anfang ist ihr Gehalt an Leben sehr gering. Mit fortschreitender Evolution wird die Materie allmählich immer belebter; die enthaltenen Atome übertragen und enthalten größere Anteile von Geist-Leben. So fügen sie sich leichter zu Formen, die wiederum proportional besser auf Gedanken reagieren. Metaphorisch gesprochen: Mit steigender Flut steigt auch die Erfüllung. Die Hochwassermarke steht für die vollste physische Manifestation, die das Geist-Leben und seine Verkörperungen in der ersten, zweiten und sechsten Sephira in einem Schöpfungszyklus erreichen können. Der Sättigungspunkt ist erreicht, wenn physische Substanz am feinsten auf Gedanken reagiert und sich am leichtesten von ihnen formen lässt. Danach findet der Eine Verstand in der dritten und fünften Sephira in jeder Art physischer Substanz ein ausgesprochen leicht formbares Medium, aus dem sich die Vorstellungen und Produkte der göttlichen Ideen gestalten lassen. Die gesamte Natur zeigt dann die vollkommenste Anpassung an das Universelle Denken, sei sie nun manifestiert in den Heerscharen der Sephiroth oder individualisiert im Menschen.

Dies ist ein Teil der Aufgabe der sechsten Sephira und der Heerscharen, die sie ausmachen, vom Erzengel des solaren Lebensfluidums bis zu den Naturgeistern und Verkörperungen des feinstofflichen Elements Wasser. Stark vereinfacht gesprochen, dienen diese Wesen im ganzen physischen Universum als Leiter des Fohat, des „Lebensblutes" von Mutter Natur, durch das sie selbst erhalten wird und auch ihre Kinder nährt.

Undinen und Sylphen – Emanationen der sechsten Sephira

Unzählige „Arterien" und „Venen" leiten die belebende Elektrizität, das Lebensblut, von der Sonne zu den Planeten und von den Planeten wieder zurück zur Sonne. So gesehen ist die Sonne das „Herz" und das Universum der „Körper". Erzengel sind die interplanetarischen „Wandler" und „Sender". Engel sind planetarische „Empfänger" und „Sender", und Naturgeister sind die letzten feinstofflichen Empfänger der elektrischen Ladung. Sie halten sie so lange sie können und entlassen oder entladen sie dann in das ätherische Gegenstück der Natur. Dort nehmen der physische „Strand" oder die molekularen „Sandkörner" sie auf. So wird also alle Natur belebt, alle Substanz formbar gemacht. Das Ewige Opfer ist vollbracht.

Die Undinen und Sylphen empfinden große Freude, wenn sie ihre Funktion als Empfangende und Abgebende des solaren Lebens erfüllen.[84] Sie sind in Ekstase, wenn sie ihre dreifache Funktion des Ab-

---

[84] Siehe auch Teil II, Kapitel 4

sorbierens, des Haltens und Komprimierens sowie des Entladens der Lebenskraft in ihre unmittelbare Umgebung ausführen. Dies ist ihr Leben, dies ist ihre „Arbeit", die für sie wie für alle Naturgeister nichts anderes ist als immerwährendes Spiel und die, auch wenn sie es nicht wissen, zu Fortschritten in der Evolution führt. Um ihre Freude an ihrer Teilhabe an den Vorgängen in der Natur noch zu steigern, versuchen sie ständig, noch mehr der Leben spendenden Ladung aufzunehmen und sie so lange wie möglich zu halten. Die daraus resultierende stärkere Komprimierung führt zu einer immer kräftigeren Entladung, die folglich noch größere Freude mit sich bringt.

Der Stand der Evolution aller Heerscharen der Sephiroth bemisst sich nach ihrer Fähigkeit zu absorbieren, zu halten und zu komprimieren. Da sie vom Morgen bis zum Abend des Schöpfungstages mit nichts anderem beschäftigt sind, nimmt ihre Fähigkeit, diese dreifache Funktion zu erfüllen, ständig zu. Dies ist für sie der Weg ihres evolutionären Fortschritts, der sich sowohl in einer Zunahme der Körpergröße als auch der Ausdehnung ihrer Aura zeigt.

In dem Augenblick, in dem der Naturgeist aus seinem Engel hervorgeht, messen der vertikale wie der horizontale Durchmesser seiner Aura nicht mehr als drei bis fünf Zentimeter. Durch Jahrhunderte dauerndes Üben von Aufnahme, Zurückhaltung und Entladung des elektrischen Lebens der Sonne nimmt die Größe sowohl der Aura als auch der zunächst winzigen, aber stets wunderschönen Gestalt in ihrem Inneren ständig zu.

Das sichtbare Universum

Die siebte Sephira ist der Herr der ganzen Natur, ihres physischen Gewandes. Sie ist ihrem physischen Kleid durch und durch immanent; denn jedes Atom wird geschaffen und erhalten von der Kraft, deren Verkörperung und Manifestation sowohl die Sephira als auch das Universum sind.

Fohat ist der Schöpfer. Der Verstand schafft die Form. Die Materie ist das Medium, aus dem der schöpferische Geist das äußere Universum gestaltet. Keine einzige Form in der Natur, vom Atom bis zum sich ganz ähnlich drehenden Planeten, kommt anders zustande denn als das Ergebnis des schöpferischen Wirkens des Feuers von Fohat, des Gestalt gebenden Geistes sowie der aufnehmenden, reagierenden Eigenschaften der Materie. Denn dies ist die ewige schöpferische Dreieinigkeit. Dies ist Gott, der Vater, der Sohn und die Mutter.

Das Universum ist ein siebenfaches. Siebenfach müssen mithin auch die aktive Potenz und das Wirken des dreifachen Gottes sein – und sie sind es auch. Durch die Mitarbeit der sieben Emanationen, die jede das Produkt einer Kombination der drei höchsten Aspekte sind, „schafft" der Logos die sieben Dichtegrade, die die Ur-Substanz[85] unter Wirken und Einfluss von Fohat annimmt. Die siebte dieser Kräfte, die siebte Sephira, ist auf der Dichtestufe des Elements Erde ein mächtiger Repräsentant des Logos, für die Sinne des Menschen manifestiert als aus Atomen bestehende physische Substanz. Koordination ist die stärkste Kraft dieser Sephira, und Konstruktion und Erhalt physischer Formen in den ihnen entsprechenden Zeitzyklen sind ihr vornehmliches Tun. Diese Aufgabe der Konstruktion und des Erhalts erfüllt sie aus dem Inneren der Lebensströme der Atome und der Formen heraus, zu denen sie gefügt werden. Denn darin ist die göttliche Gegenwart eingehüllt.

Die Immanenz Gottes, Seine der gesamten physischen Natur innewohnende Gegenwart, manifestiert sich in Kraft, Leben und Bewusstsein der siebten Sephira. Die Transzendenz Gottes wird durch die übrigen sechs ausgedrückt, die jede der transzendente Logos der Ebene unmittelbar darunter sind. Jenseits der Sieben sind Drei, welche die höchste Trinität des Universums bilden. Diesen Dreien immanent und sie zugleich transzendierend ist jenes unfassbare All-Eine, die erste Emanation aus dem Absoluten. In IHM ruhen alle Potenzen. Aus IHM gehen alle Ideen, alle Kraft und alles Leben hervor. Von IHM werden alle Welten geschaffen und erhalten. In ES wird nach dem numerischen Gesetz zur rechten Zeit alles zurückkehren.

Dieses All-Eine ist die Höchste Transzendenz, der Erste Beweger „über der Oberfläche" des – eigentlich innerhalb des – präkosmischen Raumes. Die erste „Bewegung" setzt alle Schöpfungsprozesse in Gang,

---

[85] Siehe Teil I, Kapitel 1, Definition von Begriffen zu „Gott" und „Logos".

die sich während des gesamten Manvantara fortsetzen wie ein Pendel, das, einmal in Schwung versetzt, immer weiterschwingt. Aber die Strecke seines Ausschlags und die Dauer seines Pendelns hängen von der Stärke des ersten Impulses und den Maßgaben des numerischen Gesetzes ab. Wie aber jener Handelnde, der dem Pendel den ersten Schwung versetzte, nicht mehr tätig ist, so wirkt auch JENES, das der präkosmischen Substanz den ersten Schöpfungsimpuls versetzte, nicht mehr unmittelbar auf den daraus resultierenden Kosmos ein. JENES bleibt bestehen – transzendent und allein. Und doch geht aus JENEM alle Schöpfung hervor, durch JENES lebt und bewegt sich alle Schöpfung, in JENEM ist alles enthalten, zu JENEM kehrt alles zurück; denn, mit den Begriffen des äußeren Kosmos gesprochen, JENES ist unendlich und ewig.

Die siebte Sephira und ihre Heerscharen sind die äußersten Empfänger und Manifestierenden des Schöpfungsimpulses, den der All-Eine ausgegeben hat. Sie sind sie äußerste Grenze des Pendelschwungs. Die göttliche Idee ist der Wesenskern der siebten Sephira, der Inkarnation des vereinten Geist-Verstandes. Nach dem archetypischen Bild innerhalb des göttlichen Denkens gestaltet die siebte Sephira die physische Natur. An diesen Vorgängen sind alle zehn Sephiroth beteiligt. Alle Sephiras laufen in der siebten zusammen und werden in ihrem formgebenden Tun vereint. Der All-Eine, die Heiligen Neun und das Universelle Gesetz wirken zusammen, um dieses höchste Wunder des Kosmos hervorzubringen, die göttliche Idee in physischer Gestalt, das materielle Universum. Die siebte Sephirah, die zehnte, wenn man die Höchsten Drei mitrechnet, ist die Synthese von allem und zugleich dessen äußeres Gewand, die natürliche Welt; denn das verbundene Ganze aller Kräfte ist enthalten in Atom, Molekül und Form der physischen Ebene.

Der Archetyp

Die verschiedenen Formen der Natur haben ihren Ursprung im Universellen Verstand, dem dritten Ausdruck des manifestierten Einen, so wie Wille und Leben sein erster und zweiter sind. Die Idee jeder Form entsteht spontan im Universellen Verstand nach dem Gesetz der Zahl als einer Manifestation jenes Teiles der Kosmischen Idee, die in einem einzelnen Universum ausgedrückt werden soll. In Ursprung und „Same" sind alle Formen eins. Diese eine Form kann man sich mental – und deshalb unvollkommen und unvollständig – als einen Punkt in einer Kugel vorstellen. Der Punkt ist der Keimling. Die Kugel ist das Ei. Aus diesen beiden, dem Schöpfungszentrum und dem umgebenden Bereich, entsteht das Universum.

Die Vielfalt der Formen geht aus dem einzelnen Keim oder Archetypen hervor, wenn sich der schöpferische Wille und das schöpferische Leben vom Zentrum zu den äußeren Bereichen hin bewegen. Die in diesem Keim angelegten Möglichkeiten werden nun zu Tatsächlichkeiten. Die latenten Kombinationen und Ausdrucksformen der verschiedenen Komponenten des Keims, jede Ausdruck der universellen Ideen, nehmen aktiveren Einfluss, denn der göttliche Gedanke sucht seinen äußeren Ausdruck in der Form.

Der „stille" Gedanke des Universums ist seinem Wesen nach ein einziger, sein aktiver Gedanke ein vielfacher. Der zeitlose, unveränderliche Archetyp enthält zwar die Möglichkeit zu allen Formen, ist selbst jedoch eine einzelne „Schöpfung" oder Projektion aus den göttlichen Ideen. Wenn seine schwingenden Energien oder „Saiten" auf die äußere, ihn umgebende Materie Einfluss nehmen, entstehen darin mentale Formen. Diese Formen werden nach und nach verdichtet und zugleich mannigfaltig. Auf physischer Ebene werden beide Extreme erreicht, das der Dichte und das der Mannigfaltigkeit. Die Natur zeigt ihre größte Vielfalt, während Gedanke um Gedanke des göttlichen Verstandes manifest wird. So wird das Eine zu den Vielen, die aus dem Einen hervorgehen.

Das kleine Volk als Erbauer der Form

Die endgültigen Gestalter der Form sind die Naturgeister des Elements Erde – die Gnome und Kobolde – unterstützt von jenen der Luft – den Elfen und Sylphen. Unbewusst helfen sie dem Gestalter, dem Universellen Denken, indem sie in den Kraftfeldern spielen, die durch das Einwirken der Schöpfungsenergie als „Klang" auf die bereite, befruchtete Erde entstehen. Dieser Aufbau von Kraftfeldern in verschiedenen geometrischen Mustern vollzieht sich nicht in der dichten Substanz, sondern im Äther, der zugleich Gussform und Matrize aller Formen ist, der Schoß von Mutter Natur. Sich entlang der Kraftlinien in ihren Feldern zu bewegen, zu tanzen und zu fliegen, erfüllt die Naturgeister mit Freude. Diese Bewegung der Elfen verstärkt die Linien im Äther, etwa wie einen Bleistiftstrich, den man auf dem Papier immer wieder nachzieht.

Auf der physischen Ebene begegnen sich alle Elemente. Alle Naturgeister tragen durch ihr Spiel und ihre Bewegungen entlang der Kraftlinien ihren Teil dazu bei. Eine Ausnahme bilden nur die Feuergeister, die den Strömen der Schöpfungskraft verbunden sind, durch welche die Kraftfelder entstehen. Gnom und Kobold, Elfe und Sylphe spielen unbewusst ihre Rolle beim langsamen Entstehen der Formen in der ätherischen und in der festen Materie. Die Heerscharen der Luft beginnen das Werk. Gnome, Kobolde und ihre Artgenossen in der Erde gestalten schließlich die festen, dichten Formen.

Das Geheimnis dieser Arbeiter in den mineralischen, metallischen, edelsteinhaltigen und organischen Formen ist Eigentum der Natur und darf, so heißt es, den Menschen nicht außerhalb ihres Heiligtums enthüllt werden, und auch dort nur denen, die sich zuvor bereitwillig der „Göttin" als Arbeiter in ihren Steinbrüchen überantwortet haben, ohne dabei an eine Belohnung zu denken oder gar darauf zu hoffen. Der Baumeister-Lehrling lernt sehr langsam, Schritt für Schritt und durch Ausprobieren die wundersamen thaumaturgischen Geheimnisse der Schöpfung von Formen durch den Wille-Gedanken im Zusammenwirken mit den Heerscharen der Sephiroth. Diese Geheimnisse können in Worten ebenso wenig ausgedrückt werden wie die des Erfolgs in jeder anderen Kunst. Sie müssen entdeckt werden oder entstehen im Kopf des Künstlers, während er experimentiert.

Die kleinen Arbeiter sind überall und stets geschäftig. Nicht die kleinste Form jedweder Art entsteht ohne einen solchen Erbauer, und in keinem kann auch nur ein Gedanke an ein Selbst entstehen. Individualität ist ihnen nicht gegeben. Nach innen gekehrt durch das Wirken des Universellen Denkens in ihnen, ihrer Mutter und Quelle, und durch den

Einfluss ihres „älteren Bruders" unter den Sephiroth, führen sie ein Leben des spontanen Spiels innerhalb der und mit den Strömen der Schöpfungsenergie, die sie und ihr feinstoffliches Element durchfließen.

Kapitel 4

DER BAUM DER SEPHIROTH

Die Kabbala wird verschiedentlich als nicht schriftlich fixiertes, sondern mündlich überliefertes Werk bezeichnet, als die esoterische Lehre der jüdischen Religion und die geheime Weisheit oder Theosophie der mittelalterlichen jüdischen Rabbis, die sie aus noch älteren Geheimlehren über die göttliche Wahrheit und die Kosmogonie entnommen haben sollen.

Das hebräische Wort geht auf den Wortstamm QBL für „empfangen" zurück. Die Bedeutung dieses Wortes umfasst deshalb auch die Weitergabe esoterischen Wissens durch mündliche Überlieferung. Bei näherem Hinsehen erweist sich die Kabbala jedoch als theosophisches System, das seine Ursprünge im Himmel haben und den ersten Patriarchen auf Vermittlung der Engel nahegebracht worden sein soll. König David und König Salomon waren angeblich in die Kabbala eingeweiht, und Rabbi Simeon Ben Jochai wagte mutig den Schritt, zur Zeit der Zerstörung des Zweiten Tempels einen Teil ihrer Lehren niederzuschreiben. Sein Sohn, Rabbi Eleazar, sein Sekretär und seine Schüler sammelten seine Lehrschriften und stellten daraus den *Sohar* zusammen, was „Lichtglanz" bedeutet, die literarische Quelle der Kabbala.

Die Zehn Ordnungen der Engel

Die Heerscharen der Engel nehmen im kosmogonischen System der Kabbala einen wichtigen Platz ein. Zehn Ordnungen sind verbunden mit den zehn Sephiras, die den kabbalistischen Lebensbaum bilden. Sie gelten als Emanationen der Gottheit, wobei jede Sephira eine Zahl, eine Reihe hoher Ideen, Titel und Attribute sowie eine Hierarchie von Geistwesen außerhalb der Menschheit repräsentiert. Jede Sephira hat ein vierfaches Wesen entsprechend den vier Welten des Kabbalisten. Diese Welten sind: *Atziluth*, die archetypische Welt oder die Welt der Emanationen, die Göttliche Welt; *Briah*, die Welt der Schöpfung, auch *Khorsis* genannt, die Welt der Throne; *Jezirah*, die Welt der Gestaltwerdung und der Engel sowie *Assiah*, die Welt der Aktion, die Welt der Materie.

In *Atziluth* manifestieren sich die Sephiras über zehn verschiedene Aspekte, die in den Heiligen Schriften der Hebräer durch die zehn heiligen Namen Gottes wiedergegeben sind. In *Briah* manifestieren sie sich über die zehn Erzengel; in *Jezirah* über die Chöre oder Heerscharen der Engel. In *Assiah*, insbesondere auf der physischen Ebene, sind die Sephiras den physischen Planeten und deren feinstofflichen Elementen verbunden. Entsprechend sind sie außerdem mit den Chakras im ätherischen Doppel des Menschen und den mit ihnen zusammenhängenden Drüsen- und Nervenzentren verbunden.

Die Sephiras werden auch als Kreise dargestellt. Proklos sagt: „Vor den mathematischen kommen die eigenbeweglichen Zahlen; vor den sichtbaren Ziffern die lebendigen; und bevor sie die materiellen Welten hervorbrachte, die sich auf Kreisbahnen bewegen, schuf die Schöpfungskraft die unsichtbaren Kreise."[86] An der Spitze jeder Hierarchie geistiger Intelligenzen steht ein namentlich genannter Erzengel, unter ihm in Stufen aufeinander folgend Engel, die bei Emanation, Gestaltwerdung, Erhalt und Transformation eines Universums wichtige Funktionen erfüllen.

Die christliche Religion, die viel kabbalistisches Gedankengut enthält, lehrt, dass es neun Ordnungen der Engel gibt, die im Einzelnen folgendermaßen benannt werden; Engel und Erzengel, Throne, Gewalten, Fürstentümer, Tugenden, Mächte, Cherubim und Seraphim. Jeder Ordnung sind bestimmte Eigenschaften und Tätigkeitsbereiche zugewiesen. Engel und Erzengel werden in wichtigen Angelegenheiten als Boten entsandt, etwa Gabriel und Raphael. Die Throne erkennen schauend Recht und Billigkeit des göttlichen Gerichts und lehren den Menschen, gerecht zu regieren. Die Gewalten sollen über Tätigkeiten und Pflichten der Engel herrschen. Die Fürstentümer stehen Völkern und Provinzen vor und dienen als Engel-Herrscher der Länder der Welt. Die

---

[86] Zitiert in *Die Geheimlehre*, Band IV, Adyar Edition

Tugenden besitzen die Gabe, Wunder zu wirken. Die Mächte halten böse Geister in Schach. Die Cherubim erstrahlen im Glanz der Erkenntnis und erleuchten deshalb die Menschheit mit Weisheit; und die Seraphim, die vor Gottesliebe erglühen, regen wiederum die Menschheit dazu an. In nahezu sämtlichen biblischen Berichten von Gottes-Visionen des Menschen wird Er als erstrahlend in Seiner Herrlichkeit und umgeben von zahllosen Heerscharen Seiner Engel beschrieben.

In der Kabbala werden diese Wesen zwar anders bezeichnet, aber ihrem rechten Platz zugeordnet und erhalten außerdem weitere Funktionen. Wie andere Kosmogonien auch, postuliert sie die Existenz eines Absoluten als Grundlage von allem. Dieses Absolute wird als negative Existenz oder Nicht-Wesen bezeichnet und als grenzenlose Tiefe der Herrlichkeit beschrieben. Diese negative Existenz hat drei Schleier: *Ain*, das negativ Existierende, *Ain Soph*, das Grenzenlose ohne Form, Sein oder Ähnlichkeit mit irgendetwas und *Ain Soph Aur*, das grenzenlose Licht, das sich in der ersten und höchsten Sephira des Baums der Sephiroth konzentriert, in *Kether*, der Krone. Die neun Buchstaben des *Ain Soph Aur*[87] zeichnen, so heißt es, die neun Sephiras als verborgene Ideen oder Gedankensamen bereits schattenhaft vor, bis sie dann, sobald die Manifestation beginnt, durch Erzengel-Wesen oder Götter verkörpert werden. In der Beschreibung dieser Vorgänge heißt es, der Grenzenlose Ozean des Lichtes schaffe ein konzentriertes Zentrum, die erste Sephira, die Krone, die wiederum aus sich die neun übrigen gebäre. Die letzte oder zehnte ist *Malkuth*, das Königreich oder „die gesamte manifeste Natur". Alle zehn Sephiras zusammen stellen Emanation und Entwicklung der Kräfte und Attribute der Gottheit dar. Jede Zahl ist äußeres Symbol innerer Schöpfungskräfte und -vorgänge sowie ihrer Personifikationen als Erzengel oder Erbauer des Universums. Einige sind männlich, andere weiblich oder vielmehr von positiver beziehungsweise negativer Potenz, wobei die Gottheit sich diese Form gewählt hat, damit sie schaffen kann. Auch der Mensch, der nach dem Bild der Gottheit geschaffen wurde, ist männlich und weiblich.

---

[87] Das ph in Soph ist im hebräischen Alphabet ein einzelner Buchstabe. [Der hebräische Buchstabe Pe wird, wenn ihm ein Punkt, ein so genannter Dagesch, beigegeben ist, wie „ph" gesprochen. Er ist einer der sieben (!) Doppelbuchstaben des hebräischen Alphabets, d. Ü.]

Der Baum der Sephiroth nach der Kabbala

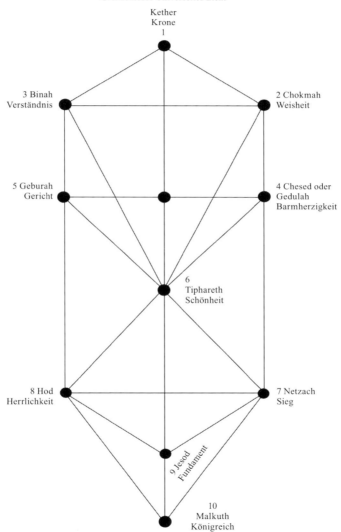

Kether

Die erste Sephira ist die Zahl Eins, die Monade des Pythagoras. Diese Sephirah wird, wie bereits gesagt, *Kether* genannt, die Krone, auch der *Alte der Alten*, der *Alte der Tage*, der *Ur-Punkt*, das *Weiße Haupt*, die *Unerforschliche Höhe* und das *Große Antlitz* oder *Makroposopus*. In ihrem höchsten abstrakten Aspekt ist sie *Adam Kadmon* (dem Himmelsmenschen – ein Gattungsname –) verbunden, einer Synthese des ganzen Baums der Sephiroth, dem Archetypus der ganzen Schöpfung und Menschheit, dem ersten Adam der Genesis. Er wird auch als *Seir Anpin* bezeichnet, „Sohn des Verborgenen Vaters", und muss deshalb in diesem höchsten Aspekt als der Logos, der Christos des Vierten Evangeliums, gelten.

Da einer nicht alleine schaffen kann, heißt es, dass *Kether* seine Schwingungen über das Feld der Manifestation aussendet oder sich in der Materie spiegelt, um ein Weibliches, eine Dyade, hervorzubringen, aus der wiederum die gesamte Schöpfung und alle Wesen hervorgehen, die bis dahin in *Kether* enthalten waren. Der Oberste Erzengel der zugehörigen Engel-Hierarchie wird *Metatron* genannt, der Prinz der Angesichter oder „neben dem Thron" (auch „jenseits des Throns"), Engel der Gegenwart, Weltenprinz, El Shaddai, der Omnipotente und Allmächtige, der Bote und Schekhinah, verbunden außerdem mit der Wolke der Herrlichkeit auf dem Gnadenthron auf dem Torbogen des Bundes im Allerheiligsten.[88] *Schekhinah* gilt außerdem als identisch mit *Ain Soph Aur*, dem Schleier des *Ain Soph*, der präkosmischen Substanz oder dem unberührten Raum, der *Mulaprakriti* oder Wurzelmaterie des *Parabrahman* im Hinduismus.

Die Ordnung der Engel ist die *Chaioth Ha-Qadesh*, die der „Heiligen Lebendigen Geschöpfe". Sie sind den *Kerubim*[89] verbunden, werden als Sphinxe dargestellt und gelten als Beherrscher der vier Elemente in ihrer höchsten Sublimation. Wie es scheint, entsprechen sie den *Lipika*, den Himmlischen Aufzeichnern oder Schreibern, den Erfüllungsgehilfen

---

[88] Siehe Exodus (2. Mose), 40, 35
[89] Die Cherubim werden in der Kabbala üblicherweise mit K geschrieben.

des Karma im Hinduismus. Die Hierarchie ist damit befasst, die Wirbelbewegungen anzustoßen, durch welche die Ur-Atome oder „Löcher im Raum" entstehen, wahrscheinlich durch Einsatz der Kraft, die im Tibetischen als *Fohat* bezeichnet wird, die Essenz der kosmischen Elektrizität, die allgegenwärtige elektrische Energie, die unablässig gestaltende und zerstörende Kraft im Universum, die universelle Antriebs- und Lebenskraft, das primum mobile, dessen Symbol die Swastika ist. In *Kether* liegen deshalb, so heißt es, die „Anfänge der Wirbel", die ersten Regungen der göttlichen Schöpfungsessenz. Zu den wichtigsten Pflichten der Mitglieder der Engel-Hierarchie gehört, diese Essenz in *Kether* zu empfangen und sie in die darunterfolgende Hierarchie der *Ophanim* oder „Räder" zu tragen, die mit der zweiten Sephira verbunden sind.

Chokmah

Kether bringt die übrigen neuen Sephiras hervor. Die zweite ist *Chokmah*, Weisheit, eine maskuline, aktive Potenz oder der Vater, reflektiert von *Kether*. *Chokmah* ist der zweite Adam, aus dem Eva geschaffen wird, und dem Mikroposopus oder Kleinen Antlitz verbunden. Der Oberste Erzengel der Engel-Hierarchie ist *Ratziel*, „der Herold der Gottheit", „die Freude Gottes". Die Ordnung der Engel sind die *Ophanim* oder „Räder", benannt nach dem Spiralen, Strudel oder Wirbelwinde schaffenden Wirken des primum mobile. Aus dieser Ordnung, sagt man, werden die Engel der Planeten abgezogen, die im ersten Kapitel des Buches Hesekiel beschrieben sind. Ihre planetarische Entsprechung ist der Zodiak, in bestimmten Systemen auch Uranus.

Binah

Die dritte Sephira ist eine feminine, passive Potenz – *Binah*, Intelligenz, Verständnis, auf einer Ebene und zeitgleich mit *Chokmah*, der sie als Eva Oberste Mutter ist. *Binah* wird auch als *Ama*, die Ewige, bezeichnet, verbunden mit *Ab*, dem Vater, damit die Ordnung des Universums aufrechterhalten bliebe. Zuweilen nennt man sie die *Große See*, und in der Kabbala weben diese beiden Kräfte das Netz des Universums. Der Oberste Erzengel ist *Zaphkiel*, „Der Gott schaut" oder die „Kontemplation Gottes". Die Ordnung der Engel ist die der *Aralim*, der „Mächtigen", der Throne in der christlichen Engelslehre. Die Zahl zwei entspricht als Prinzip zwei geraden Linien, die niemals einen Raum umschließen können. Sie ist deshalb machtlos, bis die Zahl Drei das Ur-Dreieck bildet. Das tut *Binah* und macht damit die höchste, jedoch nicht die materielle Trinität evident. Diese obere Triade verbleibt in der Welt der Archetypen, wohingegen die nun folgenden Sephiras, die manifestierte, materielle Welt schaffen, erhalten und transformieren. Der *Binah* zugeordnete Planet ist Saturn.

Die Vereinigung von *Chokmah* und *Binah*, Weisheit und Verständnis, bringt die höhere Einsicht hervor, in der Kabbala *Daat* genannt. *Daat* gilt nicht als eigene Sephira, wird aber dennoch in einigen Schaubildern des Baumes der Sephiroth mit aufgenommen und dann zwischen *Chokmah* und *Binah* angeordnet.

Chesed

Mit *Chokmah* und *Binah* existiert nun eine aktive Dyade. Ihre Vereinigung brachte *Chesed* hervor, eine maskuline oder aktive Potenz. *Chesed* ist Barmherzigkeit oder Liebe und wird zuweilen auch *Gedulah*, Größe oder Herrlichkeit, genannt. Ihr Oberster Erzengel ist *Zadkiel*, „Gerechtigkeit Gottes" oder „Rechtschaffenheit Gottes". Die Ordnung der Engel sind die *Chasmalim*, „die sprühenden Flammen" oder „die hell Leuchtenden". Sie sind die Gewalten der christlichen Engelskunde und gelten als die Engel des Lichtes. Ihr Planet ist Jupiter.

Geburah

Aus Vier oder *Chesed* ging die feminine, passive fünfte Potenz hervor, *Geburah* – Ernst, Kraft, Stärke, Gerechtigkeit, Gericht. Diese Sephira trägt auch den Namen *Pachad*, Furcht. Ihr Oberster Erzengel ist *Kamael*, „die rechte Hand Gottes", zuweilen auch der *Strafende Engel* genannt. Die Engelordnung ist die der *Seraphim*, die in der christlichen

Engelkunde als die *Mächte* bezeichnet werden. In Jesaja VI, 1-3 werden sie folgendermaßen beschrieben:

„In dem Jahr, als der König Usija starb, sah ich den Herrn sitzen auf einem hohen und erhabenen Thron, und sein Saum füllte den Tempel. Seraphim standen über ihm; ein jeder hatte sechs Flügel – mit zweien deckten sie ihr Antlitz, mit zweien deckten sie ihre Füße, und mit zweien flogen sie. Und einer rief zum andern und sprach: ‚Heilig, heilig, heilig ist der HERR Zebaoth, alle Lande sind seiner Ehre voll!'"

Die hebräische Bezeichnung der Seraphim bedeutet übersetzt „Schlangen" und da sie auf den Wortstamm ShRP, „verbrennen", zurückgeht, darf man annehmen, dass sie mit den Feuerschlangen verbunden sind, die wiederum dem Schöpfungsfeuer und seinen Vorgängen in der Natur wie im Menschen zugerechnet werden. Ihr Planet ist der Mars.

Tiphareth

Aus *Chesed* (maskulin) und *Geburah* (feminin) geht die sechste, verbindende Sephira hervor – *Tiphareth*, Schönheit oder Milde, Herz und Mitte des Baums der Sephiroth. Diese Stelle, so sagt man, schreiben die Israeliten dem Messias zu, die ersten Christen Christus. Der Oberste Erzengel ist Michael, „der wie Gott ist". Die Engelordnung ist die der *Malachim*, was „Könige" bedeutet; die Tugenden in der christlichen Engellehre. Der „Planet" ist die Sonne.

Bezogen auf die Ebenen der Natur und die Stufen des normalen menschlichen Bewusstseins markiert *Tiphareth* sowohl eine Grenze als auch einen Ort der Vereinigung zwischen dem Göttlichen und dem Menschlichen, dem Makrokosmos und dem Mikrokosmos, dem Abstrakten und dem Konkreten. Hier, so heißt es, sei der symbolische Ort von *Paroketh*, dem so genannten Schleier zum Tempel sowohl der sieben Ebenen der Natur wie auch der sieben Prinzipien des Menschen. Alle, die auf der mittleren Säule des Lebensbaums in ihrem Bewusstsein wachsen und sich von der menschlichen Täuschung der separaten Existenz ihrer selbst, die gekreuzigt werden muss, befreien und zur

Erkenntnis des Einsseins mit dem Einen Großen Selbst von Allem gelangen möchten, müssen diesen Schleier durchdringen. Danach können die esoterischen Kräfte der abstrakten oder formlosen Welten sowie die Engel, die sie leiten, angerufen werden, und zwar sowohl um die Entwicklung des Menschen zu beschleunigen, indem nämlich verborgene Kräfte in den Kraftzentren in Wesen und Körper des Menschen geweckt werden, als auch um bei verschiedenen esoterischen Aufgaben behilflich zu sein.

Durch die Vereinigung von *Geburah* oder Ernst, Gericht und *Chesed* oder Barmherzigkeit, entstehen Schönheit, Harmonie und Milde, und die zweite Trinität der Sephiroth ist vollständig. Diese sechste Sephira, *Tiphareth*, wird in Verbindung mit der vierten, fünften, siebten, achten und neunten als der Mikroposopus oder das Kleine Antlitz bezeichnet, die Spiegelung des Makroposopus in die Manifestation hinein und zugleich dessen Antithese.

Netzach

Die siebte Sephira ist *Netzach*, Festigkeit, Sieg, Ewigkeit. Der Oberste Erzengel heißt *Haniel*, „die Gnade Gottes", die Engelordnung ist die der *Elohim*, der „Götter", auch *Tsarshisim*, „Strahlende" genannt und in der christlichen Engelkunde als Fürstentümer bezeichnet. Der Engel, der im Buch Daniel, Kapitel X, Verse 4 bis 6, beschrieben wird, soll Haniel sein. Dort heißt es:

„… und hob meine Augen auf und sah, und siehe, da stand ein Mann, der hatte leinene Kleider an und einen goldenen Gürtel um seine Lenden. Sein Leib war wie ein Türkis, sein Antlitz sah aus wie ein Blitz, seine Augen wie feurige Fackeln, seine Arme und Füße wie helles, glattes Kupfer, und seine Rede war wie ein großes Brausen."

Dieser Sephira ist der Planet Venus zugewiesen.

Hod

Aus *Netzach* ging die feminine, passive Potenz *Hod* hervor, die achte Sephira, Herrlichkeit, der Gott der Armeen. Der Oberste Erzengel ist *Raphael*, „der Göttliche Arzt", der Engel der Heilung, Mittler zwischen Mensch und Gott, dem eine Hierarchie dienender Engel beisteht, die einer Deutung nach als die *Beni Elohim* bekannt sind, „die Söhne Gottes", die Erzengel des Christentums. Der Planet ist Merkur.

Jesod

Hod und *Netzach* bringen gemeinsam die neunte Sephira hervor, das Fundament des Grundes, „der Mächtige Lebendige". Der Oberste Erzengel ist *Gabriel*, „der Mächtige Gottes". Die Engelordnung ist die der *Kerubim*, „die Heiligen Lebendigen Kreaturen", die Engel im Christentum. Offensichtlich besteht eine enge Verbindung zwischen den *Kerubim* der ersten Sephira in den höchsten Welten und denen von *Jesod* im ätherischen Gegenstück und Körper des äußeren, materiellen Universums. Zuweilen werden sie auch „Aischim" oder „die Flammen" genannt und außerdem als die vier Engel der feinstofflichen Elemente Erde, Feuer, Wasser und Luft bezeichnet.

Die *Kerubim* werden den Sternzeichen Stier, Löwe, Skorpion und Wassermann oder Stier, Löwe, Adler und Mensch zugeordnet. Zu ihren Aufgaben soll gehören, die Kräfte der Natur auf der Astralebene zu sammeln und sie ins Königreich Erde, *Malkuth*, zu gießen sowie sie in allen ihren komplexen Manifestationen zu lenken. Außerdem gelten sie als Gehilfen der *Lipika* oder Schreiber, der Herren des Karma und Herrscher der vier Ecken des Universums. Der Planet ist der Mond. *Netzach*, *Hod* und *Jesod* vervollständigen die dritte Trinität am Baum der Sephiroth.

Malkuth

Aus der neunten Sephirah entstand die zehnte und letzte, der Abschluss der Zahlendekade. Sie heißt *Malkuth*, das Königreich der Erde, die gesamte Natur, auch die Königin, Matrona, die Niedere Mutter. *Malkuth* heißt zuweilen auch *Schekhinah* und scheint deshalb für den Schleier sowohl als Ur-Materie wie auch der physischen Natur zu stehen.

Malkuth sind zwei Erzengel verbunden. Es sind *Metatron* von *Kether* und sein Bruder und Mit-Wirkender *Sandalphon*, der kabbalistische Fürst der Engel. *Sandalphon*, der *Dunkle Engel*, kann als die dicht materielle *Shakti* oder Kraft des *Metatron*, des Hellen Engels, verstanden werden. Da die physische Ebene des Planeten Erde der Ort ist, an dem das physische Karma des Menschen abgetragen wird, gilt *Sandalphon* gelegentlich auch als der Engel des persönlichen Karma. *Metatron* hingegen ist den Himmlischen Helfern des Karma verbunden, die mit dem Karma der menschlichen Rasse als ganzer assoziiert werden. Der Erzengel unserer Erde im Besonderen soll *Uriel* sein, „das Licht Gottes". Die Engelordnung ist die der *Ischim* oder „Feuer". *Malkuth*, die anscheinend die gesamte physische Natur einschließt und mit den vier feinstofflichen und materiellen Elementen sowie ihrem Einsatz bei Errichtung und Umwandlung des „Königreichs" des sichtbaren Universums befasst ist, ist kein einzelner Planet zugeordnet, es sei denn, dies wäre die Erde.

Der Lebensbaum im Menschen

Dies ist, zum Teil jedenfalls, der Lebensbaum der Kabbala, abgeleitet angeblich von der uralten Lehre des Ostens. Er gilt als eines der großen Meistersymbole und als Schlüssel zur esoterischen Wissenschaft. Wie das hebräische Alphabet, soll er ein Beispiel für das Prinzip sein, dass die Evolution an ihrer Quelle einfach oder eins und in der Manifestation unendlich komplex ist.

Aus diesem mathematischen Diagramm ergibt sich ein System, durch das der Mensch zu geistigen Höhen aufsteigen kann, indem er in sich und durch sich die Eigenschaften der zehn Sephiras manifestiert. Wenn er seine inhärenten Kräfte in sich erweckt, die im Universum durch die zehn Sephiras vertreten sind, in ihm aber physisch durch seine Nerven- und Drüsenzentren sowie feinstofflich durch die Chakras und deren belebendes drei-einiges Schlangenfeuer, begibt er sich in eine bewusste Übereinstimmung mit den Engelordnungen jeder Sephira und schließlich auch mit deren oberstem Erzengel. Solchermaßen mit ihnen im Einklang, arbeitet er mit ihnen und sie mit ihm an der Erfüllung des Großen Werkes[90], zu dem Engel wie Menschen aufgerufen sind.

In jedem Menschen existieren als Potenzial *Rashith Ha-Galgalim*, das primum mobile, der Anfang der Wirbelbewegungen von *Kether*; *Masloth*, der Kreis des Zodiak, von *Chokmah*; *Shabbathai* oder die Ruhe, Saturn von *Binah*; *Tsedeq* die Rechtschaffenheit, Jupiter von *Chesed*; *Madim*, gerechte Stärke, Mars von *Geburah*; *Schemesch*, das solare Licht, die Sonne von *Tiphareth*; *Nogah*, schimmernder Glanz, Venus von *Netzach*; *Kokab*, das Licht der Sterne, Merkur von *Hod*; *Levana*, die Mondflamme, der Mond von *Jesod*; *Cholom Jesodoth*, der die Fundamente einreißt, die Elemente von *Malkuth*. Sie alle sind in jedem Menschen als Potenzial angelegt, und im Laufe seines Lebens entfaltet er nach und nach das gesamte Muster und Abbild der Gottheit, das schließlich in ihm manifest geworden ist. Dann erfüllt er sein Schicksal, wie es unser Herr gesagt hat: „Darum sollt ihr vollkommen sein, wie euer Vater im Himmel vollkommen ist" und vollendet, was ihn selbst anbelangt, das Große Werk.

Der Lebensbaum in der Aura

Das Schaubild „Der Lebensbaum in der Aura" ist ein Versuch, den mikrokosmischen Baum darzustellen, wie er vermutlich im Menschen existiert. Das Schaubild zeigt die Stellen in den feinstofflichen Körpern, die im Einklang mit den Herrschern der Planeten und den Sternzeichen schwingen, die jeder im Wesen, in der Aura und im physischen Körper des Menschen vertreten sind und so den Makrokosmos mit dem Mikrokosmos verbinden.

---

[90] Ein Begriff aus den antiken Mysterien für den Vorgang der Schöpfung, Bewahrung und Wandlung des Universums und des Menschen zur Vollkommenheit. Mikrokosmisch ist es die Emanzipation des menschlichen Willens, die volle Entwicklung und Eroberung aller Fähigkeiten des Menschen sowie die Verwandlung alles Groben in Reines. In der materiellen Alchemie gehört zum Großen Werk die Trennung des Feinen vom Groben und die Verwandlung der Ausgangsmetalle zu Gold. Mystisch gesehen besteht das Große Werk aus einer entsprechenden inneren Entwicklung, durch die die Herrlichkeit des Geistigen Lichtes erlangt und alle Dunkelheit für immer vertrieben wird. Siehe Transzendentale Magie, E. Levi, Kapitel XII.

Die mittlere Säule auf dem Schaubild entspricht der Wirbelsäule; die weibliche Säule mit *Binah*, *Geburah* und *Hod* ist auf der rechten Seite, die maskuline Säule mit *Chokmah*, *Chesed* und *Netzach* auf der linken. Diese drei Kraftströme entsprechen zugleich dem dreifachen Schlangenfeuer in der Natur und im Menschen mit seinen drei Strömen und ihren Kanälen *Ida* (feminin), *Pingala* (maskulin) und *Sushumna* (neutral) in der Wirbelsäule.

Folgt man den beiden Kraftsäulen an der Vorderseite der Aura (im Schaubild weiß dargestellt) über den Kopf, wo sie sich vermutlich kreuzen, dann verlaufen sie an der Rückseite der Aura (im Schaubild schwarz dargestellt) auf der jeweils gegenüberliegenden Seite nach unten, so dass insgesamt vier Säulen mit einer weiteren Zentralsäule in der Mitte entstehen.

In der esoterischen Praxis der Kabbala werden diese Kräfte, Chakras und Entsprechungen in den Schöpferischen Intelligenzen des Universums durch verschiedene Arten der Meditation, rituelle Anrufungen der Götter durch ihre Göttlichen Namen und weitere mantrische Titel, magische Zeremonien und andere kraftvolle Gebete zu bewusster Aktivität erweckt. Dieses Kapitel schließt mit einer Version eines uralten kabbalistischen Gebets:

> Universeller Gott, Ein Licht, Ein Leben, Eine Macht
> Du Alles in Allem, unaussprechlich, unbegreiflich,
> o Natur, die Du bist aus dem Nichts,
> Du Symbol der Weisheit,
> in mir bin ich nichts,
> in Dir bin ich,
> ich lebe in Dir,
> leb Du in mir,
> und bring mich aus den Bereichen des Selbst
> ins ewige Licht.

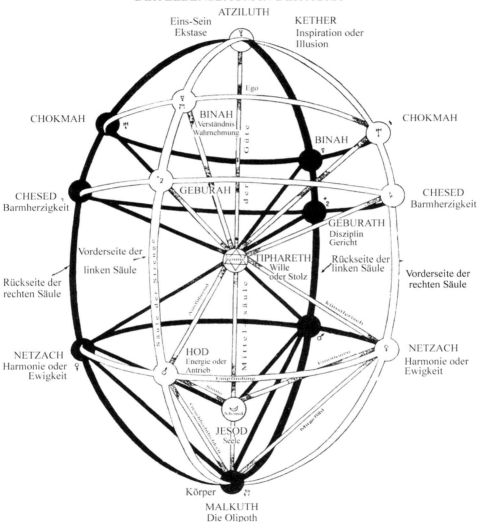

Die Zehn Sephiroth • AIN, das negativ Existierende • AIN SOPH, das Grenzenlose •

ZAHL, NAME BEDEUTUNG	ENGELORDNUNG BEDEUTUNG FUNKTION	ERZENGEL, BEDEUTUNGEN	KLASSIFI-KATIONEN
1. KETHER Krone	Cherubim Heilige Lebendige Wesen (Die Viergesichtigen), Solare Lipika, in Jezirah	Metatron, Engel der Gegenwart, Wort, Fürst, Schekhinah, in Briah	Positiv, Yod im Tetragrammaton, Atziluth, archetypisch, Makroposopus
2. CHOKMAH Weisheit	Ophanim, Cherubim, Räder	Ratziel, der Herold der Gottheit	positiv, Yod, Briah, schöpferisch, der Thron der Herrlichkeit
3. BINAH Verständnis	Arelim Die Mächtigen, Throne	Zaphkiel, der Gott schaut	negativ, He, Briah
4. CHESED Barmherzigkeit	Chasmalim, die hell Leuchtenden, Gewalten	Zadkiel, Gerechtigkeit Gottes	positiv, Vau, Jezirah, Mikroposopus
5. GEBURAH Gericht	Seraphim, Brennende Feuerschlangen, Mächte	Kamael, Samael, die rechte Hand Gottes	negativ, Vau, Jezirah, Mikroposopus
6. TIPHARETH Schönheit, Milde, die Geistige Sonne	Malachim, Könige, Tugenden	Michael, der wie Gott ist	androgyn, Vau, Jezirah, Mikroposopus
7. NETZACH Sieg	Elohim, Götter, Tsarshisim, Fürstentümer	Haniel, die Gnade Gottes	positiv, Vau, Jezirah, Mikroposopus
8. HOD Herrlichkeit	Beni Elohim, Söhne Gottes, Wind; Atem, Heiliger Geist, Erzengel	Raphael, der Arzt Gottes	negativ, Vau, Jezirah, Mikroposopus
9. JESOD Fundament	Cherubim, Vier Tiere Wächter, Engel	Gabriel Gott-Mensch	andorgyn, Vau, Jezirah
10. MALKUTH Königreich, das materielle Universum KLIPHOTH Mikroposopus	Ischim, die Menge der Erlösten Die Welt der Dunkelheit der Elementalen, bösen Prana-Kama, Mond	Metatron (zweite Phase), Sandalphon, Messias – und der Hüllen, Geister und Dämonen Der Ausgießende	negativ, He, Asiah

AIN SOPH AUR, das grenzenlose Licht • ADAM KADMON, DER HIMMELSMENSCH, DER LOGOS
in dem die Zehn Sephiroth geschaffen werden und aus dem sie hervorgehen

EBENE, PRINZIP IM MENSCHEN, PLANET	FUNKTION, GÖTTLICHER NAME UND BEDEUTUNG	UMGEKEHRTE SEPHIRAS ORDNUNGEN	ERZDÄMONEN
Adi, Chiah, primum mobile	bringt neun Sephiras hervor, Eheieh (ich bin), Der Herr, der blinkt	Thamiel	Satan-Moloch
Anupadaka, Chiah Zodiak	Der Vater Jehova männliche und weibliche Existenz	Chaigidel	Beelzebub Herr der Fliegen, Herr der Heiligen Skarabäen, Herr der Wohnstätten
Atma, Geistiger Wille, Neschama, Saturn	Die Höchste Mutter, Jehova, Elohim, Existenz als Götter	Satariel	Lucifuge
Buddhi, Intuition, Jupiter	El	Gamchicoth	Ashtaroth
Höherer Verstand, Kausalkörper und Ruach, Mars oder Saturn	Elohim, Gibor	Galab	Asmodeus, der böse Geist der Wollust, Ashmodai, der Zerstörer
Mittlerer Verstand, Eloah, Antahkarana, Ruach und Aura-Hülle, Sonne	Vadeth	Tagaririm	Belphegor
astral, Emotionalkörper und Ruach, Venus	Der Kämpfende Gott, Jehova, Zebaoth, Der Herr Zebaoth	Harab-Serapel	Baal
Niederer Verstand, Mentalkörper und Ruach, Merkur oder Mars	Elohim, Zebaoth	Samael, die Inkarnation der menschlichen Laster, Tod, Satan	Adrammelech
ätherisch, Ätherkörper und Nephesch	Stillende Mutter, Shaddai El Chai,	Galamiel	Lilith, erste Frau Adams, Nacht, Lamia oder der weibliche Dämon
physischer Schleier von Nephesch – physischer Körper, die vier Elemente	Die Niedere Mutter, Braut und Königin des Mikroposopus, Adonai Melekh, Herr und König	Nahemoth	Nahema

Kapitel 5

DIE UMGEKEHRTEN SEPHIRAS UND DAS PROBLEM DES BÖSEN

Satan und Armageddon

In der esoterischen Philosophie ist die Gottheit das Ewige Leben, manifestiert in der Form nach dem numerischen Gesetz während eines Manvantara (Schöpfungstag) und nicht manifest in jeder Form, die der menschliche Verstand sich vorstellen kann, während eines Pralaya (Schöpfungsnacht). In gewisser Hinsicht ist Satan die Ewige Substanz, die gegen ihren Widerstand während eines Manvantara vom Einen Leben in Formen gepresst wird und während Pralaya formlos bleibt.

Die Erzengel und Engel in ihren zehn Ordnungen machen das Ewige Leben dem „Wort" gehorchend manifest. In einem ihrer vielen Aspekte sind die umgekehrten Sephiras Ausdruck der Ewigen Substanz und des ihr inhärenten Widerstandsgeistes gegen das Leben. Im Menschen treffen diese beiden aufeinander, und es ist seine Herkules-Aufgabe, sie ins vollkommene Gleichgewicht zu bringen. Als Adept erreicht er dies in seinem Wesen. Als Logos etabliert er es in einem Sonnensystem seiner Emanation. Da der Mensch das einzige Wesen ist, in dem Geist und Materie zu gleichen Teilen präsent sind, wird er zum Schlachtfeld des Universums. Armageddon tobt in ihm. Der Geist in ihm erleidet Niederlage um Niederlage bis zu dem Tag, an dem der Mensch seinen höheren Verstand entwickelt. Von diesem Tage an ist die Niederlage der Materie sicher. Sobald das Licht der Intuition im Menschen erstrahlt, hält er den Sieg in den Händen. Er errichtet dann in seiner planetarischen Heimat die Bruderschaft der Menschen. Als Einzelner „steigt er in den Strom", wird Eingeweihter der Höheren Mysterien und später Adept.[91]

---
[91] Siehe *Initiation and the Perfecting of Man*, Annie Besant, Adyar Edition

Als manifestierte Kräfte sind Geist und Materie Siebenheiten und finden ihren Ausdruck in und durch sieben Prinzipien. Die Prinzipien der Gottheit sind die Modifikationen im Göttlichen Bewusstsein, deren materielles Produkt wiederum die sieben Zustandsformen der Materie sind. Die sieben Prinzipien Satans, im esoterischen Sinne, sind diese sieben Ebenen der Materie und ihre Unterebenen. Weder Satan als persönlicher Teufel, als isolierte Verkörperung der Niedertracht, noch Gott als außerkosmischer, allmächtiger, unendlicher, aber persönlicher, moralischer Herrscher, dessen Gesetze nach persönlicher Überzeugung oder individuellem Verhandlungsgeschick aufgehoben oder modifiziert werden können, wie es sich die Phantasie der Laien oder auch das theologische Denken oft ausmalen, finden in der esoterischen Philosophie ihren Platz. In der Vorstellung eines Kosmischen Gegensatzpaares liegt Wahrheit – Geist und Materie, Aktivität und Trägheit, Konstruktion und Destruktion, Ich bin und Ich bin alles – aber das Bild, das sich der Mensch davon macht, ist ein Trugbild.

Dennoch verkünden fast alle Religionen in ihren exoterischen Aspekten die Vorstellung von einem *Bösen Wesen* in ewiger Opposition zur *Höchsten Gottheit*. Auch das populäre Christentum ist da keine Ausnahme, obgleich sich, wie das bei so vielen seiner Doktrinen der Fall ist, das Bild des Satans mit der Zeit gewandelt hat. Dante beschrieb den Teufel als dreiköpfigen Riesen in den Farben rot, gelb und schwarz. Milton und Goethe stellten ihn als tragischen und doch heldenhaften, ja sogar vernunftbegabten Mann von Welt dar. Ebenso steckte man den Teufel in einen roten Einteiler und gab ihm eine Mistgabel in die Hand. Hinter diesen volkstümlichen Vorstellungen steht die Idee von Satan als gefallenem Engel, als vormals reinem Geist, der die Menschen beständig zur Sünde verführt. Da das Böse als das bloße Fehlen des Guten im Menschen eine negative Eigenschaft und Satan die Verkörperung jenes Übels ist, kann er nicht als positives, existierendes Prinzip gelten. Stattdessen steht er für die Abwesenheit des Guten, für leere Stellen im allgegenwärtigen Netz des Universums, für bestehende Zwischenräume in Kette und Schuss, in die der *Große Weber* unablässig Seine Göttlichen Ideen webt beziehungsweise nach außen manifestiert.

Die Existenz des Teufels wie des Bösen ist eng verbunden mit dem freien Willen des Menschen. Innerhalb des Rechtsgebäudes des Kosmischen Gesetzes und abgesehen vom unwiderstehlichen evolutionären Schub besitzt der Mensch die Freiheit, entweder im Einklang mit den Zielen der Natur oder gegen sie zu denken, planen, reden und handeln. Agiert er bewusst oder unbewusst gegen sie, wird er zum Antagonisten der kosmischen Absicht. In der Folge generiert er für sich selbst widrige oder „böse" Erfahrungen und Lebensumstände. Setzt er dieses Verhalten fort, kann er von den Strömen der universellen Lebenskraft abgeschnitten, isoliert werden, ein Wesen des Todes eher denn des Lebens. Manche Menschen machen von ihrer Handlungsfreiheit weiterhin in dieser Weise Gebrauch. Es sind die so genannten Schwarzmagier, die Dunklen Mächte, die Anhänger des Linken Weges, die Herren des Dunklen Gesichts, die fürchterlichen Brüder des Schattens. Ihr Schicksal ist nicht die völlige Vernichtung, sondern das Versinken im Zustand des *Avichi*, des „Wellenlosen", des Gegenpols zum Nirvana, das die Adepten des Rechten Weges erreichen. In einem späteren Manifestationszyklus begeben sich schließlich diejenigen, die hoch entwickelte Verkörperungen der totalen Trennung werden, von Neuem auf die involutionäre und evolutionäre Reise. Satan selbst, wollte man ihn denn als existierendes Wesen betrachten, scheint Gebrauch von dieser Freiheit gemacht zu haben; denn irgendwann einmal muss er den Weg des individualistischen, sich total abtrennenden Denkens und Handelns gewählt haben.

Daher ist Satan in einer Hinsicht eine Personifizierung des *Ahamkara*, des Ich-schaffenden Impulses, der im allgegenwärtigen Geist-Leben das Trugbild des Getrenntseins hervorruft. Alles Böse und deshalb auch alles menschliche Leid, so sagt man, entspringt diesem Erbe des „Getrenntseins". In anderer Hinsicht mag das sagenhafte Ungeheuer, das der Satan der populären Theologie darstellt, als Ausrede gelten, als Sündenbock, als jemand, dem man die Schuld an allen Fehlern zuschieben kann, welche die Menschheit in den rein emotionalen und (besonders) in den rein mentalen Phasen ihrer Entwicklung begeht.

Das Wirken der *Umgekehrten Sephira*, des „Herrn der Fliegen", des

---

[92] Matthäus X, 25

Fürsten der Teufel[93] kann als Beispiel für den Platz gelten, den die esoterische Philosophie einigen dunklen Manifestationen zuweist. Im Allgemeinen gelten sie als Personifizierungen des Widerstands der Materie gegen den Prozess der Harmonisierung, den die Natur in und durch ihren Sohn – den Menschen – vor dem Ende des *Maha-Manvantara* vollzogen haben muss. Dieser Widerstand kann nicht eigentlich als böse gelten, da es ohne ihn keine Entwicklung und keinen Ausdruck latenter Kräfte gäbe.

Wie der Skarabäus-Käfer das Samenkorn seines Lebens in eine Kugel aus Unrat einschließt, so hüllt, wie es scheint, auch Beelzebub, mit dem Beinamen „Herr der Skarabäen", die Monaden der Menschen in materielle Träger. Sobald er seine Funktion des Einschließens erfüllt hat, rollt der Skarabäus die Unratkugel an eine sonnige Stelle und überlässt sie dort sich selbst und dem Einfluss der Sonne. Schließlich bricht das Ei und es schlüpft die Larve, aus der sodann der geflügelte Skarabäus wird, wiederum selbst Vater oder Mutter weiterer Eier. Beelzebub kann in seiner esoterischen Bedeutung vielleicht als die Personifizierung jenes Impulses gelten, den der Skarabäus mit der gesamten Natur gemein hat, nämlich das Leben in Formen, Monaden in Körper zu schließen und sie auf ihre zyklischen Reisen zu schicken beziehungsweise sie auf das Rad größer und kleinerer Zyklen zu binden. Dies ist wahrscheinlich der Grund, warum der Skarabäus in Ägypten als heilig galt; denn als Insekt führt es uns regelmäßig eine der rätselhaftesten Kräfte und Eigenschaften der Natur vor Augen.

Eine Ordnung der *Umgekehrten Sephiras* sind jene Intelligenzen, die den mentalen, den emotionalen und den ätherisch-physischen Leib der ersten drei Menschheiten gestalteten, die diese Erde zu jener Weltenperiode bewohnen sollten. Diese *Pitris*, wie sie im Hinduismus genannt werden, erfüllten außerdem die Aufgabe, die Monaden-Egos jener Rassen in die Körper, die sie für sie gebaut hatten, „hineinzuführen" oder zu „locken". Da diese materialisierende Funktion aus der Perspektive des Evolutionsbogens, der zur Vergeistigung führt, als böse erscheint, werden diese Intelligenzen zuweilen als die *Satanischen Hierarchien* bezeichnet. Wie in Teil V (Das Wunder der Geburt und die Weltenmut-

---

[93] E. A. Wallis Budge, *The Gods of the Egyptians*

ter) erwähnt wird, erhielt ich bei meinen Studien über den Abstieg des menschlichen Egos zur Geburt Anhaltspunkte dafür, dass Mitglieder der Engel-Heerscharen für alle Menschen auf dem pränatalen oder nach unten verlaufenden „Bogen" des Zyklus jeder Geburt, wenn das Ego einen Strahl seiner Kraft, seines Lebens und seines Bewusstseins aus dem Reich der Geistigen Intelligenz, in dem es wohnt, aussendet, eine entsprechende Funktion erfüllen. Mitglieder einer Ordnung der Engel helfen beim Bau des mentalen, des astralen und des ätherisch-physischen Körpers, bei deren Abstimmung aufeinander und beim Einleiten des menschlichen Bewusstseins in diese.

Auch wenn die einhüllende, begrabende, verkörpernde Funktion bestimmter *Umgekehrter Sephiras* dem innewohnenden Leben vorübergehende Begrenzungen auferlegt, so kann sie doch nicht eigentlich als böse gelten. Auch sind jene Intelligenzen, die mit diesen Vorgängen betraut sind, in Wirklichkeit nicht als satanisch zu betrachten; denn der Abstieg ist Bedingung für den Aufstieg, die vorübergehende Verkörperung Voraussetzung für die Entwicklung latenter Kräfte. In der ägyptischen Religion war der Gott „Kephera, 'der Einrollende', der 'Göttervater' und Schöpfer aller Dinge im Himmel und auf der Erde ... aus sich selbst gezeugt und geboren ... identifiziert mit der aufgehenden Sonne und ganz allgemein mit Neugeburt."

In der Kabbala sind die *Umgekehrten Sephiras* die den höheren Sephiras gegenüberliegenden Wesenheiten. Sie sind die Personifizierung von Funktionen, die denen der Höheren Sephiras offensichtlich entgegenwirken. Erstere stehen auf der Seite der Materie, letztere auf der des Geistes. Erstere betonen das *Guna*[94] des Tamas, letztere jenes von Rajas. Die mittlere Säule auf dem Schaubild des Baums der Sephiroth stellt in gewisser Hinsicht den Menschen als den Harmonie Schaffenden, den Ausgleichenden, das verkörperte Prinzip des Gleichgewichts dar. Seine Aufgabe im Universum ist es, Sattva zu errichten und zu bewahren.

Das Symbol der Involution, das gleißende Schwert mit der blitzähnlich

---

[94] *Guna*: Sanskrit, die drei Gruppen der der Materie inhärenten Eigenschaften. Rajas – Aktivität und Verlangen; Sattva – Gleichgewicht und reine innere Ruhe; Tamas – Trägheit, Stagnation und Verfall. Sie entsprechen jeweils den drei Aspekten der verschiedenen Trinitäten Brahma, Vishnu und Shiva.

geschwungenen Klinge, wird auf dem Lebensbaum dargestellt durch eine Linie von Kether über Chokmah, Binah, Chesed, Geburah, Tiphareth, Netzach, Hod und Jesod zu Malkuth. Der Weg der Evolution, wie er im Caduceus, dem Stab des Hermes, als einer seiner vielen Bedeutungen symbolisiert ist, wird durch zwei Linien gezeichnet, die von Malkuth aus nach oben verlaufen und sich in jeder Sephira auf der mittleren Säule kreuzen.

Die Erz-Widersacher

Die *Umgekehrten Sephiras* mit ihren zehn Graden entsprechen also der Dekade der Sephiroth, aber im umgekehrten Verhältnis, da Dunkelheit und Unreinheit mit absteigendem Grad zunehmen.[95] Diese Anordnung wird deutlich, wenn man die Funktion der *Umgekehrten Sephiras* jeweils mit der ihrer entsprechenden höheren Sephiras vergleicht. Erstere werden auch als die *Herren der Unausgeglichenen Kräfte* bezeichnet, zuweilen assoziiert mit den „Königen …, die im Lande Edom regiert haben, bevor Israel Könige hatte".[96] Kabbalistisch sind sie den *Keliphot* verbunden, den Intelligenzen oder *Pitris* der tiefsten Phasen der Prozesse der Involution oder des Hervorgehens, in denen unmittelbar vor dem Rückweg eine Zeit lang ein Zustand der Unausgewogenheit oder des Ungleichgewichts zwischen Geist und Materie herrschte. In Bezug auf die menschliche Evolution beziehen sich die Könige von Edom auf die archetypische, schattenhafte, nicht-physische, prä-adamitische erste Rasse des Menschen auf Erden, die androgyn war und vor dem Gleichgewicht der Geschlechter geschaffen wurde. Das ausgewogene Kompositum aus Geist und Materie, positiv und negativ, männlich und weiblich entstand nach der Trennung der Geschlechter in der späteren dritten Menschheit.

Die Ordnungen der retrograden Geister und Erzfeinde reagieren auf die Engel und Erzengel. A. E. Waite zählt sie in seinem Buch *The Doctrine and Literature of the Kabbalah* folgendermaßen auf:

---

[95] Siehe S. L. MacGregor Mathers, *The Kabbalah Unveiled*, S. 30
[96] 1. Mose 36, 31

„I. *Thaumiel*, die Doppel Gottes, angeblich zweiköpfig und so benannt, weil sie vorgeben, der Höchsten Krone ebenbürtig zu sein. Es ist zu Recht der Titel der umgekehrten Sephira, die Kether entspricht. Den Ergänzenden Schriften zum Sohar zufolge, ist seine Rinde oder äußere Hülle *Cathariel*. Satan und Moloch sollen die Erzdämonen sein, aber die Zuweisungen gehen in der gesamten Literatur hoffnungslos durcheinander; zum Teil liegt das an den obskuren Klassifikationen des Sohar und an den Widersprüchen bei jüngeren Kabbalisten.

II. *Chaigidiel*, ein Begriff, der sich an die Bedeutung des Wortes Placenta anschließt oder, anderen Fachleuten zufolge, an den der Obstruktion im Sinne einer Behinderung des himmlischen Einflusses. Diese umgekehrte Sephira entspricht Chokmah. Seine Rinden oder äußeren Hüllen sind die *Oghiel* oder *Ghogiel*, die den illusionären oder materiellen Erscheinungen anhaften und im Gegensatz zu jenen stehen, die Realität und Weisheit verbunden sind. Dies ist natürlich eine Erklärung aus jüngster Zeit. Der Erz-Dämon soll *Adam Belial* sein, also wiederum Beelzebub. Auch die Stammesfürsten des Esau sind mit dieser Zahl verbunden.

III. *Sathariel*, die Verheimlichung Gottes, was bedeutet, dass diese umgekehrte Sephira im Gegensatz zu Binah oder Verständnis das Gnadengesicht verhüllt. In den Ergänzungen zum Sohar ist sie *Sheiriel*, vom zottigen Körper Esaus stammend. Dasselbe Werk bringt die Stammesfürsten des Esau mit dieser Zahl in Verbindung statt mit der umgekehrten Entsprechung zu Chokmah. *Lucifuge* soll der Erz-Dämon sein, aber dies ist ganz offensichtlich kein kabbalistischer Begriff. Er wird jedoch in den Grimorien[97] erwähnt und ist Dämonenkundlern der lateinischen Kirche bekannt.

IV. *Gamchicoth* oder *Gog Sheklah*, Störer aller Dinge, die umgekehrte Entsprechung zu Chesed. Den Ergänzungen zum Sohar zufolge muss die Rinde oder Hülle wohl *Azariel* sein. In der neueren Kabbala ist *Astharoth* der Erz-Dämon.

---

[97] Zauberbücher, Buch der Schatten, d. Ü.

V. *Golab* oder Brennen im Sinne von Brandstiftung. Dies ist die umgekehrte Entsprechung zu Geburah und die Antithese der Seraphim oder Feuerschlangen. Die Rinde oder Hülle ist *Usiel*. In der jüngeren Kabbala ist *Asmodeus* der Erz-Dämon.

VI. *Togarini*, Streiter, weil nach Isaak von Luria diese umgekehrte Entsprechung zu Tiphareth mit der höheren Geburah ringt. Die Rinden oder Hüllen heißen *Zomiel*, und der Erzdämon ist *Belahegor*.

VII. *Harab Serap*, der Rabe, der vertreibt. Der Name rührt von der Vorstellung, dass dieser Vogel seine Jungen verstößt. Er ist die umgekehrte Entsprechung von Netzach. Die Rinden oder Hüllen sind die *Theumiel*, der Erzdämon ist *Baal Chanan*.

VIII. *Samael* oder der in den Krieg verwickelt, entspricht Hod, dem höchsten Sieg. Die Rinden oder Hüllen sind den Ergänzungen zum Sohar zufolge die *Theuniel*, und *Adramalek* ist der Name, den Autoren aus jüngerer Zeit dem Erzdämon geben.

IX. *Galamiel*, der Obszöne in umgekehrter Entsprechung zu Jesod, die für die Entwicklung der höheren Ordnung steht. *Ogiel*, den andere Systeme der umgekehrten Entsprechung von Chesed zuschreiben, scheint die in den Ergänzungen zum Sohar erwähnte Rinde oder Hülle zu sein, und *Lilith* ist in der neueren Kabbala die Erzwidersacherin.

X. *Lilith*[98] ist jedoch nach anderer Zuordnung die umgekehrte Entsprechung zu Malkuth, mit dem in der neueren Kabbala *Nahema*[99] verbunden wird, der Dämon der Unreinheit."

---

[98] Dem Sohar zufolge ist sie ein unersättlicher Dämon, der Kinder erschlägt.
[99] Ein Sukkubus, der nach der Verbindung mit dem Menschen Geister und Dämonen hervorbringt, sagt der Sohar, und entwickelt diese Vorstellung an verschiedenen Stellen weiter.

Die satanischen Hierarchien

Hohe Intelligenzen, die Dhyan Chohans, die Erzengel und Engel der Kabbala, leiten sowohl die involutionären als auch die evolutionären Vorgänge und stellen deren „Erfolg" sicher. Die Helfer auf dem nach unten weisenden Bogen betrachtet der Mensch gern als satanisch. Die auf dem aufwärts weisenden Bogen hingegen gelten als erlösend. Allegorien in den Heiligen Schriften stellen sie als Antagonisten dar, und der Mensch betrachtet sie dementsprechend als teuflisch beziehungsweise göttlich. In Wirklichkeit sind sie ausgewogene Kräfte, die auf vorübergehend gegensätzliche Ziele hin arbeiten.

Der irische Dichter James Stephens erfasste diese zutiefst esoterische Lehre intuitiv und verlieh ihr in seinem Gedicht *In der Fülle der Zeit*[100] Ausdruck:

Auf Eisenthron vom Rost zerfressen
Hinterm fernsten Himmelszelt
Sah ich Satan weltvergessen,
Das Angesicht längst alt und welk.
Vollbracht das Werk zu seiner Zeit,
Ruht' er nun in Ewigkeit.

Zu ihm aus der Sonne kam
Der Vater und auch Freund ihm sei.
Sprach – nun ist das Werk getan
Alle Feindschaft ist vorbei.
Geleitet' Satan überdies
Liebevoll ins Paradies.

Gabriel blickt' milde drein,
Uriel ließ seinen Speer
Raphael auch stellt' sich ein:
Willkommen, Bruder, sei uns sehr!
Seinen Platz wiesen sie ihm
Neben dem Gekreuzigten.

[100] James Stephens, *Collected Poems* McMillan & Co, London 1931

Das Wesen des Bösen

Vom rein geistigen Prinzip abgesehen, hat Satan als Personifizierung und Inkarnation des reinen Bösen keinen Platz in der esoterischen Philosophie, keine Existenz an sich. Das Böse ist lediglich die Abwesenheit Gottes. Es existiert nur für diejenigen, die ihm zum Opfer fallen. Demon Deus inversus est. Der Teufel ist der Schatten, den der Mensch sieht, wenn er seinen Rücken dem Licht zukehrt. Die Natur ist weder gut noch böse und die Manifestation folgt lediglich dem unveränderlichen und unpersönlichen Gesetz.

Existenz und menschliches Erleben der Dualität zwischen Geist und Materie, Licht und Dunkel, Bewegung und Trägheit, Expansion und Kontraktion, lassen den Menschen auch an Gut und Böse denken. Erweist sich der Widerstand als Dreh- und Angelpunkt, dann gilt er als gut. Frustriert er jedoch – wie bei der nur allzu bekannten „Tücke des Objekts" – oder fügt er dem Menschen Schaden zu, dann ist er in seinen Augen böse. Die Analogie vom Suchscheinwerfer verdeutlicht dies ein wenig. Außerhalb des Strahls und diesen von allen Seiten bedrängend, ist die Dunkelheit. Licht und Dunkelheit werden als Gegensatzpaar wahrgenommen. Der lichtgebende Effekt des Strahls erlischt am Ende seiner Reichweite. Dort beginnt die Dunkelheit. Danach herrscht Dunkelheit. In dem Augenblick, in dem der Strom abgeschaltet wird, herrscht überall Dunkelheit. Wenn Licht gut ist, dann wird auch der Suchscheinwerfer vom Menschen als gut eingestuft werden und die Dunkelheit als böse. Was aber ist diese Dunkelheit wirklich, die der Mensch böse nennt? Sie ist Materie, die nicht dem Licht ausgesetzt ist. Dunkelheit ist unerleuchtete Materie. Der Mensch nennt sie böse, und für ihn personifiziert der Teufel diesen Zustand. In seinem Aufsatz über „Natur und Ursprung des Bösen" schreibt Plotin:

> „Das Böse ist von jener Uralten Art, die, wie wir gelesen haben, die allem zugrunde liegende Materie ist, die von der Idealen Form noch nicht in eine Ordnung gefügt wurde.
>
> Vorausgesetzt, Gott ist nicht das einzig Existente, so ist unvermeidlich, dass durch das Ausgehen aus ihm oder – wenn man so sagen will – das ständige Herunter- oder

Weggehen von ihm, ein Letztes entstehen muss, nach dem nichts mehr hervorgebracht werden kann; dies ist das Böse.

So notwendig wie es Etwas nach dem Ersten geben muss, so notwendig muss es ein Letztes geben; dieses Letzte ist Materie, das, was keinen Rest Gutes mehr in sich trägt; hier liegt die Notwendigkeit des Bösen."

Der Esoteriker wird dem zustimmen, aber zweifellos noch hinzufügen „nach Verstand und Wertvorstellung des Menschen". Denn in ihrer essenziellen Existenz sind Geist und Materie weder moralisch noch unmoralisch, weder gut noch böse. Sie existieren als scheinbare Gegensätze; das ist alles. Die Materie scheint sich dem Geist zu widersetzen. Aber das tut auch der Angelpunkt des Hebels, doch ohne Angelpunkt ist Hebelwirkung unmöglich. Von menschlichen Werten und menschlichem Erleben also abgesehen, existiert das Böse als Schöpfung nicht. Der Ursprung des Bösen liegt im Verstand des Menschen. Alles kann entweder als böse oder als gut erscheinen, je nach menschlichem Erleben und menschlichem Umgang damit. Shakespeare gab diese Lehre in seinen Worten folgendermaßen wieder: „An sich ist nichts weder gut noch böse, das Denken macht es dazu."[101]

---

[101] Shakespeare, *Hamlet*

Teil IV
Zusammenarbeit

Kapitel 1

ZEREMONIEN ALS MITTEL DER ZUSAMMENARBEIT ZWISCHEN ENGELN UND MENSCHEN

Das innewohnende Leben

Der Dienst der Engel, Kernlehre vieler Glaubensrichtungen, ist seit langem für sehr viele Menschen lebendig erfahrbare Realität. Die esoterische Forschung bestätigt diese Lehre und zeigt überdies, dass als Teil ihres Dienstes bestimmte Engel-Ordnungen regelmäßig bei Gottesdiensten[102] und anderen Zeremonien zugegen sind; denn immer wenn feinstoffliche Kräfte angerufen und herbeigeholt werden, sei es durch Denken und den Willen allein oder durch den Einsatz von Symbolen, Zeichen und Worten der Kraft, erscheinen augenblicklich die entsprechenden Engel als natürliche Erfüllungsgehilfen der jeweiligen Kraft. Ihre Aufgabe besteht darin, die Kräfte, die durch zeremonielle Akte, Gebete und Anbetung erzeugt werden, zu bewahren sowie als Kanal für die Kraft und den Segen zu dienen, die als Reaktion darauf von oben herabströmen. Diesen Dienst können sie bei weitem wirkungsvoller erfüllen, wenn sowohl diejenigen, die den Gottesdienst leiten, als auch die Gemeinde darum wissen.

Das Thema hat allerdings noch zwei weitere Aspekte, die der Betrachtung wert sind, nämlich die Wirkung, die kirchliche Gottesdienste, wie etwa die Feier der Heiligen Eucharistie, auf das sich entwickelnde Leben in der Natur haben und die Teilnahme von Naturgeistern und Engel-Heerscharen an den Gottesdiensten der Menschen. Damit die Perspektive, aus der ich über Leben und Bewusstsein der Natur

---

[102] Siehe *The Science of the Sacraments* und *The Hidden Side of Christian Faith*, beide C. W. Leadbeater sowie Geoffrey Hodson, *The Inner Side of Church Worship*

schreibe, verständlich wird, muss ich jedoch ein wenig weiter ausholen. Unter bestimmten Bedingungen des erhöhten Gewahrseins[103] wird das universelle, innewohnende, göttliche Leben sichtbar, obgleich die Übertragung solchen Schauens in Gehirnbewusstsein und Worte große Schwierigkeiten bereitet. In diesem Zustand sieht man das Göttliche Leben in der Natur als alles durchdringende, goldene Lebenskraft, allgegenwärtig als beseelendes Prinzip in jedem Atom jeder Welt. Die physischen Formen verschwinden. Man ist mitten in und zugleich Teil von einem Meer goldenen, strahlenden Lebens, das aus Myriaden von Lichtpunkten besteht, die durch Kraftlinien miteinander verbunden sind; das ganze ist Teil eines anscheinend grenzenlosen Netzes[104] aus unendlich feinem Gewebe, das alle Wesen, alle Dinge, alle Welten durchdringt. Jeder Punkt ist eine Quelle des Lebens, fast eine Sonne, in der die Lebenskraft wie aus einem unerschöpflichen Brunnen aufwallt. Von diesen Zentren aus fließt die goldene Kraft über das große Netz und belebt alle Substanz. Es gibt keine tote Materie. Alle Wesen und alle Dinge werden erkennbar als mit dem innewohnenden Leben oder Feuer Gottes erfüllt.

Ein begnadeter Dichter[105] beschrieb diesen Bewusstseinszustand treffend:

„Schau! Himmel und Erd' im Feuerglanz erfüllt
Von Deiner großen Herrlichkeit
Ihr Licht vertilgt, was schwach im Menschen;
Stillt das Herz, macht jede Seele weit."

Im Licht dieser Schau mag es scheinen, dass das Leben der Natur jedes Mal, wenn die Heilige Eucharistie und bestimmte andere Rituale gefeiert werden, ein wenig schneller abläuft. Der Grad der Reaktion ist in jedem Naturreich anders und abhängig von der evolutionären Entwicklung. Im Mineralreich, in dem das Bewusstsein „schläft", ist sie

---

[103] Dieser Zustand tritt ein bei der Kontemplation einer Szenerie oder eines Gegenstandes von großer Schönheit, aus Freude an einem Kunstwerk, bei der Teilnahme an einem Gottesdienst im weitesten Sinne oder in der Meditation über eine geistige Wahrheit.
[104] Siehe E. L. Gardner, *The Web of the Universe*
[105] Reverend Scott Moncrieff, *St. Alban Hymnal*

relativ dumpf; im Pflanzenreich, in dem das Bewusstsein „träumt", ist sie etwas stärker, im Tierreich und im Reich der Naturgeister, in dem das Bewusstsein „erwacht", ist sie noch stärker, und in Wesen, die sich ihrer selbst bewusst sind, wie Engel und Menschen, ist sie am stärksten. Mit jeder Feier wird die Intensität der Reaktion in allen fünf Reichen vergrößert, und diese Hilfe auf dem Weg zum höheren Gewahrsein ist einer der Gründe, warum jeder rechte religiöse Ritus nutzbringend ist.

Man könnte, um dies zu illustrieren, es mit der Natur einer Pflanze vergleichen, die zu Wachstum und Blüte das Sonnenlicht braucht. Wenn nach vielen wolkenverhangenen Tagen plötzlich wieder strahlend hell die Sonne scheint, werden die Lebensprozesse in der Pflanze stark angeregt, wie die Experimente des großen indischen Wissenschaftlers Sir Jagadish Chandra Bose eindeutig zeigten. Könnte darüber hinaus die Sonne zur Pflanze herabgebracht werden, ohne dass dies ihr schadete und vermöchte die Pflanze auf diese Weise ganz direkt und individuell eine zusätzliche Menge Sonnenlicht in sich aufzunehmen, dann würde auch ihr gesamtes Wachstum entsprechend beschleunigt. Mir scheint, dass eine ähnliche, wenngleich geistige Beschleunigung bei der Heiligen Kommunion eintritt, wenn der Christus, die Sonne der Göttlichen Liebe und ebenso der Sohn Gottes, sich näher zur gesamten Natur begibt und über die Sakramente vom Menschen empfangen wird.

Die Heilige Eucharistie

Mein Verständnis dieser umfassenderen Bedeutung des kirchlichen Gottesdienstes vertiefte sich noch, als ich auf Java bei einer Eucharistie-Feier[106] im Freien die Reaktion der Natur und die Teilnahme der Engel beobachten konnte. Der Ort, der vorübergehend zur Kirche wurde, ein Garten an den Hängen des Berges Arjoena, gestattete einen wunderbaren Blick über eine weite Ebene zum Berg Kawi, und ganz in der Ferne war sogar der Mount Semeru zu sehen.

---

[106] Die Liturgie des Gottesdienstes war die der Liberal-Katholischen Kirche. Die folgende Beschreibung ist nicht als Eintreten für den Katholizismus zu verstehen, sondern lediglich als der Versuch einer Beobachtung einiger feinstofflicher Wirkungen der Eucharistiefeier. Die Theosophie befasst sich mit dem vergleichenden Studium der Religionen und stellt dabei fest, dass bestimmte Ideen allen Weltreligionen gemeinsam sind und keiner von ihnen alleine gehören.

Bevor der Gottesdienst begann, sammelten sich Naturgeister in großer Zahl in der Nähe der Kirche, angezogen von den Vorbereitungen und der geistigen Haltung aller Teilnehmer. Wie man in diesem wunderschönen Land mit seiner üppigen tropischen Vegetation wohl erwarten würde, waren Feen und Baumgeister in dieser Versammlung bei weitem in der Überzahl, während die großen Berg-Devas von ihrer Warte über ihren jeweiligen Gipfeln aus teilnahmen. Außerdem waren auch einige hohe Devas der Erde, des Wassers und des Feuers zugegen, wie das bei jeder kirchlichen Feier der Fall zu sein scheint, wobei sie ihre besondere Kraft beisteuern und die Gottesdienstteilnahme ihrer Untergebenen sowie die Kräfte ihres Elements lenken. Spürbar wird dies insbesondere bei der Wandlung, bei der sich die gesamte Natur in der Hingabe an den Herrn des Lebens mit den Menschen zu vereinen scheint.

Während also Engel und Naturgeister von nah und fern sich im Gottesdienst zum Menschen gesellten, erreichte die Feier auf Java eine Größenordnung, die alles, was auf physischer Ebene sichtbar war, bei weitem übertraf. Als im Augenblick der Wandlung wie immer Macht und Gegenwart des Herrn in einem goldenen Strahlen mit der Hostie in der Mitte herniederstiegen, verneigten sich die Engel in tiefer Verehrung. In der gesamten Natur um die Kirche herum schien das Leben strahlender zu leuchten. Das Bewusstsein in Mineral und Pflanze schien zu erwachen und zu antworten, als die Herrlichkeit Seiner Gegenwart vom Altar erstrahlte, während die wahrhaft magischen Worte der Wandlung gesprochen wurden. Beim *Te adoremus* und *Adeste fideles* (dem Gesang zur Kommunion) stimmten die Engel mental mit ganzer Kraft in die Gemeinde mit ein, wobei ihre Teilnahme bei weitem lebendiger wirkte als die der Menschen, da das menschliche Bewusstsein durch die Inkarnation abgestumpft ist. Beim *Ite missa est* („Gehet hin in Frieden") wurden wie üblich die geistigen Kräfte, die durch die Zeremonie geschaffen worden waren, in die Welt entlassen, wobei Engel sie in ihrer vergeistigenden Mission begleiteten. Die Naturgeister, die diese beschleunigenden Kräfte in sich aufgenommen hatten, gaben sie später jeweils jenen Aspekten der Natur weiter, mit denen sie verbunden waren.

Durch den Ritus, den Er begründete, und durch die Mitwirkung von Engeln und Menschen hält also der *Herr der Liebe* im Äußeren sein

Versprechen, Er werde bei uns sein „bis ans Ende der Welt". Im Inneren benötigt Er keine Zeremonie, um sein Versprechen zu halten; denn in seinem mystischen Opfer des Einswerdens mit dem Selbst aller Menschen ergießt Er Sein Leben, Sein Licht und Seine Kraft in sie und wirkt damit für alle vervollkommnend und beschleunigend. Aber dennoch kann die gemeinsame Anbetung in einer Form, wie sie Menschen ganz nach ihrem jeweiligen Naturell als erhebend empfinden, dem bewussten Gewahrsein Seines ewigen Gottesdienstes förderlich sein.

Kapitel 2

DIE MITWIRKUNG DER ENGEL IN DEN RELIGIONEN DER MAYAS, DER HINDUS UND DER JUDEN

Das Deva-Siegel

Mit Verstand vollzogene Zeremonien gehören zwar zu den effektivsten Formen der Zusammenarbeit zwischen Engeln und Menschen, sind jedoch keineswegs notwendig. Der menschliche Verstand ist ein starker Sender und Empfänger. Unterstützt durch einen starken Willen, geübt in der Konzentration und erleuchtet durch intuitives Erkennen des Einsseins allen Lebens, wird der Verstand zu einem ausgesprochen mächtigen Instrument.

Wenn ein Mensch seine Gedanken konzentriert auf eine bestimmte Engel-Ordnung ausrichtet, sendet er ein mentales Signal aus, das die Angehörigen jener Schar empfangen. Hat der Sender eine gewisse Universalität des Bewusstseins erreicht und sind seine Motive dementsprechend völlig selbstlos, werden die Engel unweigerlich antworten. Der Mensch kann dann seine Gedankenkraft auf das gewählte Aufgabengebiet lenken, sich auch selbst dort hineinbegeben und sich dabei der Mitwirkung der Engel sicher sein.

Dieses gemeinsame Tun kann ein Dienst sein, wie etwa das Geistheilen[107], Inspiration, Schutz oder Hilfe bei der Überwindung von Charakterschwächen. Um Mitwirkung darf auch ersucht werden, wenn man der Inspiration bei der Ausführung altruistischer Vorhaben bedarf. Engel sind mächtige Verbündete bei solcherlei Diensten; denn sie können sowohl die Kanäle der Inspiration zwischen dem höheren Bewusstsein

---

[107] Siehe Beschreibungen zu den Abbildungen 24, 25 und 26.

und dem Gehirn öffnen als auch dem empfangsbereiten Verstand telepathisch eine Reihe erhellender Ideen eingeben.

Regelmäßiges Anrufen der Engel um Hilfe führt zu einer Veränderung in der Aura des Menschen. Die so geschaffene Verbindung wird als eine Stelle hellen Lichtes sichtbar, die in den für die Aura der Engel typischen Frequenzen schwingt. Wird dieses Deva-Siegel, wie die Stelle genannt wird, durch zeremonielles Handeln oder auch allein durch Gedanken- und Willenskraft belebt, so „sendet" es ein Signal auf der Wellenlänge der Engel aus, deren Hilfe angerufen wird. Dieser Ruf wird von den Engeln „aufgefangen", denen es seiner Schwingungsfrequenz nach entspricht. Ihre Aufmerksamkeit ist gewonnen, und sie sind augenblicklich bereit, ihre Hilfe zu leisten.

Hellsichtigkeit ist bei diesen Vorgängen zwar hilfreich, aber nicht notwendig. Regelmäßige Übung, gestützt auf das intuitive Erfassen des Wahrheitsgehaltes dieser Vorstellungen, wird rasch Anhaltspunkte, wenn nicht gar Beweise für die Realität und Effizienz der Zusammenarbeit zwischen Engeln und Menschen erbringen. Im Reich des Höheren Selbstes des Menschen findet diese Zusammenarbeit sogar ständig statt, auch wenn sich das niedere Selbst dieser Tatsache nicht bewusst sein mag.

Wie bereits an früherer Stelle erwähnt, steht jeder Nation der Welt ein Engel-Herrscher vor, der sie bei der Erfüllung ihres Schicksals unterstützt. Diese mächtigen Erzengel – die „Throne" in der christlichen Engellehre – inspirieren die Nation über das nationale Ego oder die Überseele sowie deren führende Persönlichkeiten über ihr jeweiliges Höheres Selbst. Unter dem Einfluss der Inspiration durch den Engel erlangt ein Staatsmann Kräfte, die man bisher in ihm nicht vermutet hätte. Solange er seiner Nation selbstlos dient, wird seine Macht wachsen. Sollten egoistische Interessen ihn für seine Pflichten seinem Staat gegenüber blind werden lassen, wird ihm die Inspiration durch Engel oder andere Kräfte entzogen, und seine Macht schwindet. Dies ist ein Phänomen, das bei Personen des öffentlichen Lebens nicht selten zu beobachten ist. Zwar steht solche Mitwirkung immer zur Verfügung und wird häufig auch geleistet, ihre Effektivität aber nimmt um ein Beträchtliches zu, wenn sie vom Menschen angeregt und anerkannt wird.

Die Menschen früherer Tage respektierten die Götter und riefen sie um Hilfe an. Dennoch sollte der Götterglaube bei den Völkern des Alten Ägyptens, Griechenlands, Assyriens und Indiens nicht als Indiz für Polytheismus ausgelegt werden. Die Existenz eines Höchsten Wesens war stets anerkannt, und die Götter galten als untergeordnete Manifestationen von Aspekten und Kräften dieses Einen. Weder waren diese Wesen bloße Phantasiegeschöpfe noch Personifizierungen von Gewalten, Gesetzen und Erscheinungen der Natur. Die esoterische Forschung zeigt, dass etliche von ihnen tatsächlich existierten und nichts anderes waren als Angehörige der Engel-Heerscharen, mit denen die Menschen jener Tage, insbesondere die Eingeweihten in den Heiligtümern, bewusst zusammenarbeiteten.

Die Götter der Mayas

In Mittelamerika wurden interessante Zeugnisse solcher Zusammenarbeit entdeckt. Den Arbeiten von Ricardo Mimenza Castillo aus Yucatan zufolge, der die Mayas seit vielen Jahren erforscht, praktizierte dieses alte Volk die Zusammenarbeit zwischen Engeln und Menschen. Offensichtlich stand jedem Lebensbereich eine entsprechende Gottheit vor. Im Folgenden eine Auflistung dieser Götter, wie sie im *St. Louis Star*[108] erschien:

„Hunab-Ku, vergleichbar Zeus, Göttin der Heilkunst; Ixazahualoh, Göttin der Weberei; Ixchebelyax, Göttin der Malerei; Zuhuykah, Göttin der Jungfräulichkeit; Zitholontum, Gott der Heilkunst; Xocvitun, Gott des Gesangs; Akinzoc, Gott der Musik; Pizlimtec, Gott der Dichtkunst; Kukulcan, Gott des Krieges; Ahchuykak, die Zwillinge der Vergangenheit und der Eigenschaften; Acate, Gott des Handels; Mutulzec, Gott der Qualen; Chas, Gott des Ackerbaus; Tabai, Gott der Fischerei; Kinichkakmo, Gott des Feuers; Ztab, Gott der Selbsttötung; Ekxhuah, Gott der Reisenden. Ihnen sind folgende Schutzgottheiten hinzuzufügen: Kinch Ahan Haben, Gott von Campeche; Chun Caan, Gott von T-ho; Kabul, Gott eines unbekannten Ortes, aber zugleich rechte Hand

---

[108] Zu meinem Bedauern habe ich in meinen Original-Aufzeichnungen das Erscheinungsdatum nicht vermerkt und konnte es auch später beim Durchforsten der Akten nicht mehr ausfindig machen.

von Izamal; Kakupacat, Gott des Feuers sowie Hun Ahau, auch Yum Kimil, Gott der Unterwelt.

Damit diese Namen leichter auszusprechen sind, möchte ich anfügen, dass das ‚x' der Mayas und Azteken im Englischen wie ‚sh' [im Deutschen also ‚sch', d. Ü.] ausgesprochen wird.

Sei es zufällig oder weil tatsächlich eine Verbindung besteht, haben viele dieser Maya-Götter eine Entsprechung in der griechischen Mythologie. So war die Unterwelt der Mayas zum Beispiel derjenigen sehr ähnlich, über die Pluto herrschte. Der Ort war in ewige Dunkelheit gehüllt, und alle, die wegen ihrer Verfehlungen im Leben dort hinein geworfen wurden, litten endlos unter Kälte, Hunger, Durst, Müdigkeit, Qualen, dem Anblick grausamer Szenen und waren gezwungen, beständig weiter zu wandern, ganz nach Art des *Wandernden Juden*.

Die Mayas hatten aber auch ihren Himmel oder ihr Paradies. Es war eine Wohnstatt mit einem idealen Klima, in der alle Pflanzen blühten und es allen Tieren wohl erging wie nirgendwo in der physischen Welt. Die Seelen, die in dieses Elysium erhoben wurden, verbrachten ihre Zeit mit geradezu platonischen Gesprächen über den Sinn des Lebens und das wahre Wesen des höchsten Gottes. Von dieser Arbeit erholten sie sich bei den Klängen von Musik und erquickten sich an Düften und anderen Freuden.

Über diesen Himmel herrschten vier Bacabes. Ein Bacabe ist eine Art Engel. Jeweils ein solcher Engel saß an den wichtigsten Kardinalpunkten, unterstützt von einem der Chaques, der Götter des Windes und des Regens. Die vier Chaques hatten unterschiedliche Farben. Der im Norden war weiß, der im Süden gelb, der im Osten rot und der im Westen schwarz.

Die Unterwelt unterstand der Herrschaft des Abcatanas. Seine Aufgabe war die Pflege des heiligen Baumes mit seinen vier Wurzeln und vier Ästen. Auch hier war, wie in den Himmelsregionen, alles in Einheiten zu Vieren geordnet, was auf die Auffassung der Maya zurückzuführen sein mag, dass die Erde eine quadratische Fläche sei.

In Chicen wird Hunab-Ku, die Höchste, als Göttin dargestellt, aus deren Augen sich zwei Tränenströme ergießen, der eine rechts, der andere links von ihr. Aus diesen Strömen entsteht alles Leben in Fauna und

Flora. Dies wird im Allgemeinen so interpretiert, dass Hunab-Ku die Schöpfung entweder als Akt des Opfers oder der Trauer vollbringt. Insgesamt war die Religion der Mayas ungewöhnlich vergeistigt und verfeinert, und es fehlte ihr völlig die Derbheit der Religion der Azteken – soweit wir sie kennen – eines ähnlichen Volkes, das zur selben Zeit auf der Tafelebene des Anahuac lebte, insbesondere der Stämme, die damals das Tal von Mexiko bevölkerten.

In ihrem wichtigsten Merkmal, nämlich der Pyramidenform des Allerheiligsten, ähneln die Tempel der Mayas denen der Azteken. Es ist immer noch ungeklärt, ob die Mayas dieses wichtige Detail den Erbauern der Pyramiden in San Juan Teotihuacan im Tal von Mexiko entlehnten, deren Ruinen noch heute von ihrer ruhmreichen Geschichte künden, oder ob die Überreste aus der Maya-Kultur in Chicen-Itza der Prototyp waren."

Der Klang dieser ungewöhnlichen Namen ist höchst interessant. Ich spielte ein wenig mit ihnen und stellte fest, dass sie eindeutig mantrischen[109] Wert haben. Bei einigen bewirkt ständiges Wiederholen, verbunden mit der Absicht, den Namensträger anzurufen, das Erscheinen dieser Götter und Göttinnen der Mayas. Hier eröffnet sich all jenen Lesern ein interessantes Experimentierfeld, die empfindsam genug sind, um zu merken, wenn sie eine Antwort auf eine Anrufung dieser Art erhalten. Diese Anrufung darf jedoch niemals ohne eindeutige und rechtmäßige Absicht erfolgen!

Die Engel der Mayas zeigen eine typische Erscheinung, ähneln ihre Gesichter doch in gewisser Weise Statuen aus dem Reich der Mayas und aus Peru. Viele scheinen der Sonne und der Sonnenverehrung eng verbunden zu sein. Kakupacat zum Beispiel erscheint als mächtiger Salamander, verbunden dem solaren Feuer im Mittelpunkt der Erde sowie dem Feuer, das sich über Vulkane manifestiert. Kinichkakmo steht offensichtlich für das Feuer auf der Erdoberfläche sowie allgemein für das Element Feuer. Eine interessante Stelle in dem Bericht über die Götter der Mayas ist der Hinweis auf die vier Bacabes der Kardinalpunkte und ihre Helfer, die Chaques mit ihren symbolischen Farben. Hier war der

---

[109] Ein Mantra ist ein in kenntnisreicher Absicht gewähltes Wort oder ein Satz der Kraft, dessen Aussprechen magische Ergebnisse und eine Erweiterung des Bewusstseins zeitigen kann.

Gott des Ostens rot, der des Nordens weiß, der des Südens gelb und der des Westens schwarz.

Die Deva-Rajas

Der Hinduismus birgt eine Fülle von Informationen über die Götter und die vorgeschriebenen Methoden ihrer Anrufung. Der hinduistische Name des *Deva-Raja* oder Herrschers des Ostens ist *Dhritarashtra*, Herr der Luft, und die ihm untergebenen Heerscharen sind die Gandharvas mit der Symbolfarbe weiß. Dies ist ein Hinweis auf die Eigenschaft der Kraft im Osten ähnlich der Anordnung der Mayas, deren Spätzeit wahrscheinlich mit den früheren indischen Kulturen zusammenfiel. Die Gandharvas sind die Devas der Musik, Verkörperungen der Kraft des Klangs des schöpferischen „Wortes". Der hinduistische Name des Deva-Raja des Westens lautet *Virupaksha*, Herr des Feuers; seine Heerscharen sind die *Nagas* mit ihrer Symbolfarbe rot. Der hinduistische Name des Deva-Raja oder Herrschers des Südens ist *Virudhaka*, Herr der Wasser, seine Heerscharen sind die *Kumbhandas*, mit der Symbolfarbe blau. Der Deva-Raja oder Herrscher des Nordens ist *Vaishravana*, auch *Kuvera*, Herr der Erde; seine Heerscharen sind die *Yakshas*, ihre Symbolfarbe ist gold.

Judentum

Einigen jüdischen Überlieferungen zufolge gibt es vier Ordnungen oder Gesellschaften der Engel, denen jeweils ein Erzengel vorsteht. Die erste Ordnung ist die von Michael, die zweite die von Gabriel, die dritte die von Uriel und die vierte die von Raphael. Die Cherubim sind Engel der Kraft oder der Stärke Gottes. Sie scheinen dem Osten verbunden, oder – wie er im Tempel genannt wurde – dem Gnadenthron. In seiner Beschreibung der uralten Riten der Juden in Kapitel IX seines Briefs an die Hebräer sagt Paulus:

> „ ...hinter dem zweiten Vorhang aber war der Teil der Stiftshütte, der das Allerheiligste heißt. ... . Oben darüber aber waren die Cherubim der Herrlichkeit, die überschatteten den Gnadenthron."

Der Erzengel Michael, der Oberste Engel des Strahls der Kraft, ist wohl der Herrscher der Cherubim, denn in 1. Mose III, Vers 24 heißt es:

„und ließ lagern im Osten vor dem Garten Eden die Cherubim mit dem flammenden, blitzenden Schwert, zu bewachen den Weg zu dem Baum des Lebens."

Die esoterische Lehre der Juden, die Kabbala, birgt eine Fülle von Informationen über die Heerscharen der Engel. Sie wurden in Teil III dieses Buches ausführlich dargelegt.

Das Rad dreht sich

Die Ähnlichkeit der Beschreibungen in den einzelnen Aufzeichnungen der verschiedenen uralten Rassen und Völker der Welt liefert mithin ein Indiz für die tatsächliche Existenz der Engel und die Realität der Zusammenarbeit mit ihnen. Seit jenen Tagen ist die Menschheit in einen Zyklus eingetreten, in dem die intellektuelle Entwicklung überwiegt, die wiederum in ihrem Anfangsstadium vernichtend auf die Intuition und mystische Erfahrungen wirkt. Aus diesem Anfangsstadium beginnt die Menschheit sich eben erst zu lösen. Sobald im augenblicklichen Zyklus die Phase eintritt, die derjenigen entspricht, in der in vorangegangenen Zyklen Gemeinschaft zwischen Göttern und Menschen stattfand, werden die Menschen die Engel wieder sehen und ihre Funktionen zum Gegenstand wissenschaftlicher Forschung machen. Ich glaube, dass eine solche Phase bereits naht. Es fehlt in der heutigen Welt nicht an Anzeichen dafür.

In den Jahren, in denen ich in der ganzen Welt umhergereist bin, stellte ich fest, dass Engel für immer mehr Menschen lebendige Realität sind. Viele Schüler der esoterischen Philosophie rufen sie regelmäßig um Hilfe an, zur Heilung, im Tempel, in der Kirche, bei Zeremonien der Freimaurer und in der Meditation, damit sie ihre geistige Kraft, ihren Segen und Frieden auf die Welt ausstrahlen. Mit fortschreitender Entwicklung der ethischen und sozialen Weisheit des Menschen wird ihm tieferes Wissen über die verborgenen Kräfte, Gesetze und Vorgänge in der Natur anvertraut werden. Im neuen Zeitalter der Brüderlichkeit und des Friedens, dessen Heraufdämmern trotz vieler gegenteiliger Zeichen bereits zu erkennen ist, besteht Grund zu der Hoffnung, dass die Engel aufs Neue mitten unter den Menschen sein werden.

Kapitel 3

DAS AUSSENDEN DER KRAFT

Gedanken-Projektion

Dieses Kapitel gibt an, mit welchen Mitteln geistige und mentale Kräfte herbeigerufen und durch die Mitwirkung der Engel auf die ganze Welt ausgestrahlt werden können. Solches Wissen kann man zum Guten wie zum Bösen einsetzen. Jede egoistische Anwendung geistiger Kraft ist von Übel. Esoterische Handlungen zum materiellen Eigennutz, vollzogen mit dem absichtlich gewählten Motiv persönlicher Vorteile, ist schwarze Magie – und Elend die unausweichliche Folge. Der Einsatz geistiger und mentaler Kräfte zum Wohl der ganzen Menschheit ohne Erwartung einer Gegenleistung ist weiße Magie – und bringt der ganzen Welt Segen. Mögen alle Menschen sich angeregt fühlen, das Wissen, das ihnen die esoterische Lehre vermittelt, selbstlos, leidenschaftslos und einzig zum Wohl der menschlichen Rasse einzusetzen.

Verstand und Gehirn des Menschen sind starke Sender. Das Denken formt nicht nur den Charakter des Denkenden selbst, sondern auch den sämtlicher Empfänger dessen, was er aussendet. Der Eindruck, den das Denken eines Menschen auf seine Mitmenschen macht, trägt zur Ausprägung individueller wie nationaler Charaktere bei und beeinflusst sowohl das Schicksal des einzelnen Menschen als auch den Fortschritt der Zivilisation. Diese psychische Interaktion ist dermaßen tiefgreifend und anhaltend, dass alle an den Errungenschaften jedes Einzelnen teilhaben und sich zugleich nur ganz wenige von der Verantwortung für all das weit verbreitete Hässliche, Grausame und Verbrecherische, das der Fluch dieses Planeten ist, völlig freisprechen können. Denn Letztere sind die Produkte hässlicher, grausamer und verbrecherischer Gedanken.[110]

---

[110] Siehe Charles W. Leadbeater, Annie Besant *Gedankenformen*, Grafing 1999 und Annie Besant, *Gedankenkraft*, Satteldorf 1998

Wenn sich Menschen in Gruppen zusammenfinden, verstärkt sich ihre Fähigkeit, auf geistiger Ebene das Denken, den Charakter und das Verhalten anderer zu beeinflussen, um ein Vielfaches. Es ist augenfällig, welch enorme Möglichkeiten, Gutes zu bewirken, Gruppen hingebungsvoller und erwachter Diener der Menschheit haben, die sich zusammenfinden, um ihre Gedankenkraft für das Wohlergehen aller einzusetzen; denn solche Gruppen können einen Dienst von unschätzbarem Wert leisten. Bei dieser Arbeit sind die Einheitlichkeit von Ziel und Methode ausschlaggebend. Dass unter den Mitgliedern solcher Gruppen vollkommene Harmonie erzielt und bewahrt wird, ist eine wesentliche Voraussetzung; denn Unstimmigkeiten würden durch das Spiel der Kräfte, die dabei erzeugt und angerufen werden, noch verstärkt. Mitglieder und Leiter von Gruppen, in denen Gedanken-Projektion stattfindet, müssen stets sorgfältig ausgewählt und geführt werden.

Die Ideen, die projiziert werden sollen, sind mit großer Sorgfalt auszuwählen. Nur eindeutige und unveränderliche Wahrheiten können bedenkenlos ausgesandt werden; denn jede Wahrheit hat ihre eigene geistige Kraft in und hinter sich. Jede philosophische Wahrheit ist auch eine Kraft, nicht nur eine Idee. Gedanke um Gedanke speist sich aus der Kraft dieser Wahrheit. Gedankenprojektion durch mentale Affirmation und verbales Aussprechen einer Wahrheit setzt diese Kraft frei. Ideen, die für die Projektion ausgewählt werden, müssen daher mindestens drei Regeln gehorchen. Sie müssen grundsätzlich wahr sein, ohne zwingenden Charakter (da sie nur als Angebot ausgesandt werden sollen) und von ganz und gar wohltuendem Einfluss. Um maximale Wirkung zu erzielen, müssen sie außerdem selbstlos und in völliger Klarheit empfangen und bestätigt werden.

Mitglieder von Gruppen zur Gedankenprojektion sollten daher geistig orientierte Menschen sein, getrieben ausschließlich von dem aufrichtigen Wunsch zu dienen. Sie müssen zu selbstloser Anstrengung fähig sein, bei der sie keine Führungsrolle übernehmen, und bereit, ihre Persönlichkeit einem vertrauenswürdigen Leiter vollkommen unterzuordnen, sobald dieser benannt wurde. Außerdem müssen sie zu klarem Denken, beständiger Konzentration und starker mentaler Affirmation fähig sein. Sie sollten nicht Medien sein; denn übermäßig negative und passive Menschen eignen sich nicht für diese Arbeit. Visionen während angeblicher Meditationen, das Spüren der Gegenwart von Geistern und der Wunsch, darüber zu sprechen sowie ganz allgemein ein starkes Interesse an der eigenen übersinnlichen Begabung, sind bei Mitgliedern von Gruppen, die sich ausschließlich zu positivem und selbstlosem Wirken zusammenfinden, nicht ratsam. Außerdem müssen die Mitglieder in der Lage sein, sich regelmäßig zur Gruppenarbeit zu treffen und Stillschweigen darüber zu bewahren; denn solches Wirken verliert an Kraft, wenn unbedacht darüber gesprochen wird.

Die Mitwirkung der Engel-Heerscharen kann bei dieser Tätigkeit von allergrößtem Wert sein. Aber auch hier muss wieder eine Warnung ausgesprochen werden; denn es gibt zwei Gefahren. Die eine ist, dass der Glaube an Engel und der Versuch der Zusammenarbeit mit ihnen zu bloßem Aberglauben und schnöder Selbsttäuschung verkommen kann. Davor muss der geistige Sucher stets auf der Hut sein; am besten bleibt er also vor allen Dingen Realist mit einer strikt praktisch orientierten Geisteshaltung. Die zweite Gefahr liegt darin, dass erhöhte mentale Kraft und kurze Ausblicke auf die mitwirkenden Intelligenzen die Illusion erwecken können, man erhalte persönliche Vergünstigungen und vermag damit das Übel des Stolzes hervorzurufen. Unerschütterliche Selbstlosigkeit und Bescheidenheit sind der beste Schutz gegen diese zweite Gefahr. Da die Heerscharen der Engel die Verkörperung der Selbstlosigkeit sind, bedarf der Mensch einer universellen Gesinnung, um in Beziehung mit ihnen treten zu können. Nur wenn der Mensch sein Bewusstsein universalisiert, wird er Einlass ins Reich der Götter erlangen.

Engel sind mit den Aspekten von Kraft, Licht und Leben in der Natur verbunden. Wenn Kraft aus der Universellen Quelle angerufen, vom Verstand des Menschen zu einem Strom gebündelt und dann selbstlos und gezielt auf ein bestimmtes Gebiet gerichtet wird, finden die Engel geeignete Bedingungen für ihr natürliches Wirken vor. Dazu gehört es, die Energie der kosmischen Elektrizität zu bewahren, zu lenken und als „Werkzeug" einzusetzen. Diese Kraft kann auf geistiger, mentaler und psychischer Ebene aufgenommen und freigesetzt werden. Wenn, wie bei der Gedankenprojektion, Wille und Verstand des Menschen vereint sind, drücken sie dieser Energie ein mentales Merkmal auf und lenken sie auf ein bestimmtes Gebiet. Sobald die Kraft nun zur Erfüllung dieser Aufgabe ausstrahlt, muss sie sorgfältig bewahrt und exakt geleitet werden, wenn sie bei denen, die dafür empfänglich sind, die größtmögliche Wirkung erzielen soll.

Sofern sie zur Mitwirkung gewonnen werden können, verbinden sich die Engel eng mit diesem zielgerichteten Kraftstrom, bewahren ihn vor Transportverlusten und rascher Vergeudung bei der Ankunft und setzen ihn mit maximaler Effizienz ein. Gedankliche Klarheit und Konzentrationskraft auf Seiten der Menschen sind jedoch stets entscheidende Voraussetzungen für den Erfolg.

Sonnenrituale

Über diese rein mentale Methode der Zusammenarbeit hinaus können Körperhaltungen, Gesten und Bewegungen sowie Farben und Worte, bei einer einfachen Zeremonie zusammen mit dem konzentrierten Wille-Gedanken eingesetzt, für bestimmte Temperamente das Zusammenwirken mit den Engeln vereinfachen. Solche Rituale kann man anwenden, um wohlwollende Kräfte herbeizurufen und sie über die Welt zu verteilen.

In Neuseeland nutzten einmal etwa dreißig Leute bei einer Zusammenkunft im Freien diese Methode. Die Damen trugen fließende griechische Gewänder mit langen Ärmeln sowie Schärpen und Stirnbänder in den Farben der Kräfte, die angerufen und ausgesandt werden sollten. Die Männer trugen weißen Flanell und Schärpen in ähnlichen Farben. So kamen bei einem Ritual zur Anrufung und Aussendung von Kraft, Reinheit, Heilung und Liebe Orange, Blau, Grün und Rosa nacheinander zum Einsatz.

Die Teilnehmer begaben sich auf eine große Rasenfläche und stellten sich mit den Gesichtern nach innen in drei konzentrischen Kreisen auf; in ihrer Mitte stand ein Kohlenbecken, in dem ein Feuer loderte. Zu Beginn eines jeden der vier Rituale sprachen sie gemeinsam, langsam und im vollen Bewusstsein ihrer Absicht die folgenden Worte:

„Ich gebe mich hin als Kanal für geistige Kraft (Reinheit, Heilung, Liebe) für die Welt. Ich grüße die Heerscharen der Engel."

Sodann erhoben sie die Arme über den Kopf, richteten den Blick nach oben und sprachen:

„Voller Verehrung rufe ich die geistige Kraft (Reinheit, Heilung, Liebe) von unserem Herrn, der Sonne. Ich rufe die Heerscharen der Engel zur Mitwirkung."

Sie drehten sich nach außen und senkten die Arme auf Schulterhöhe:

„Möge sich geistige Kraft (Reinheit, Heilung, Liebe) über die Welt ergießen."

Anschließend gingen die Teilnehmer vier Schritte nach außen und lenkten die angerufene Kraft mit höchster Konzentration und in Zusammenarbeit mit den Heerscharen der Engel in die Welt. Schließlich senkten sie die Arme mit den Worten:

„Frieden, Frieden, Frieden."

Sodann drehten sich alle wieder nach innen, erhoben die Hände und führten sie in Kehlkopfhöhe zusammen, neigten den Kopf und sprachen gemeinsam:

„Ehre und Dankbarkeit sei der Quelle des Lichtes. Unseren Gruß und Dankbarkeit den Heerscharen der Engel."

Sie ließen die Hände wieder sinken und beendeten das Ritual. Ein Leiter hatte jeweils den Zeitpunkt der Bewegungen sowie der Sprechchöre bestimmt, und alles wurde mit großer Sorgfalt ausgeführt.
Diese Rituale basierten auf den Ideen jenes Engels, der mich zu meinem Buch *The Angelic Hosts* angeregt hatte. Dort werden Sonnenrituale folgendermaßen beschrieben:
Zur Anbetung der Geistigen Sonne ist kein anderer Tempel vonnöten als die freien, offenen Räume der Welt, sonnenbeschienene Berggipfel

und Ebenen, helle Täler, offene Felder, Wälder, Wiesen und Hügel. Entfernt euch von allem künstlichen Bauwerk und begebt euch ganz nah zum Herzen der Natur. Versammelt euch, wie es die Engel tun, in Gruppen, die nur das eine einzige Ziel haben – die Verehrung der Sonne. Geht gemessenen Schrittes in Prozessionen, vollzieht Rituale, erfreut euch an fröhlichen Tänzen, singt wunderbare Loblieder auf die Herrlichkeit unseres Herrn, der Sonne. Steht im Kreis – Sinnbild Seiner herrlichen Gestalt – und erhebt die geöffneten Hände zum Himmel. Bringt Ihm eure Liebe, eure Verehrung und euren Lobpreis dar und anerkennt Ihn als den Herrn eures Lebens.

Ruft Seine Gegenwart, Seine Kraft und Sein Leben in Eure Mitte. Formt durch euer gemeinsames Denken und Streben einen Kelch, den Wein Seines unablässig ausgegossenen Lebens zu empfangen. Dieser kostbare Wein wird den Kelch füllen, in euer Herz und euer Leben strömen und euch mit der Kraft und dem Glanz der Sonne erfüllen. Eure Seele wird in Seinem Licht erstrahlen, euer Wille sich Seiner Kraft ergeben und euer Herz bis zum Überströmen mit Seiner Liebe erfüllt werden.

So erleuchtet und gestärkt, wendet euch mit dem Gesicht nach außen, streckt eure Hände aus und ergießt mit konzentriertem Willen Seine Kraft und Seinen Segen in die Welt. Euer Kreis wird wie eine Sonne sein; denn Sein strahlender Glanz wird auf euch herabsteigen, und Leuchtstrahlen werden durch euch hindurchscheinen und eurer ganzen Welt Segen und Frieden bringen und ihre Entwicklung beschleunigen.

Mit vereintem Willen und überströmendem Herzen ergießt nun mental die Kraft der Sonne in eure ganze Welt. Richtet danach eure Gedanken in Dankbarkeit und Verehrung nach oben zur Quelle der Kraft. Beendet das Ritual, indem ihr langsam von der Kreismitte nach außen schreitet und dabei, weil sich alle gemeinsam bewegen, das Symbol Seines Lichtes, Seines Lebens und Seiner Liebe formt, die Er ausgegossen hat.

Tragt anmutige fließende Gewänder in den Farben Seines Spektrums und stellt euch so auf, dass Seine herrlichen Farben bestmöglich zur Geltung kommen. Ihr könnt Muster aus Farbblöcken bilden, lange Streifen, verflochtene und ineinander übergehende Linien oder die verschiedenen Farbtöne kreisförmig anordnen, um Seine Strahlen nachzuahmen. Künstler sollen die Gewänder und Rituale gestalten. Musiker die Melodien der Gesänge, Oden, Hymnen und Loblieder komponieren, die Dichter schreiben werden. So werde die Verehrung der Sonne wiederum auf der Erde eingeführt und unter den Völkern der Welt errichtet.

Auch der Engel, der mich zu meinem Buch *The Brotherhood of Angels and of Men* inspiriert hat, erfreut sich am Zusammenwirken zwischen Engeln und Menschen. Dort heißt es:

„Engel und Menschen, zwei verschiedene Zweige der Familie Gottes, können zu enger Gemeinschaft und Zusammenarbeit geführt werden, deren oberstes Ziel sein sollte, die menschliche Rasse zu erheben. Die Engel ihrerseits sind bereit, zu diesem Zweck so eng wie möglich in jedem Bereich des menschlichen Lebens und bei allem menschlichen Tun mitzuwirken, bei dem eine Zusammenarbeit praktisch durchführbar ist. Diejenigen unter den Menschen, die ihr Herz und ihren Verstand für ihre Engelsgeschwister öffnen, werden eine unmittelbare Reaktion verspüren und allmählich immer stärker von deren Realität überzeugt sein.

Die Engel stellen keine Bedingungen und erlegen den Aktivitäten und Entwicklungen im Rahmen der Zusammenarbeit keinerlei Beschränkungen auf. Dabei gehen sie aber davon aus, dass kein Mensch sie um seines persönlichen materiellen Gewinns wegen anruft. Sie bitten darum, das Motto der Bruderschaft (zwischen Engeln und Menschen) – das Höchste – zu akzeptieren und es in jedem Aspekt des menschlichen Lebens praktisch umzusetzen. Sie bitten diejenigen, die sie um ihre Gegenwart anrufen, folgende Eigenschaften zu entwickeln: Reinheit, Einfachheit, Geradlinigkeit und Selbstlosigkeit. Sie bitten außerdem, sich Wissen vom Großen Plan anzueignen, durch den der geregelte Gang des evolutionären Fortschritts gewahrt bleibt. So wird alles menschliche Handeln auf den Lehren jener Göttlichen Uralten Weisheit gründen, die stets den Rat der Engel-Heerscharen leitete."

EIN BESUCH BEIM BOROBUDUR (1971)

Von meinen früheren Besuchen dieser buddhistischen Tempelanlage berichtete ich[111], dass sie mir die Gegenwart eines großen Engels enthüllten, Bewahrer und Aussender der Kraft der Anlage und Quelle mächtiger geistiger Kräfte, welche die Insel Java und das sie umgebende Meer überströmen. Die Größe der zentralen Gestalt beträgt wohl vier bis fünf Meter, aber bei einem Ego, das den Stand des Adepten erreicht hat und ins Reich der Engel aufgenommen wurde, ist Körperhöhe kein Anhaltspunkt für geistige Größe.

Die großzügige Freundlichkeit von Freunden in Sourabaya ermöglichte mir im Januar 1971 einen weiteren Besuch. Wir waren noch mindestens zehn Kilometer vom eigentlichen Tempel entfernt, und ich dachte in dem Augenblick gar nicht an dieses Hohe Wesen, aber bereits hier spürte ich die Anwesenheit und große Kraft des Deva-Raja. So erkannte ich, dass sein Einfluss keineswegs auf die unmittelbare Umgebung der Tempelanlage begrenzt war, sondern sich in unterschiedlichen Graden über ganz Java sowie weite Teile des Meeres und ferne Inseln erstreckte. Außerdem reichten mächtige Strahlen geistiger Kraft über alle feinstofflichen Welten hinweg in viele Richtungen, wie es die Abbildung in diesem Buch ja bereits andeutet.

Als unsere kleine Gruppe auf dem Gipfel der Tempelanlage angekommen war, begab ich mich erneut in eine nach Möglichkeit noch tiefere Meditation, um die Lehren in mich aufzunehmen, die der große Deva-Raja mir gewähren würde. ... Ein Ideenstrom über Leben, Kraft und Bewusstsein des Universums und deren Ausdruck als Engel und Menschen ergoss sich nach und nach aus seinem Verstand in den mei-

---

[111] Vgl. Abbildung 26

nen. So ist dieser Vorgang jedoch nicht ganz exakt beschrieben; denn bei einer solchen Kommunikation ist das Empfinden der Dualität auf ein Minimum reduziert. Eher verschmolzen die beiden Bewusstseinszentren, das des großen Engels und meines, zu einer Art Koexistenz und wurden vorübergehend zu einem „Wesen", innerhalb dessen der Ideenstrom entstand. Dies gilt meiner Ansicht nach im Wesentlichen für jeglichen Austausch oberhalb der Ebenen des formalen Verstandes, insbesondere aber auf denen der Geistigen Weisheit und des Geistigen Willens. In Letzterer, so nimmt man an, löst sich die Dualität praktisch auf, und es bleibt allein das Einssein, höchste innere Einheit.

Die Deva-Rajas und Devas, deren Bewusstsein und Wesenheit in den formlosen Welten beheimatet ist, sind selbst völlig frei von jeglicher örtlichen Begrenzung, ja nicht einmal die Vorstellung davon findet in den höheren mentalen, buddhischen und atmischen Welten ihren Platz. Wenn man daher einem formlosen Deva den Namen eines physischen Ortes oder Zentrums beigibt, so kann diese Bezeichnung falsch oder zumindest irreführend sein, besonders wenn sie räumliche Beschränkung impliziert, die einem Bewusstsein auf Ebenen gelten soll, wo die Vorstellung von Raum und Ort nicht existieren kann.

Wie also, so könnte man fragen, soll man einen formlosen Deva mit einem Ort oder sogar mit einem geweihten Tempel auf der physischen Ebene in Verbindung bringen? Eine kurze Abhandlung zum Thema Kosmogenese kann vielleicht dem Verständnis dienen oder doch zumindest die Frage teilweise beantworten. Alle Schöpferischen Logoi, diejenigen also, die die Universen hervorbringen, leisten, so darf man sich vorstellen, ein freiwilliges Opfer, dessen ganze Größe das Fassungsvermögen des Menschen übersteigt.

Zeitlosigkeit im Sinne einer absoluten Freiheit von Beschränkungen durch die Zeit und Raumlosigkeit im Sinne einer absoluten Freiheit von Beschränkungen durch den Raum, ja die Freiheit von selbst den vagsten Vorstellung davon, so darf man sich denken, werden teilweise aufgegeben von den Schöpferischen Logoi sowie von den Leitern jener Hierarchien schöpferischer Intelligenzen, die mit den Logoi Teil haben an der Vorgängen der Manifestation des Ewigen und Unendlichen in der objektiven Raum-Zeit.

Ein Beispiel solcher Hingabe ist ein formloser Deva, der sich in Übereinstimmung mit den Vorgängen der Involution und der Evolution und ihrer Leiter einverstanden erklärt, besonders ausgewählte Orte auf der Erde als Zentren zu nutzen, durch welche die Kräfte, deren Erfüllungsgehilfe er ist, die Welt der Formen und damit auch das Leben erreichen, das sich innerhalb der Begrenzungen durch die Form entwickelt. Den großen Deva-Raja von Borobudur könnte man, so vermute ich, als jemanden betrachten, der sich vor langer Zeit zu diesem Zweck mit dem Tempel verband. Der Deva-Raja ist in keinerlei Hinsicht auf irgendeinen bestimmten Teil oder Ort an der Oberfläche des Planeten Erde begrenzt, lässt sich aber freiwillig auf jede möglicherweise entstehende Begrenzung ein, damit er die ihm zugewiesenen oder von ihm übernommenen Funktionen erfüllen kann.

Dazu gehören unter anderem, die Materie, insbesondere die physische Materie, dem rhythmischen Einwirken und Eindringen von Kräften zu unterwerfen, die der Deva-Raja aus höheren Ebenen „heruntergeschaltet" hat. Im Laufe der Jahrhunderte mindert dieser Energiedurchfluss durch die dichte Substanz allmählich deren Trägheit und damit den Widerstand der Materie gegen den Geist, gegen das sich entwickelnde Leben und das sich vergeistigende Bewusstsein.

Eine zweite Funktion, die ich erfassen konnte, beinhaltet, dass er auf jeder Stufe der Natur den Grad an Undurchdringlichkeit für oder Widerstand gegen den Geist ihrer obersten Materieschichten oder -unterebenen reduziert. Über die Zeitalter hinweg werden diese Schranken für das Bewusstsein allmählich durchdringlicher. Dies ist einer der Effekte der Energie oder „Triebkraft", die der Deva in die Substanz der Form-Ebenen leitet.

Eine dritte Funktion besteht darin, das innewohnende, sich entwickelnde Leben für die Energien zu öffnen und durchlässig zu machen, die es zu einer allmählich wachsenden inneren und äußeren Empfindsamkeit und Reaktionsfähigkeit „erwecken" und damit seine Evolution beschleunigen. Diese dritte Funktion ist insbesondere für das Leben hilfreich, das sich über die organischen statt über die anorganischen Reiche entwickelt, wobei allerdings die gesamte Natur von den Engel-Heerscharen angeregt und ihre Entwicklung beschleunigt wird. So kann man sich den „Deva-Raja von Borobudur" als planetarische oder irdische evolutionäre Größe vorstellen, deren Bewusstsein in keiner Weise auf die große Tempelanlage begrenzt ist.

Dies ist ein Teil der Gedanken, die in mir entstanden, als ich auf dem Gipfel des Borobudur meditierte.

ial V
TEIL V
ILLUSTRATIONEN

EINFÜHRUNG

Der fünfte Teil dieses Buches besteht aus beeindruckenden Bildern von Ethelwynne Quail und meinen Anmerkungen dazu. Da Frau Quail die Bilder nach meiner Anleitung malte, ist sie nur für die Ausführung verantwortlich, nicht für ihre Komposition, Farbgebung oder Form.

Im Grunde ist es unmöglich, die Erscheinung der Devas mit dem Mittel der Farbe auf glattem Malgrund angemessen wiederzugeben. Man bräuchte farbiges Licht oder Feuer, das sich in drei Dimensionen bewegt, um den starken Glanz, das Durchscheinende, die Zartheit und die ständige Bewegung wiederzugeben, wie sie für die leuchtende Gestalt und die strahlende Aura der Devas charakteristisch sind. Trotz besonderer Sorgfalt und wiederholter Beobachtung ist eine exakte Beschreibung dieser Wesen für jemanden mit meinen begrenzten hellseherischen Fähigkeiten nahezu unmöglich. Die ständigen Veränderungen der Farben und ihrer Anordnung, die Wechsel in der Fließrichtung der Aura-Energien und in den Mustern, die sie dabei hervorrufen, machen Exaktheit außerordentlich schwierig.

Man kann mindestens zwei verschiedene Zustandsformen der Aura der Devas unterscheiden – den Zustand der Expansion und den der Kontraktion. Im Zustand der Expansion ist die Aufmerksamkeit nach außen auf das göttliche Leben und den göttlichen Geist in der Natur gerichtet. Die Aura wird dabei von der Gestalt in der Mitte und häufig auch von der Rückseite der dreidimensionalen, flügelförmigen Strahlen aus weit nach außen gedehnt. In dieser Phase fließen die Energien mit ganzer Kraft, was in der gesamten Aura einen Glanz und in den verschiedenen Chakras blendende Helligkeit bewirkt. In der Kontraktion ist die Aufmerksamkeit des Devas auf die Quelle allen Lebens und aller Kraft gerichtet. Die Aura wird dann relativ ruhig und – mit Ausnahme der

Strahlung über dem Kopf, die an Ausdehnung wie an Leuchtkraft zunehmen kann – deutlich kleiner. Die folgenden Bilder zeigen Beispiele beider Phasen, wobei die meisten den Zustand der Expansion darstellen. Die Struktur der Aura ist außerordentlich fein und entzieht sich trotz Frau Quails ausgezeichneter Fertigkeit der genauen Wiedergabe. In dieser Aura gibt es verschiedene Kraftschichten von jeweils eigener Farbe und Fließrichtung. So entsteht ein Gesamteindruck von strahlender, farbenprächtiger, dreidimensionaler Moiréseide aus fließenden Kräften statt aus Substanz, die sich in ständiger Wellenbewegung befindet, sehr häufig von innen nach außen kontinuierlich von Strömen meist weißer, blendend heller Energie durchzuckt.

Die Fließrichtung der Strömungen in der Aura verläuft im Allgemeinen von Kraftzentren in der Kopfmitte, auf der Stirn, an der Kehle und im Bereich des Solarplexus aus nach oben und außen. Die zentrale Gestalt wird ebenfalls von einer feinen Strahlung umrissen, zumeist von weißer oder goldener Farbe. Den Kopf krönen fast immer nach oben fließende, flammenartige Kräfte, die den höher entwickelten Devas majestätischen Glanz verleihen. In den meisten Fällen kommen die universellen Energien, deren Ausführende und Lenker die Devas sind, von einer Stelle über dem Kopf und durchströmen die Aura, wobei sie deren elektrische Qualität und ihren Glanz stark intensivieren. Andere Energien scheinen wie aus höheren Dimensionen direkt im Körper und in den Chakras zu entstehen. Wie bereits an früherer Stelle erwähnt, gehört es wohl zu den Funktionen der Devas, diese Kräfte im elektrischen Sinne zu transformieren, und zwar durch den Widerstand, den ihnen ihr Körper entgegensetzt sowie dadurch, dass sie sie durch ihre Chakras hindurchleiten. Zwei Folgen davon sind, dass die vergeistigende Kraft an die Substanzen der niederen Ebenen der Natur bis hinunter zur physischen weitergeleitet wird und starke Ströme dieser „reduzierten" Energie an die Engel und Naturgeister zur Verwendung bei deren verschiedenen Aufgaben auf diesen Ebenen abgegeben werden. So wird die Materie nach und nach immer stärker mit Geist aufgeladen und somit für das Bewusstsein leichter formbar und ansprechbar. Die Formen der Natur kommen dem archetypischen Ideal zusehends näher.

Nach Auffassung der esoterischen Philosophie bestehen die feinstofflichen Welten, die Wohnstätten der Devas, aus immer feiner strukturierter Materie, angefangen von der Dichte des feinsten Äthers bis zur seltensten und am höchsten vergeistigten Zustandsform. Es sind sechs an der Zahl, jede mit eigenen Bewohnern, Menschen wie Engeln. In den Begriffen des menschlichen Bewusstseins gesprochen, sind diese Ebenen die emotionale, die mentale, die der Intuition und die des geistigen Willens. Über diesen vier, im Augenblick jedoch noch jenseits des normalen menschlichen Wahrnehmungsvermögens, gibt es zwei weitere Welten, die spätere Menschheiten, die höher entwickelt sind als wir heute, betreten werden.

Die Ebenen der Natur, sieben an der Zahl und jede wiederum bestehend aus sieben Unterebenen, durchdringen einander, wobei sich jede feinere Ebene deutlich weiter über die Erdoberfläche ausdehnt als die der Dichte nach unter ihr befindliche. Diese Welten lassen sich in zwei Ordnungen einteilen – die formhaften und die formlosen Welten. Einer möglichen Klassifizierung nach bestehen die Formwelten aus der physischen, der emotionalen und den vier niederen Unterebenen der mentalen Ebene. Man nennt sie so, weil in ihnen die Form vor Kraft und Rhythmus überwiegt. Die Körper in diesen Welten sind konkret und mit relativ klar gezeichneten Umrissen, insbesondere auf der physischen und der Mentalebene. Die formlosen Welten, die aus den drei höheren Unterebenen der Mentalebene sowie aus den Ebenen der Intuition und des geistigen Willens bestehen, heißen so, weil in ihnen Leben und Rhythmus dominieren und die Form auf ihr Wesen oder ihren Archetypus reduziert ist.

Die Illustrationen zeigen Devas aus beiden Welten. In der formlosen, in der die Aura den Körper dominiert, erscheinen sie als leuchtende Kraftzentren, umgeben von ausströmenden Energien in vielen Farben, die die Gestalt in ihrem Inneren nahezu verhüllen. In den Formwelten ist der Anschein körperlicher Form stärker, obgleich auch hier die strahlende Aura die edle, wunderschöne Gestalt häufig verschleiert. Aus diesem Grund wurde die äußere Aura in vielen Bildern weggelassen. Denken Sie deshalb bei jedem Bild daran, dass die höheren Devas von einer weit ausladenden Aura in vielen leuchtenden Farben umgeben sind.

Abbildung 1

MEERESGEIST

Meiner Erfahrung nach sieht man Spielarten dieses Typus eines primitiven Meeresgeistes recht häufig über die Meere und Seen dieser Welt schwirren. Noch relativ unentwickelt, hat dieser Meeresgeist wenig oder gar keine Gestalt. Es gibt die Andeutung eines Kopfes, Sitz des Bewusstseins, und ein Strom fließender weißer Kraft lässt Körper und Flügel erahnen. Es existieren auch komplexere Vertreter dieser Art mit zwei oder sogar noch mehr Flügelformen.

Diese Wesen schwirren in unzähligen Heerscharen über die Oberfläche der Meere. Zuweilen erheben sie sich hoch in die Luft; dann wieder tauchen sie ins Wasser, um wenig später in einem weißen Lichtblitz, dessen Glanz alle Blicke auf sich lenkt, wieder daraus hervorzustieben. Nach einem kurzen Augenblick der Konzentration, die man braucht, um das Auge auf diese Wesen einzustellen, erscheint die rasch vorbeifliegende, vogelähnliche Gestalt dem Betrachter etwa so wie Ethelwynne Quail sie gemalt hat. Der Abstand zwischen Kopf und Flügelspitze kann je nach Manifestationsphase und Evolutionsgrad zwischen knapp einem bis vier Metern betragen.

Abbildung 2
MEERESSYLPHE

Ein Meeresgeist entwickelt sich zu dem Typus der hier dargestellten Meeressylphe. Dieses Exemplar hat die Individualisierung erreicht und ist, zusammen mit zahllosen ähnlich oder auch ganz anders aussehenden Wesen, hauptsächlich in den oberen Luftregionen der Meere zu sehen. Die durchschnittliche Größe der Zentralgestalt beträgt in diesem Evolutionsstadium zwischen drei und fünf Metern.

Abbildung 3
SALAMANDER

Dieses Bild zeigt einen Feuergeist, wie er auf Seite 147 beschrieben ist.

Abbildung 4

BERGSYLPHE

Dies ist einer der vielen verschiedenen Typen nicht individualisierter Sylphen, wie man sie gewöhnlich im Luftraum über dem Land sieht. Sie ist in ständiger rascher Bewegung, wobei ihre strahlende innere Aura ihr in schönen, flügelartigen Formen bis über den Kopf hinaus nachweht.

Die hier dargestellte Gestalt und Aura wird durchdrungen und erweitert von feineren Strahlungen, die nicht abgebildet, aber für alle Mitglieder der Engel-Heerscharen typisch sind. Im Allgemeinen sind sie oval, bestehen aus vielen strahlenden Farben und reichen auf allen Seiten mehrere Meter über die schöne Gestalt in ihrer Mitte hinaus.

Die orangefarbene Sylphe ist wahrscheinlich mit solarem Prana[112] verbunden, mit der die Luft aufgeladen ist und welche die Vitalität aller organischen Formen ausmacht. Die zentrale Gestalt der Sylphe ist etwa zweieinhalb Meter groß.

---

[112] Siehe A. E. Powell, *Der Astralkörper*, Grafing 2003

Abbildung 5

EIN BAUMFARN-DEVA

Spielen alle erbauenden Ordnungen der Devas eine wichtige Rolle bei den solaren und planetarischen Schöpfungsprozessen, so ist eine andere Ordnung mit der Entwicklung des Bewusstseins in der Form befasst. Dieser Dienst am sich entwickelnden Leben im Mineralreich wird in Teil II, Kapitel I näher erläutert. Auch Bäume und Wälder erfahren ähnliche Hilfe; die klassische Vorstellung von den Dryaden der Bäume ist also tatsächlich begründet. Nahezu alle hochgewachsenen Bäume haben außer unzähligen Naturgeistern als Erbauern einen fortgeschrittenen Naturgeist oder Deva bei sich, der das ganze Baumleben lang mit dem astral-ätherischen Doppel und der Aura des Baumes verbunden bleibt oder sich darin aufhält. Durch das konstante Wechselspiel seiner Gedanken und Aura-Energien regt die Gegenwart eines solchen Wesens die Evolution von Leben und Bewusstsein des Baumes stark an. Diese Naturgeister und Devas unterstehen fortgeschritteneren Wesen, die ganzen Gruppen von Bäumen derselben Art zugeordnet sind und die man in großen Wäldern, Forsten und Urwäldern findet.

Die Wirkung, welche die Anwesenheit von Naturgeistern und Devas auf das Bewusstsein im Mineral- und Pflanzenreich hat, kann man sich vielleicht besser vorstellen, wenn man sich das Gruppenbewusstsein von Hügel oder Berg, Pflanze oder Baum als eine Schale mit Wasser denkt. Der Wasserspiegel liegt glatt und still. Gäbe man nun Goldfische in diese Schale, so versetzte ihr Schwimmen das Wasser in ständige Bewegung; entsprechend ist auch die Wirkung, welche die Gegenwart und das Wechselspiel der Gedanken und Aura-Kräfte von Naturgeistern und Devas auf das Bewusstsein der Mineralien und Pflanzen haben.

In den Dschungeln auf einigen Bergen der Inseln Malaysia und Sri Lanka entdeckte man putzige, tierköpfige Naturgeister, eingebettet in die Stämme hoch gewachsener Baumfarne. Es waren recht primitive Wesen mit wenig oder gar keiner äußeren Wahrnehmung. Sie wirkten, als schliefen sie fest. Wachstum und Vermehrung der Pflanze spüren

sie wohl als schwache Reize; denn sie wachsen mit den Bäumen, eng verbunden mit deren Zell-Leben und Bewusstsein.

Der Baumfarn-Deva, der hier dargestellt ist, wurde in der Bergregion Sri Lankas bei Newara Eliya beobachtet. Ein solches Wesen unterstützt die Entwicklung der Gestalt und die Entfaltung des Bewusstseins einer Vielzahl von Baumfarnen. Es ist interessant zu beobachten, dass die Muster der Kraftlinien in der Aura dieses Devas bestimmte Muster in der Gestalt der Baumfarne nachzeichnen. In den Erläuterungen zu den Abbildungen 13 und 14 findet sich ein Erklärungsversuch hierzu.

Die zentrale Gestalt dieses Wesens ist etwa fünfzehn Meter hoch. Seine Aura kann sich jedoch in alle Richtungen mindestens hundert Meter weit ausdehnen. Als ich ihn aus einer Entfernung von etwa einer Meile zum ersten Mal entdeckte, war sie tatsächlich so weit ausgedehnt. Auf dem Bild wurde die äußere Aura weggelassen und die innere in der Phase der Kontraktion dargestellt, als der Deva freundlicherweise ein paar Minuten lang zur mentalen Begegnung in der Luft verharrte. Während er sein Gebiet abschritt, drangen Kraftströme, vermutlich vom Archetypus der Baumfarne, sowohl durch seine Gestalt als auch durch seine Aura nach unten in die verschiedenen Dschungelabschnitte. So erfüllte er seine Aufgabe.

Abbildung 6
EIN PINIEN-DEVA

Dieses Wesen beobachtete ich bei einer Gruppe Steinpinien auf der Kap-Halbinsel in Südafrika. Wie das Bild zeigt, erinnern Farbe und Kraftlinien der inneren Aura – die äußere wurde weggelassen – ein wenig an die nadelartige Belaubung der Pinie. Bei vielen hoch gewachsenen Pinien entdeckte ich eigene Baum-Devas ähnlich dem hier dargestellten, jedoch kleiner und in der Evolution tieferstehend. Die Größe dieses Devas beträgt etwa zehn Meter.

Abbildung 7
EIN BAUMGEIST

Dieser sechzehn Jahre alte Waringa-Baum wächst in einem Garten in Madioen auf der Insel Java. Gepflanzt wurde er von der Dame des Hauses, die sich ihm sehr verbunden fühlte und ihn als lebendiges, bewusstes Wesen empfand, das ihr ein Gefühl der Freundlichkeit und Ruhe vermittelte.

Bei einer Tasse Tee in seinem wohltuenden Schatten wurde ich der Gegenwart dieses wunderschönen Baumgeistes, dieser Dryade, gewahr. Ich stellte fest, dass sie sich der Individualisierung, dem Ausgang aus dem Gruppenbewusstsein hin zu einem individualisierten Bewusstsein, näherte und die Zuneigung der Besitzerin des Baumes deutlich spürte und darauf reagierte, was ihre Entwicklung sehr förderte. Dieser Naturgeist war etwa zweieinhalb Meter groß.

Abbildung 8
EIN BERG-DEVA

Hier ist ein Berg-Deva dargestellt, der eng mit dem Element Feuer verbunden ist. Ich beobachtete ihn auf dem Berg Loskop bei Harrismith im Freistaat Oranje, Südafrika. Die bemerkenswerte Anordnung der Aura-Energien und die leuchtenden Farben sind meiner Erfahrung nach einmalig. Beides ist in diesem Bild künstlerisch gut wiedergegeben. Die zentrale Gestalt befand sich zur Zeit der Beobachtung teilweise im Berg und war etwa fünfzehn Meter groß. Seine sehr weit ausgedehnte äußere Aura, die hier weggelassen wurde, strahlte in ähnlichen, aber zarteren Farbtönen.

Abbildung 9
EIN BERG-DEVA

Dieses Wesen beobachtete ich über dem Drakensberg, einem Gebirgszug in Natal (heute KwaZulu-Natal, d. Ü.). Zu seinen beeindruckendsten Merkmalen gehörten die bemerkenswerten, von Kopf und Schultern aus nach oben strahlenden Kräfte, die einer Mitra ähnelten, und vierstrahlige Chakras im Bereich des Solarplexus, durch die sich Kraft in den Berg unter ihm ergoss. Die Achsen der schnell drehenden Wirbel bildeten ein gleicharmiges Kreuz. Seine Arme trafen sich in der Gestalt des Devas und wiesen nach vorne, nach hinten, nach rechts und nach links. Auf diesem Bild ist das Durchscheinende, das für die Erscheinung aller Devas so charakteristisch ist, gelungen dargestellt. Dabei konnten jedoch der Eindruck der enormen Macht des Devas und seines starken Durchströmtseins von mächtigen Kräften von oben sowie seines Strahlens und Glanzes vielleicht nicht ganz so adäquat wiedergegeben werden wie auf anderen Bildern.

Ich beobachtete diesen Deva mehrere Tage lang und wurde dabei ständig an die Vision des Hesekiel erinnert. Bestimmte Ströme seiner Aura hatten die Form nach oben weisender Flügel angenommen, weit dreidimensionaler als jedes Bild auch nur erahnen lassen könnte. Seine Chakras nahmen die absteigenden Kräfte auf und komprimierten sie; danach wurden sie in den Berg darunter geleitet. Die zentrale Gestalt war in diesem Fall mindestens zwanzig Meter groß. Dieser Deva ist eines der majestätischsten und herrlichsten Mitglieder dieser Ordnung der Engel-Heerscharen, die mir je zu schauen vergönnt war.

Abbildung 10
EIN BERG-DEVA

Auch dieses Wesen beobachtete ich über dem Drakensberg in Natal. Er stand der Region des so genannten Amphitheaters beim Mont Aux Sources vor. Mehr als einmal erhielt ich Anhaltspunkte für eine gewisse Ähnlichkeit in Typus und Erscheinung der verschiedenen Devas eines Gebirgszuges. Der Vergleich mit Abbildung 9 zeigt die Ähnlichkeit dieser beiden Devas des Drakenbergs. Auffallende Gemeinsamkeiten sind bei beiden die flügelartigen Strahlen und die stark leuchtenden, wirbelartigen Chakras. Dieser Deva wird in der Phase der Expansion gezeigt, wobei die Aura-Flügel eine Spannweite von mindestens achthundert Metern aufweisen, die ausströmenden und absteigenden Energien jedoch noch viel weiter reichen. In diesem Bild ist auch ein Teil der äußeren Aura dargestellt. Die zentrale Gestalt ist mindestens zwanzig Meter groß.

Abbildung 11
EIN BERG-DEVA

Dieses Bild zeigt den Deva eines Gebirgszuges. Ich beobachtete ihn hoch über den Gipfeln der Hottentots Hollands Mountains in der Kap-Provinz in Südafrika. Während ich schaute und der Künstlerin meine Beschreibung gab, war der Fluss der herabströmenden Kraft so stark und strahlend, dass er Gestalt und Aura des Devas fast verbarg. Die vorherrschenden Farben waren lavendel, gold und weiß, wobei die zentrale Gestalt des Devas und die Aura unmittelbar um sie herum in diesen Farben in einer solch blendenden Leuchtkraft erstrahlten, wie sie unmöglich wiedergegeben werden kann. Besonders hell strahlte die aufströmende goldene, feurige Kraft über dem Kopf, was dem Deva die Erscheinung eines majestätischen Deva-Königs mit einer Flammenkrone verlieh. Wenn Naturenergien von Devas gelenkt werden, erweckt dies stets den Eindruck, so gewaltig die ausströmende Kraft auch sein mag, dass ein Deva-König die Kräfte, die in und um ihn fließen, vollkommen beherrscht. Die zentrale Gestalt war mindestens fünfundzwanzig Meter groß.

Abbildung 12
EIN BERG-DEVA

Diesen Deva beobachtete ich über einem der Gipfel der Tafelbergkette auf der Kap-Halbinsel in Südafrika. Offensichtlich hatte er eine starke Affinität zum Element Feuer. Das Bild zeigt nur die innere Aura und die Gestalt in der Phase der Kontraktion, in der er die universelle Feuerkraft in sich hineinzieht. Diese leitete er als erweckende Kraft in konzentriertem Strom in das mineralische Leben und Bewusstsein, das dem Berg unter ihm innewohnte.

Die aufwärts fließenden Ströme über dem Kopf waren zu einem Flammenkelch oder einer Flammenschale erweitert, die bis weit in den Himmel ragte. Feuerenergie ergoss sich in diesen Aura-Kelch, durchlief von da aus die Gestalt in breiten Streifen, Strömen und Blitzen bis in die umgebende Atmosphäre und den Berg darunter.

In der Phase der Expansion bot der Deva den herrlichsten Anblick. Die Aura-Kräfte ähnelten dann Feuerzungen, die auf jeder Seite über Hunderte von Metern aus ihm herausschossen, als stünde er inmitten einer riesigen Feuersbrunst. Die Gestalt in der Mitte war etwa zwanzig Meter groß.

Abbildungen 13 und 14
EIN BERG-DEVA

Diesen Deva sah ich auf der Kap-Halbinsel in der Nähe einer Anhöhe mit dem Namen Castle Rock hoch über den Botanischen Gärten von Kirstenbosch. Offensichtlich hatte die Anlage der botanischen Gärten in dieser Region ihm die Möglichkeit geboten, sein Wirken über Form und Bewusstsein der Mineralien und des Buschbewuchses des Berges hinaus auf die vielen Wild- und Kulturpflanzen auszudehnen; denn als ich ihn für diese Bilder länger beobachtete, bemerkte ich, dass seine wunderschöne lavendelfarbene und grüne Aura sich häufig in einer weit ausholenden Bewegung ihrer Kraft über die gesamten Gärten ausdehnte.

Die Schöpfungsenergie, die dabei durch die Aura des Devas floss, ließ darin die mentalen geometrischen Formen entstehen, auf welche die Gestalten der Blüten und Pflanzen zurückgehen. Diese Spezialisierung und Intensivierung, die in Teil I, Kapitel III näher erklärt wird, verbessert die formgebenden Fähigkeiten der universellen Schöpfungskraft und des universellen Schöpfungsgedankens. Auch Pflanzen-Devas und Naturgeister empfangen diese Kräfte. Sie werden dadurch weiter spezialisiert und ihre Fähigkeit, die Pflanzenformen, die der *Große Geist* entworfen hat, in der ätherischen und physischen Materie akkurat nachzubilden, verbessert sich.

Die Deva-Regenten und ihre individualisierten Untergebenen führen diese Arbeit absichtlich und bewusst als Diener des *Einen Willens* aus. Naturgeister dienen instinktiv als Reaktion auf Impulse, die sie erhalten und die gelegentlich von ihren vorgesetzten Devas verstärkt werden. Die mikroskopisch kleinen Erbauer und die etwas größeren Naturgeister erfüllen ihren Teil an diesem Schöpfungsprozess recht unbewusst. Sie spielen mit und zwischen den Schöpfungskräften und den Formen, die sie vorwiegend aus ätherischer Materie gestalten. Doch ihr Spiel ist recht zielgerichtet, auch wenn ihnen diese Tatsache nicht bewusst ist; denn ihre Bewegungen zeichnen Kraftlinien in den Äther, die wiederum die Bereiche und Zentren markieren, in denen Moleküle und später Zellen entste-

hen. All diese Prozesse und Aktivitäten vollziehen sich im Bewusstsein des über das jeweilige Gebiet herrschenden Devas.

Das zweite Bild, die Profilansicht, gibt Einblick in die Anordnung der inneren Aura-Kräfte des Berg-Devas, der etwa zwanzig Meter groß ist. Die äußere Aura wurde weggelassen.

Abbildung 15

DER DEVA EINES SCHNEEBEDECKTEN GEBIRGSZUGES

Dieses Bild ist der Versuch, den zweiten der beiden in Teil II, Kapitel I beschriebenen Devas der Sierra Nevada in Kalifornien zu portraitieren.

Um die konzentrische Anordnung, die Farbgebung und das blendende Weiß der äußeren Kreise zu zeigen, wurde ein Schnitt durch die Mitte der Aura gelegt. Die Gestalt des Devas ist etwa fünfzehn Meter groß.

Abbildung 16

LANDSCHAFTS-DEVA

Dieses hohe Wesen war der herrschende Deva einer Region in der Kap-Provinz in Südafrika, die sich über viele Tausend Quadratkilometer erstreckt. Er residierte hoch über der Region unmittelbar nördlich der Karoo-Wüste, und seine Einflusssphäre reichte bis zur Küste, wo an bestimmten Capes weitere Landschafts-Devas residieren.

Natürliche Kräfte vom Südpol und dem antarktischen Kontinent fließen nordwärts nach Südafrika und zweifellos auch zu anderen Kontinenten der südlichen Hemisphäre. Diese Devas unterstützen sowohl die Entwicklung der Form als auch das Erwachen des Bewusstseins im Mineralreich der Wüste, der Ebenen und Berge ihrer Region und erhalten und lenken zugleich die Kräfte, die vom Pol kommen.

Auch Deva-Botschafter konnte ich beobachten, die zwischen der Antarktis und Südafrika hin und her reisten, während andere die Beziehungen zwischen dem hier abgebildeten Deva und den Devas der Berge, Urwälder, Wüsten und Ebenen des Nordens aufrecht erhielten. Immer wieder wurde mir bewusst, dass es ein devisches Kommunikationssystem geben muss. Es funktioniert über reisende Devas, die jene besuchen, die in wichtigen kontinentalen Regionen des Globus positioniert sind.

Wie in Teil II, Kapitel II erwähnt, habe ich Indizien für die Existenz eines großen planetarischen Landschafts-Devas erhalten, der so mächtig ist, dass er die ganze Erde in seinem Bewusstsein halten kann, ein Deva-König der physischen Welt. Auch habe ich beobachtet, dass sehr kraftvolle Naturenergien aus dem Zentrum und von der Oberfläche der Erde in den interplanetarischen Raum ausstrahlen. Darüber hinaus treffen Kräfte der Sonne und der Planeten, möglicherweise auch aus dem Weltraum, auf die Erdkugel, als stünde die Erde unter dem kontinuierlichen Einfluss verschiedener Mächte. Inmitten dieses Austausches planetarischer wie außerplanetarischer Kräfte entdeckt man mächtige Devas, kosmischen Baumeistern gleichend. Wie im Falle des hier dargestellten Landschafts-Devas sind sie offensichtlich für Empfang, Spe-

zialisierung und Rückleitung dieser Energien zuständig. Dieser Deva war mindestens dreißig Meter groß, und seine Aura-Kräfte können sich bis über Entfernungen von zahllosen Kilometern ausdehnen.

Abbildung 17

DEVA EINER GOLDERZMINE

Eine Darstellung von Schöpfungsprozessen am Beispiel des Goldes, wobei auch die Devas des Goldes beschrieben werden, finden Sie in Teil I, Kapitel III. Dieses Bild ist zwar eine akkurate Wiedergabe meiner Beschreibung, erweckt allerdings etwas zu stark den Eindruck menschlicher Weiblichkeit. Die absteigenden Gold-Schöpfungsenergien, die leuchtenden Goldpunkte oder Kraftzentren in der Aura und das sanfte, rhythmische Fließen, wie es für den Kraftaspekt des Goldes typisch ist, sind dennoch sehr treffend dargestellt. Die seitliche Ausdehnung der Aura dieses Devas war geringer als gewöhnlich; die vertikale Ausdehnung hingegen immens, reichte sie doch von etwa siebzig Metern über der Oberfläche der Steppe bis mindestens dieselbe Strecke darunter, während die eigentlich goldschaffende Kraft bis in den Erzgang zuweilen zweitausend oder mehr Meter unter der Erde hinunterragte.

Die zentrale Gestalt war für eine solch ausgedehnte Aura ungewöhnlich klein, in diesem Fall wenig mehr als neun oder zehn Meter. Der Deva hingegen, der über der Golderzmine herrschte, war von kolossaler Größe.

Abbildung 18

DEVA DES SÜDPAZIFIKS

Diesen herrlichen Meeres-Deva beobachtete ich von der Südküste Javas aus. Offensichtlich ist er der herrschende Deva jenes weiten Teils des Pazifiks, der von Java bis Australien reicht. Auf der höheren Mentalebene ist er, wie hier dargestellt, relativ formlos, wenngleich die ungewöhnliche spitzovale Form der fließenden Ströme seiner Aura-Kräfte klar zu erkennen war. Wie das Bild zeigt, gehen mächtige Kraftströme auf dieses majestätische Wesen nieder, werden in seiner Aura komprimiert und dann an das Meer unter ihm abgegeben.

Diese Kräfte sind zugleich schöpferisch und energetisierend. Alle atomaren und molekularen Muster und die Gestalt der Meeresvegetation, der Fische und Muscheln sind auch das Produkt der absteigenden Schöpfungsenergien. Dieser Beherrscher des Meeres lenkt außerdem mächtige Ströme beschleunigender Energien in das jedem Atom des Meerwassers innewohnende Bewusstsein sowie in die Formen des Mineral-, des marinen Pflanzen- und des Fischreiches.

Dieses Wesen ist einem noch größeren untergeordnet, das für den gesamten Pazifischen Ozean verantwortlich und zugleich Vizeregent des planetarischen Beherrschers des Meeres ist, der ähnliche Funktionen (und zweifellos noch viele andere, die ich noch nicht kenne) für Leben und Bewusstsein aller Meere dieser Welt erfüllt. Ähnlich wird auch der hier dargestellte Deva von mächtigen Heerscharen untergeordneter Devas in absteigender Folge ihres Evolutionsstands unterstützt, wobei die Fortgeschritteneren unter ihnen ihm der Gestalt nach ähneln.

Auf den unteren Mentalebenen und der Emotionalebene nehmen diese Devas eine konkrete Gestalt an und wirken in entgegengesetzt polarisierten Paaren. So entsteht, obgleich es im Reich der Devas kein Geschlecht gibt, je nach vorherrschender Polarität zuweilen der Eindruck von Männlichkeit und Weiblichkeit von Deva oder Devi. Evolutionär unter ihnen stehen die nicht individualisierten Meeres-Naturgeister, unter denen wiederum jene einfachen Wesen, wie sie in Abbildung 1 dargestellt sind.

Unter der Meeresoberfläche sind verschiedene Arten von Devas und

Naturgeistern zu sehen. Einmal entdeckte ich riesige, walartige, ätherische Ungeheuer, die etwas ziellos in großer Tiefe umhertrieben. Das Reich des Meeres ist ein dicht bevölkertes Imperium. Es wird beherrscht – hauptsächlich von über der Wasseroberfläche aus, so scheint es – von einem sehr hohen Wesen, dem planetarischen „Herr der Meere".

Abbildung 19
DEVA DES SÜDPAZIFIKS

Gelegentlich steigt der in Abbildung 18 dargestellte Deva in die „Formwelten" hinab und nimmt dort eine klare Gestalt ähnlich der hier gezeigten an. So gesehen gleicht er einem prächtigen Meeresgott aus der klassischen Mythologie, der in einem muschelähnlichen Wagen über die Wellen reitet.

Die fließenden Linien der Aura ähneln denen einer Muschel und gehen zum Teil zweifellos darauf zurück, dass Schöpfungsenergien den Deva durchströmen, die den göttlichen Gedanken oder den Archetypus der Muschelform ausdrücken. In den höheren Welten hat der Deva eine enorme Größe. In den niederen ist seine zentrale Gestalt etwa zehn Meter groß.

Abbildung 20
MUSIKENGEL

Wahre Musik ist ein vorübergehender irdischer Ausdruck des Klangs des ewig gesprochenen „Wortes". Während des gesamten Schöpfungstages wird der *Große Odem* über die *Große Tiefe* gehaucht, die darauf wie eine Äolsharfe mit Myriaden schwingender Saiten reagiert. Wenn die Schöpfungsnacht heraufdämmert, wird der *Große Odem* eingeatmet. Danach herrscht Stille über der *Großen Tiefe*.

Die Monaden aller Lebewesen sind wie ein Hauch innerhalb des *Großen Odems*. Wenn im Morgengrauen des Schöpfungstages die Stimme zum ersten Mal erklingt, ergeben die unzähligen niederen Hauche gemeinsam die Töne der Schöpfungssaite, des „Wortes". Wenn die Stimme am Schöpfungsabend verstummt, ersterben auch die niederen Stimmen. Danach liegt Stille über dem Antlitz der Tiefe.

So hält der Klang, jene himmlische Symphonie, deren physischer Ausdruck die Formen der Natur sind, hinter und in den materiellen Universen an.

Wenn die eine Schöpferstimme zu sprechen beginnt, hören die zehn göttlichen Intelligenzen, die Erzengel der Sephiroth, die ersten manifestierten Herren des Lichtes, das „Wort" und geben es in vollkommener Weise wieder. Als Schöpfungsklang senden sie es über das gesamte neugeborene Universum. Daraufhin empfangen die Myriaden Heerscharen des Logos in Welten von zunehmender Dichte die Musik des „Wortes" und geben sie ebenfalls wieder.

So wird das Reich der Musik errichtet, bewohnt vom Geistwesen der Engel und Menschen. In diesem Reich spielen große Heerscharen von Erzengeln und Engeln die Harmonien des „Schöpfungswortes" und tragen so zum Bau der ersten archetypischen, aus Klang geschaffenen Formen bei. In jedem dieser Wesen erklingen ständig die Saiten und Töne des Grundthemas des Universums, seine Idee, sein Motiv.

Die höchsten Erzengel verkörpern als erste die herrlichen Harmonien des Wortes, spielen sie und geben sie an die in der hierarchischen Ordnung unmittelbar unter ihnen Stehenden weiter. Von da an steigt diese

wunderbare Musik durch strahlende Wesen Rang um Rang hinab, bis sie die unteren Welten der Form erreicht. Auch dort geben die Engel-Herren der mentalen und emotionalen Reiche das „Schöpfungswort" wieder. Niedere Engel und ihre jüngeren Geschwister, die Naturgeister, antworten seinem Klang; und so wird nun durch sie, nach den Vorgaben des „Wortes", die dichteste materielle Welt errichtet.

Der Musikengel oder Gandharva, wie er im Hinduismus genannt wird, soll hier nicht als Portrait, sondern als Typus eines himmlischen Musikers wiedergegeben werden, weshalb auch nur die innere Gestalt gezeigt wird.

Abbildungen 21 und 22

ROSAFARBENER ENGEL

Die sechs Bilder, die nun folgen, zeigen Engel, die eher mit Aspekten des göttlichen Bewusstseins verbunden sind, denn mit Strömungen der schöpferischen Lebenskraft und dem Mineral- oder Pflanzenreich der Natur. Rosafarbene Engel, wie der hier gezeigte, kann man sich als Verkörperungen göttlicher Weisheit und Liebe vorstellen; Eigenschaften, die sie in engen Kontakt mit dem unsterblichen Selbst des Menschen bringen. Die Gemeinschaft mit solchen Wesen ist ein wirkliches Privileg, und ihre Mitwirkung im Dienst an der Menschheit kann von allergrößtem Wert sein.

Das zweite Bild ist der Versuch eines Portraits. Die Ansicht aus der Nähe zeigt die verschiedenen Chakras. Es wird deutlich, dass die Zentren im Kopf aus einem gemeinsamen Mittelpunkt heraus erstrahlen, nach oben durch den Scheitel und nach vorne durch die Augen. Wie bereits in der Einleitung zu diesem fünften Buchteil erwähnt, kann kein statisches Medium, und würde es noch so meisterlich gehandhabt, die Zartheit, das leuchtende Strahlen und das Durchscheinende wiedergeben, das den intensiven Glanz und die übernatürliche Schönheit der Engel-Heerscharen ausmacht. Dies gilt insbesondere für die ätherische, strahlende Inkarnation göttlicher Liebe in dem Engel auf diesen beiden Abbildungen. Die große, leuchtende Aura, hauptsächlich in den Farben Rosa, Purpurrot und Gold, wurde bei beiden Bildern absichtlich weggelassen, damit die anmutige zentrale Gestalt, die normalerweise durch die Aura in gewisser Weise verhüllt ist, klar erkennbar wird.

Der hier dargestellte rosafarbene Engel ist etwa vier Meter groß.

Abbildungen 23, 24 und 25
DREI HEILENGEL

Diese Bilder zeigen drei verschiedene Engeltypen bei der Ausübung ihres Dienstes als Heiler. Ihre Methode besteht im Allgemeinen darin, dass sie zuerst Ströme reinigender Energie in und durch die Aura des Leidenden senden, um Stauungen insbesondere im ätherischen und emotionalen Körper aufzulösen und schädliche Substanzen zu entfernen. Danach stimmen sie die Saite oder das „Wort" des Einzelnen nach, die bei gesundheitlichen Störungen in der Psyche meist verstimmt ist, und versuchen, den harmonischen und rhythmischen Fluss der inneren Lebenskräfte in der ganzen mentalen, emotionalen und physischen Natur wiederherzustellen. Schließlich rufen sie die göttliche Heilkraft an, die durch ihre Aura und auch direkt aus ihrer Quelle in die Patienten strömt und je nach Gegebenheiten des Einzelfalls entweder in bestimmten Bereichen oder ganz allgemein auf sie einwirkt.

Dieser Dienst ist bei weitem effektiver, wenn der Mensch die Heilengel bewusst anruft und mit ihnen kooperiert. Eine erfolgreiche Methode der Geistheilung unter Mitwirkung der Engel besteht darin, mit der Gedankenkonzentration auf Christus[113], den *Großen Heiler der Welt*, zu verweilen, sich ehrfürchtig in Gedanken in Seine Gegenwart zu begeben und zu versuchen, „den Saum seines Gewandes", das heißt den Rand seines Bewusstseins, zu berühren. Der Leidende wird dann mental in Seine Gegenwart erhoben, als strahlend gesund visualisiert und, wie auf diesen Bildern dargestellt, in all seinem Wesen mit dem golden leuchtenden heilenden Lebensstrom Gottes erfüllt. Man kann dazu in kraftvoller, klarer Absicht und mit einer Pause nach jedem Satz das folgende oder ein ähnliches Gebet sprechen:

---

[113] Angehörige anderer Religionen ersetzen Christus durch den Namen, der in ihrer Religion für die Quelle heilenden Lebens und heilender Kraft steht, sei sie nun universell oder individuell, solar oder planetarisch. Buddhisten und Hindus könnten zum Beispiel den „Herrn der Liebenden Güte" wählen, in beiden Glaubensrichtungen der Maitreya genannt, der Höchste Lehrer der Engel und Menschen, der Bodhisattva.

„Möge die heilende Kraft des Christus auf (Vor- und Nachnamen der ausgewählten Personen) herniederströmen. Mögen die Heilengel sie umgeben."

Nach einigen Minuten, während derer das Denken entschlossen und doch ehrfürchtig auf Christus, Seiner ausgegossenen Heilkraft und den Heilengeln verweilt, kann die Meditation mit den Worten beendet werden:

„Möge das Licht Seiner Liebe sie auf ewig umhüllen."

Es wurde festgestellt, dass die Heilengel ihre dienende Funktion noch mindestens vierundzwanzig Stunden nach einer solchen Meditation aufrechterhalten. Regelmäßige Praxis nach dieser oder einer ähnlichen Methode wird schon bald die Effizienz der Mitwirkung der Engel bei der Geistheilung erweisen. Alle Teilnehmenden seien jedoch davor gewarnt, ihren persönlichen Willen einzusetzen, um die gewünschten Ergebnissen zu erhalten. Ist die Heilkraft – stets im vollsten Glauben – erst einmal angerufen, sollte die Wirkung dem Karma und den evolutionären Erfordernisse des Einzelnen überlassen bleiben. Wo der starke Wunsch besteht, ein geliebter Mensch möge geheilt werden, fügen Sie sich in den göttlichen Willen und geben Sie dem Großen Gesetz mit Worten Ausdruck wie: „Nach dem Willen Gottes" oder „Wie es ihnen am besten dient".

Der Esoteriker lernt zu arbeiten, ohne an das Ergebnis zu denken. Wie bereits in Teil IV, Kapitel III gesagt, sollte er unter keinen Umständen seine Willenskraft und sein esoterisches Wissen darauf verwenden, persönliche materielle Vorteile für sich oder andere zu erzwingen. Dies wäre graue, wenn nicht schwarze Magie, der Irrtum, dem Judas verfiel, als er seinen Herrn für dreißig Silberlinge verkaufte. Wie Judas von eigener Hand starb, so stehen alle, die demselben Irrtum verfallen, in der Gefahr des geistigen Selbstmords.

Abbildung 26
EIN ENGEL VON JAVA

Vor gut 1200 Jahren wurde auf der Insel Java eine bemerkenswerte buddhistische Tempelanlage errichtet, der so genannte Borobudur.[114] Er ist eine riesige Steinkonstruktion, und auf jeder Seite der vier weitläufigen Galerien sind Szenen aus dem Leben des Buddha kunstvoll herausgemeißelt. Die Tempelanlage ist zu einem Wallfahrtsort geworden und gilt vielen Gläubigen als Zentrum geistiger Kraft. Meine Forschungen ergaben, dass die Anlage von einem erhabenen Engel behütet wird, dem Bewahrer und Verteiler der Kraft des Schreins und der Quelle der geistigen Kräfte, die über die Insel Java und das sie umgebende Meer strömen.

Die Größe der zentralen Gestalt beträgt wohl vier bis fünf Meter, aber bei einem Ego, das den Stand des Adepten erreicht hat und ins Reich der Engel aufgenommen wurde, ist Körperhöhe kein Anhaltspunkt für geistige Größe.

---

[114] Nach Angkor Wat und der Schwedagon-Pagode der drittgrößte buddhistische Tempel, seit 1991 Weltkulturerbe, d. Ü.

Abbildung 27

KUNDALINI-DEVI

Einer bestimmten Auffassung nach ist die *Kundalini* – auch das Schlangenfeuer genannt – die Leben spendende oder übertragende Kraft. *Prana* – physisch als Vitalität bezeichnet – ist die das Leben ordnende Kraft. *Fohat* – die Elektrizität im Physischen – ist die das Leben nutzende und formende Kraft. Diese drei kosmischen Kräfte des Dritten, Zweiten und Ersten Aspekts des Logos sind als beseelende Energien aller Substanzen auf jeder Ebene der Natur zugegen. Fohat ist die erbauende Kraft der Kosmischen Elektrizität und die letztendlich in diesem Universum verborgene Kraft, die Macht, die ein Universum mit Leben, mit Geist erfüllt. Sie wird beschrieben als der Wille und der Geist, ja das Selbst Gottes. Diese höchste Kraft ist in allen Geschöpfen. Spezialisiert und in die Wirbelsäule des Menschen eingeschlossen, nennt man sie Kundalini oder die Kraft, die sich auf Schlangenpfaden bewegt. Daher ihr zweiter Name *Schlangenfeuer*. Im Menschen ist sie sorgsam ummantelt. Aber der Mensch muss lernen, sie freizusetzen; denn sie ist der Gottesfunken in ihm, ohne den er aufhören würde zu sein.

Die Kundalini ist ihrem Wesen nach schöpferisch und, wenngleich bisher kaum erweckt, zusammen mit allen anderen Kräften und Mächten der Natur im physischen Körper des Menschen vorhanden. Dort manifestiert sie sich in der gegenwärtigen Phase der menschlichen Evolution als Quelle sowohl des Sexualtriebs als auch der Nervenleitungen. Aufgerollt wie eine Schlange, liegt sie im Sakral-Chakra am unteren Ende der Wirbelsäule, das wiederum eine Relaisstation für die ähnlich aufgerollte Energie im Mittelpunkt der Erde ist, wobei die Erde selbst zum Speicher für solare Kundalini wird.

Durch Yoga oder als natürliche Folge der evolutionären Entwicklung voll erweckt, strömt die Kundalini in einem ätherischen Kanal, der *Sushumna*, entlang der Wirbelsäule nach oben und durchläuft dabei alle anderen Chakras. Wenn sie jene Zentren an der Wirbelsäule passiert, aus denen die Chakras hervorgehen, fließt ein Teil ihrer Kraft entlang der Trichterachse jedes Chakras, wobei sie es im esoterischen Sinne

belebt und damit das Individuum zum Gewahrsein seiner selbst in den feinstofflichen Welten erweckt.

Wenn die Kundalini das Milz-Zentrum berührt, verleiht sie die Kraft, sich unabhängig vom physischen Körper frei auf der Astralebene zu bewegen. Wenn sie das Herz-Zentrum berührt und öffnet, beginnen die Kräfte des Buddha- oder Christus-Bewusstseins, die im Menschen im Träger der Intuition[115] ruhen, vorausgesetzt sie sind ausreichend entfaltet, auf der physischen Ebene den Jünger zu durchströmen, und die „mystische Rose" – das Herz-Chakra – „erblüht" auf seiner Brust. Die Kräfte des Christus-Bewusstseins – Erkenntnis des Einsseins allen Lebens, direkte, intuitive, geistige Wahrnehmung, Weisheit und tiefes Mitgefühl – manifestieren sich dann zusehends in Denken, Worten und Taten. Im esoterischen Sinne belebt, verleiht das Kehlkopf-Zentrum die Fähigkeit des Hellhörens, also auf feinstoffliche Klangschwingungen und auch auf physische Klänge zu reagieren, die außerhalb des normalen Hörbereichs liegen. Wird das Stirn-Zentrum im esoterischen Sinne vitalisiert, so verleiht es Hellsichtigkeit, und wenn das Kronen-Chakra geöffnet wird, erlangt der Jünger die Fähigkeit, sich seiner feinstofflichen Wahrnehmung auch im Wachzustand des physischen Körpers zu bedienen sowie den Körper ohne Unterbrechung des Bewusstseins nach Belieben zu verlassen oder wieder in ihn zurückzukehren.

Wenn die Kundalini die *Sushumna* emporsteigt, wird sie von zwei komplementären Kräften begleitet, einer positiven und einer negativen. Jede fließt in ihrem eigenen Kanal entlang der Wirbelsäule. Diese Kanäle werden *Pingala* und *Ida* genannt, wobei auch die Kräfte selbst diese Bezeichnungen tragen. Die beiden entgegengesetzt polarisierten Akasha-Kräfte[116] treffen bei ihrem Aufstieg in jedem Chakra aufeinander, kreuzen sich und fließen weiter, wodurch das jeweilige Chakra hypersensibel wird.[117] Die Chakras funktionieren dann in etwa wie die Röh-

---

[115] Siehe Annie Besant, *Man and His Bodies* und *The Soul and Its Vestures* sowie Charles W. Leadbeater, *Der sichtbare und der unsichtbare Mensch*, Grafing 2004

[116] *Akasha:* Sanskrit für die feinstoffliche, übersinnliche geistige Essenz, die den gesamten Raum durchdringt; ein fünftes Element oder Prinzip in der Natur, das bisher von der physischen Wissenschaft noch nicht entdeckt wurde; der Äther der Klassiker, Substrat und Ursache des Klangs.

[117] Siehe C. W. Leadbeater, *Die Chakras*, Grafing 2004 und Geoffrey Hodson, *The Science of Seership*.

ren oder Verstärker eines Radios und befähigen damit das Bewusstsein im Gehirn, feinstoffliche Kräfte zu erfassen und entsprechende Phänomene wahrzunehmen. Tatsächlich ähnelt das zerebrospinale System des Menschen, wenn es im esoterischen Sinne belebt wurde, in vieler Hinsicht einem Fernsehgerät. Ein Unterschied besteht jedoch darin, dass feinstoffliche Fernsehsendungen auf das Verstandesgehirn projiziert und hellsichtig geschaut werden. Die volle Manifestation dieser esoterischen Fähigkeiten erfordert langes und ausdauerndes Üben und bedingt die vollständige Belebung der Hypophyse und der Epiphyse durch die Kundalini und die sie ergänzenden Kräfte.

In den Wegen, die diese drei Kräfte nehmen, erkennt man den Caduceus, den Stab des Gottes Hermes. Er besteht aus einem Stock, um den sich zwei Schlangen winden, wobei das Symbol von einer geflügelten Kugel gekrönt wird. Die in der *Sushumna* aufsteigende Kundalini ist im Stab dargestellt, und die Kräfte, die entlang *Ida* und *Pingala* fließen, sind die beiden Schlangen. Die geflügelte Kugel symbolisiert auch die befreite Seele des Menschen, der diese verborgenen Kräfte erweckt und sie zu nutzen gelernt hat. Solch ein Mensch wird selbst zum Hermes, zum Boten des Himmels für die Erde; denn er bewegt sich frei in den höheren Welten und bringt den Menschen deren Wissen und Weisheit. Schließlich rettet oder befreit er auch Persephone, Symbol der menschlichen Seele, aus der Unterwelt oder den normalen Begrenzungen, die ihr im Wachzustand durch den im esoterischen Sinne unbelebten Körper auferlegt sind.

Wie alle grundlegenden Kräfte in der Natur, ist auch die Kundalini die Manifestation einer Intelligenz, eines Erzengels, wenngleich der menschliche Verstand dessen Wesen nicht zu erfassen vermag. Das Bild gibt Ausschnitte eines kurzen Einblicks wieder, den ich überraschend in den vorbereitenden Stadien zur Meditation erhielt. Zuerst sah ich einen lebendigen Caduceus aus starker Feuerkraft, der Erde und Sonne miteinander verband. In der Kontemplation darüber wurde ich mir plötzlich einer Solaren Intelligenz oder einer Kundalini-Devi, ähnlich der hier dargestellten, gewahr.

Abbildungen 28 und 29

DAS WUNDER DER GEBURT UND DIE WELTENMUTTER

Während meiner Erkundungen des vorgeburtlichen Lebens[118] verspürte ich ständig Gegenwart und Dienst bestimmter Engelgruppen, die sowohl die Konstruktion neuer mentaler, emotionaler, ätherischer und physischer Körper unterstützen als auch das reinkarnierende Ego in diese Körper hineingeleiten. Damals konnte ich das zwar noch nicht erkennen, heute aber bin ich überzeugt, dass diese Engel auf dem involutionären Bogen oder dem Abstieg in die Inkarnation jedes Lebenszyklus für jedes Individuum eine Funktion ganz ähnlich der erfüllen, die die *Pitris*, die so genannten Vorfahren des Menschen, in der Esoterischen Lehre zuweilen als die *Satanischen Hierarchien*[119] bezeichnet, für die gesamte Menschheit übernehmen.

Die nähere Beschäftigung mit diesen Engeln zeigte, dass sie die Erfüllungsgehilfen einer Großen Intelligenz sind, die alle mütterlichen Vorgänge in der gesamten Natur leitet und lenkt. Die Lehren der esoterischen Philosophie verbinden dieses Wesen mit dem Weiblichen oder Mutter-Aspekt der Gottheit, deren Manifestation und Vertreterin sie ist.

Die Materie selbst, die universelle Substanz oder *Prakriti,* ist die Arche oder der Mutterleib, worin alle Welten keimen, woraus alle geboren und wohin alle zurückkehren werden. Die wahre Weltenmutter ist diese Ur-Substanz eines Universums, sobald sie aus der Wurzel der Materie, aus *Mulaprakriti*, herausgebildet wird; denn in ihr liegen die Samen alles Lebendigen und die Kräfte des Erhaltens und Vermehrens.

Wenn im ersten Morgenlicht des Kosmos nach der Nacht des Chaos die Differenzierung erfolgt, werden die drei Aspekte der Ur-Trinität, Schöpfer, Bewahrer und Verwandler, aus sich heraus manifest und schöpferisch tätig. Sie werden repräsentiert von hohen göttlichen Intel-

---

[118] Zum Teil festgehalten in meinem Buch *The Miracle of Birth*
[119] Siehe Teil III, Kapitel V, „Die umgekehrten Sephiras und das Problem des Bösen".

ligenzen, Mächten oder Emanationen, den höchsten Früchten der vorangegangenen Schöpfungsperioden (Manvantaras), deren Körper aus „der Essenz des höheren göttlichen Lichtes" bestehen. Intelligenzen solcher Art leiten, sobald sie aus der Wurzelsubstanz hervorgegangen sind, den Lauf der Evolution nach den ewigen Gesetzen. Sie sind Wesen, welche der menschliche Verstand nicht zu fassen vermag. Sie konstituieren zugleich die höchsten Sephiroth oder vielmehr den Geist hinter jeder von ihnen. Man könnte sie vielleicht als die „Innerste Seele der Innersten Seele" des Universums beschreiben.

Das kosmische mütterliche Prinzip ist universell manifest, und seine bewahrenden und entfaltenden Eigenschaften wirken in der gesamten Natur. Physisch drückt es sich in der ganzen organischen Welt sowohl als negative chemische Polarität als auch als Weiblichkeit aus. Es wirkt in jeder einzelnen Zelle ebenso wie in jedem vielzelligen Organismus. Ohne es würde nichts empfangen und geboren, nichts erhalten, nichts entfaltet. Feinstofflich hat das mütterliche Prinzip ebensolche Bedeutung. Für den Menschen ist es die Aura-Hülle, die Arche der Geistigen Seele, der Augoeides oder Kausalkörper, der Mutterleib, in dem der Eingeweihte, Adept und künftiger Logos reift.

Alle Völker erkennen, ehren und verehren dieses mütterliche Prinzip in der Natur. Die exoterischen Religionen haben es als Göttin personifiziert, als Erzengel-Mutter der Universen, Völker und Menschen. Diese Personifizierungen der Weltenmutter gehören zu den edelsten Vorstellungen des menschlichen Verstandes, der, wenn er sie erschafft, verehrt und ihnen dient, sein Höchstmaß an Idealismus, Hingabe und religiösem Selbstausdruck erreicht. Verehrung, Hingabe und Anbetung, wie sie den Weltenmüttern entgegengebracht werden, verdienen daher tiefsten Respekt und sind, abgesehen von grobem Aberglauben – dem stets zu wehren ist – unbedingt zu fördern. Über die Hingabe ist der Mensch für die höheren Wesen erreichbar. Über sein Streben, seine Liebe und sein Flehen wird der Mensch empfänglich für sein eigenes höheres Selbst und den Einfluss der Meister. So ist das Ideal der Madonna zum Beispiel seit langem und noch immer von unschätzbarem Wert zum Trost, zur Reinigung und Veredelung der Menschheit. Über sie wurde die Erkenntnis der göttlichen Mutterliebe Millionen leidender und hof-

fender Menschen erfahrbar. Die symbolischen Vorstellungen von Kwan Yin, Isis, Ischtar, Parvati und anderen Göttinnen fußen ebenfalls auf Existenz, Wesen und Aufgabe dieses selben großen Wesens. Vielleicht boten sich meinem Geist diese Madonna-Bilder, weil ich Christ bin und es sich in den Fällen, mit denen ich mich befasste, ebenfalls um Christen handelte.

Die planetarische Weltenmutter wird in bestimmten Schulen der esoterischen Philosophie als hoch entwickelte erzengelhafte Vertreterin und Verkörperung des Weiblichen Aspektes der Gottheit auf Erden verstanden. Sie gilt auch als Adeptin und Mitglied der Inneren Regierung der Welt, in der die besten Qualitäten des Frauseins und der Mutterschaft in höchster Vollendung erstrahlen.[120]

Da sie jenseits aller Begrenzungen durch die Form steht, kann kein Bild sie wirklich wiedergeben. Auf Abbildung 28 erscheint sie in Madonnengestalt mit ihren Engeldienern in enger Verbindung mit einer Mutter und ihrem ungeborenen Kind zum Zeitpunkt der Geburt. Abbildung 29 zeigt eine symbolische Darstellung von ihr in ihrem solaren Aspekt, wie sie in göttlicher Liebe über alle Welten wacht.

Mit meinem Gruß und meiner tiefen Verehrung für sie, als die Königin der Engel, schließe ich diese illustrierte Betrachtung der Engel-Heerscharen.

---

[120] Siehe C. W. Leadbeater, *The World Mother as Symbol and Fact*, The Theosophical Publishing House, Adyar

Hans Stolp
Mit Engeln leben
Pbk., 160 Seiten,
ISBN 3-89427-252-X

Hans Stolp geht in seinem Buch der Frage nach, auf welche Weise sich das Zusammenleben von Engeln und Menschen vollzieht und in Zukunft vollziehen kann. Er schildert eine neue Welt, in der die Trennungslinie zwischen Diesseits und Jenseits allmählich verschwindet und das Wirken der leuchtenden Gottesboten alles Leben auf Erden mitbestimmt.
Die Engel gestalten das Leben der Erdenmenschen nicht von einem fernen Himmel aus. Sie sind anwesend, im Hier und Jetzt, und warten nur auf das Erwachen ihrer Erdenschützlinge, um diese noch weitaus intensiver als bisher mit ihrer Liebe und Inspiration beschenken zu können.
Hans Stolp hat sich in diesem Engel-Handbuch bemüht, Wege aufzuzeigen, auf denen Engel und Menschen zueinander finden und miteinander leben können.

Robert C. Smith
Schutzengel und Heilengel
Pbk., 224 Seiten,
ISBN 3-89427-059-4

In jahrelanger Forschungsarbeit sammelte Robert C. Smith die bewegendsten Berichte über das wundersame Wirken unsichtbarer Wesen.
Aus der Fülle der Dokumente erschließt sich ein immer besseres Bild vom Dienst der Engel. Das Buch bietet darüber hinaus eine Quelle der Inspiration, indem es Hinweise gibt, wie jeder Einzelne offen und bereit zu werden vermag für die stillen, leisen Botschaften aus einer lichteren Welt. Ein Wegweiser ins Reich der Engel!

Liselotte Baertz
Die Engel von Geburt und Tod
Pbk., 140 Seiten,
ISBN 3-89427-153-1

Liselotte Baertz zählt zu den erfahrensten Therapeutinnen und Weisheitslehrerinnen im deutschen Sprachraum. Sie hat immer wieder in ihrer spirituellen Arbeit die Tore zu den Innenwelten durchschritten und ist in das Mysterium von Leben und Tod eingedrungen. Aus diesen tiefen inneren Erfahrungen schöpfend, zeigt sie in ihrem Buch den gesamten Prozess von Leben, Tod und Wiedergeburt in allen Einzelheiten auf sowie die Rolle der Engel in diesem Geschehen.